U0901499

技术分析解密

康斯坦丝·布朗 （Constance Brown）◎著
沈阳格微翻译服务中心◎译 海通期货研究所◎校订

Technical Analysis Demystified

北方联合出版传媒（集团）股份有限公司
万卷出版公司
VOLUMES PUBLISHING COMPANY

著作权合同登记号： 06-2009年第350号

图书在版编目（CIP）数据

技术分析解密 /（美）布朗著；沈阳格微翻译服务中心译.—沈阳：万卷出版公司，2010.1（2010.11重印）
（引领时代）
ISBN 978-7-5470-0587-3

Ⅰ.技… Ⅱ.①布…②沈… Ⅲ.股票—证券投资—基本知识 Ⅳ.F830.91

中国版本图书馆CIP数据核字（2009）第236365号

Brown，Constance
Technical Analysis Demystified
ISBN 978-0071458085

Simplified Chinese translation edition jointly published by McGraw-Hill Education (Asia) Co. and VPC.
本书中文简体字翻译版由万卷出版公司和美国麦格劳－希尔教育(亚洲)出版公司合作出版。

出 版 者	北方联合出版传媒（集团）股份有限公司 万卷出版公司（沈阳市和平区十一纬路29号　邮政编码　110003）
联系电话	024-23284090　**邮购电话**　024-23284627 23284050
电子信箱	vpc_tougao@163.com
印　　刷	北京未来科学技术研究所有限责任公司印刷厂
经　　销	各地新华书店发行
成书尺寸	165mm × 245mm　**印张**　14.75
版　　次	2010年1月第1版　2010年11月第2次印刷
责任编辑	赵鹤鹏　**字数**　130千字
书　　号	ISBN 978-7-5470-0587-3
定　　价	38.00元

Contents

目 录

校订序

2004年1月底，国务院发布了《国务院关于推进资本市场改革开放和稳定发展的若干意见》首次明确将期货市场正式纳入整个资本市场体系，标志着我国期货市场进入高速发展阶段。截至2008年底，我国期货上市品种增加到19个，保证金总额达450亿元，全年交易量13.6亿手，交易额71.9万亿元，中国期货市场成为仅次于美国的全球第二大商品市场。2009年，钢材、PVC、早籼稻期货的相继上市，使上市品种更加丰富。而钢材期货的成功运行，突出了中国在国际钢材定价方面的话语权，中国期货市场正在走向世界的中心。

随着中国期货市场的发展，海通期货有限公司也在高歌猛进。三年之前，当我们刚刚涉足这个市场，公司只有20多人，不到1000万保证金，综合实力在全国排名160多位。经过三年的拼搏奋斗，我们已经拥有了12个营业部，280名员工，18亿保证金，综合实力跻身全国十强。海通期货的迅速发展是中国期货市场发展壮大的一个缩影。

作为一个经营管理者，我亲身见证了期货行业的发展及海通期货的成长。这是是一个充满勃勃生机，孕育无限可能的行业，能掌握合理的工具驾驭这个行业，才能在残酷的竞争中拔得头筹。期货市场技术分析可以提供这样一种途径，通过缜密的分析筛选出可靠的市场信号，进而制定系统的交易策略，帮助我们迅速地捕捉获利机会。海通的成长也离不开其对交易策略的重视。我们很早就提出并一直坚持执行持续提升客户稳定盈利能力的长期战略，并提高交易者的市场竞争力。作为一个有着高度责任感的期货公司，我们在交易思想和策略的推广方面也将不遗余力。

本书集金融市场技术分析理论和方法之大成，一针见血地指出各种方法在实际应用中的长处、短处以及在各种环境条件下把它们取长补短地配合使用的具体做法，同时，一身兼有优秀教材、权威工具书、实用操作指南三大特色。当出版社拿着本书翻译稿来找我们研究所校对时，我不胜欣喜，我相信，这对于提高中国期货市场的研究水平，促进理论和实践有机结合，都有重大的意义。这也是我们应尽的责任。

以后，我们还会继续坚持这项工作。可以说，这是一份事业。开阔研发视野，弘扬科学精神——既是我们的责任，也是我们的使命。

徐凌
海通期货有限公司
2009年10月12日

前言

雨水夹杂着小冰粒正敲打着我的窗户，从伦敦打来的电话如期而至。打电话者此前的电子邮件已经向我暗示他陷入了困境，但我还不知道他为什么陷入了困境。

对方急切地想要谈论黄金。很明显，他的压力来自于手头持有的几支未获利了结的黄金股票。最近黄金一直向上猛涨。乍一看，很难理解为什么对方会如此沮丧，因为他的仓位正在朝着有利的方向波动。然而，回答他的问题之前，我自己也有几个问题。我想知道当他买入股票时所计划的出场策略是什么。对方低声地回答说："我没有出场策略。"

我还想知道他已经进行交易多长时间以及他用什么方法决定进行交易。我突然想到1939年电影《绿野仙踪》中稻草人从巫师那得到智慧后他重复的话。稻草人引用了勾股定理的错误形式：等腰三角形任意两边的平方和与剩下一边的平方相等。当打电话者以稻草人那种自信的语气滔滔不绝地讲出几个技术性的不一致时，他有着和稻草人一样的问题，那就是尽管接近事实的真相，但是却是错误的。

我问打电话者："你交易资金的百分之多少用作黄金交易？"

"怎么了，我把所有的交易资金都投到黄金股票中了，有问题吗？"

这不仅是个问题，如果对方已知道该交易方式隐含的数字，他就应该意识到这是一个灾难性的错误。问完下一个问题，我就可以确定他是在进行短期的市场波段交易还是仅进行长期趋势交易。

我很快就发现对方在2003年就已买入黄金矿业公司的股票，这是他的第一次交易经历，而且他还不知道如何出场。他从未根据市场风险大小相应调整仓位，也从未在原始订单基础上增加新的仓位，所以很明显，他对如何处理这只被他揪住双角的“金牛”毫无头绪。如果放任自流，他很有可能会被套牢！三年后的现在，他的压力已经难以承受。他说了下面的话：“过去三年我一直是一个积极的交易者。” 仅仅只因为三年前他下了一个买入订单，他就已为自己封上了交易者的头衔。他不知道如何进行波段交易，也不会想到在经历大幅调整之前黄金市场会形成一个明显的高点。当我问他：“黄金市场下降100美元你有何感想？”他气吁吁地问：“这种情况会发生吗？”思考片刻后，他补充说：“哦，我会通过卖出我的仓位获利的！”我告诉他：“这种情况不仅会发生，而且即将发生，一周之内下跌就将开始。”

然后我问：“如果黄金市场完全复苏并创新高，你将做什么？”他回答：“你不可能预先知道这个，对吧？”

这个人不是真正的交易者。他不知道何时把部分或所有利润存入银行，也不知道市场何时会出现调整，更不知道何时该提取部分利润以便市场发生趋势反转下跌至目标区域时他可增加仓位。此外，他不知道如何确定大趋势是否结束。他没有适当的工具和方法来控制财务风险，更糟的是，他对所面临的风险没有任何概念。

雨开始下大了，打电话者的声音听得越来越费劲。雨下的真是时候，我正好需要深呼吸一下。那些最难教导的人通常经验有限却总是盲目地自信。难怪对方会处于压力之下，他没有恰当地控制，因此他所搭乘的列车处于失控状态。黄金市场处在快速上涨状态，而他却没有办法回答需要解决的一些基本问题。别说回答了，他连需要问自己什么问题都不清楚呢。他内心的消极情绪在起作用，但他没有听从它。从他急切地想和我通话我能看出，他知道自己需要兑现一些利润。然而，贪婪不会让他相信他已经知道的事。由于他即将碰壁，我决定直接而不是委婉地告诉他。

很多人都误以为建仓后又平仓，自己就成了交易者。然而，直到你能回答下面这些问题，你才是一个真正的交易者：

1.进场之前，我对这支股票或这个市场的目标价位是多少？当目标达到时，我能知道该股票或市场是否会超过我的目标。由于我已经提前计划好将要采取的行动，所以我知道在任何一种形势下如何处理当前的仓位。

2.股票或市场的阻力位在哪里？我知道如何减仓，然后在保证减少风险和提高收益的情况下重建相同的仓位。

3.我可用什么方法提高对市场正确理解的概率？

4.我能列举出自己建仓或平仓方法的优缺点吗？

5.破产要素是什么意思？

6.杠杆这个词是什么意思？我知道如何正确地计算仓位以减少我银行账户的财务风险吗？

"你能回答这些问题吗？"我问。对方气吁吁地说："我认为我一个都回答不了，但我可以告诉你纽蒙特矿业（Newmont Mining）的最后四份收益报表的含义。"我想他可真是太伟大了。这位从伦敦打来电话的人认为泰坦尼克号会冒着浓浓的蒸汽驶向纽约，在其航程中也不会遇到冰山，就像他认为他的交易永远也不会出现问题。这次电话通话发生在2006年2月，而到2006年9月纽蒙特矿业就已经从60美元跌至40美元。事实结果证明我预测对了顶部，我想知道打电话者在下跌前是否采取了行动。

基本面分析不能回答关于时机选择的任何问题，也不能对当前市场仓位存在的即时风险作出评价，更不能警告你大幅的振荡何时临近。点击一下按钮就可以买卖任何一支股票。一眨眼的工夫你就会在电脑屏幕上看到你的成交结果。当你第一次的努力成功时，你会微笑，然后你会通过将一年中的天数乘以你尚未度过的多数年份预测自己每日的收益。成功！你是一个有天赋的交易者。对？错！直到你能够回答以上问题和许多其他问题时，你才是一个有天赋的交易者。

我对打电话者说："基本面分析不能回答与交易相关的多数问题。"他以一种怀疑的语气问道："为什么不能？"我的解释是：基本面分析不能给投资者提供"长命百岁"的风险管理工具。如果没有技术分析在波动的市场中对市场时机选择进行控制，市场可能会吞食你。事实上，如果你没有破产要素的概念，市场一定会吞食你。打电话者谦和地问："破产要素，什么意思啊？"

2月的一个晚上，我给对方打了一次电话，电话中我的口吻很严厉，希望这样可以让他清醒过来。

你能回答我问黄金交易者的这些问题吗？如果你刚开始从事交易，或许可以回答其中一部分，但无法回答所有的问题。所有的交易者都是从有限的知识和零经验开始的。早期幸存下来的人和失败的人有什么差别？答案不是知识而是风险管理。能够控制风险的人就可以赢得时间来了解市场。

在继续讨论之前，让我们分享一下另一个新手的经历。这个例子告诉我们，那些缺乏经验却自认为凭着自己所知足以晋升至特定资格的研讨会中顶级交易者行列的人进行交易会发生什么。

该新手对自己现有的技能充满信心，她知道自己要学习更多，但她觉得她确实在正确地应用当前所掌握的一切。她主要做石油股票交易，当石油正处在单边上涨行情中时，她已经进入该市场。她非常清楚为了向前发展她需要学些什么。通常，这种自信来源于客观经验。在任何领域，如果你是一个初学者并且盲目自信，那么这种自信可能是自负和傲慢的混合体。这是一个致命的组合，因为这一组合可以将一个人的内部平衡打乱。作为一个优秀的交易者需要不断努力使个人内部的正反意志力保持平衡。

值得一提的是，老虎伍兹（Tiger Woods）曾在接受采访说过自己是在一条六英寸长的跑道上打高尔夫球，同时他举起双手并指向自己头部两侧。交易和打高尔夫球的相通之处在于，交易者也需要相信他们的工具，在市场中保持谦虚并了解自己的优点与缺点。

前文提到的那个交易者因为参加我举办的高级交易研讨会而联系我时，我们有了初步的交集。令她失望的是，我告诉她因为她将拖其他人后腿，所以没有资格参加课程学习。许多基本知识她都没有学过，而且她也不知道要学习什么。例如，她说对风险管理没兴趣。如果她在市场中生存的时间足够长，她就会清楚地知道自己必须很好地了解风险控制方法。她现在的观点暴露出她缺乏经验。

几个月过去了，她还是非常坚持要参加研讨会。那时我正在撰写这本书的大纲，这似乎是一次帮助她的机会，同时我也可以借此测试一下材料的实用性。我一直尊重有学习决心的人，因为只有通过努力学习一个人才会变成一个优秀的交易者。

我们决定见面，并约定由她做新书的“试飞员”。然而，在她拜访我之后，我几乎放弃了整本书的方案。发生什么了？

事实上这位女士无法辨别出90美元的石油股票下跌5美元和纳斯达克三年的彻底崩盘有何不同。当我问起她从未交易过的股票时，她生气了。很明显她的愤怒是冲着自己的，因为她已经看过很多书并相信自己有丰富的市场知识，而也许她一直都是在与自己的家人和朋友相比，从来就没有一个标度来衡量进步，当发现自己有多么无知时她感到害怕了。

我发现令人惊奇的是她的信念：她认为自己不需要学习任何不能提供直接的买入卖出信号的知识。她不仅无法看出图表间的巨大差别，而且还对我不认为高价的石油股票下跌5美元时仅仅是一次大幅度的调整表示很气愤。因为她在看图时对比例和标度没有识别力，在判断一个图表时也只是根据自己的个人经验。她在石油股票的调整中已赔钱，而正是这次调整引发了石油市场的大幅下挫。

虽然倾听内心的声音很重要，但是有必要控制自己的情绪。有些工具使交易者在采取行动前能够事先确定最糟糕的情况。一次我要求交易者从崩盘的日经指数的月线图中鉴别未知的市场。我不指望她辨别出这是日经指数，但她需要指出哪些市场出现过类似特征走势。她无法鉴别并指出纳斯达克（NASDAQ）或任一曾经崩盘过的市场。

当有些多方突然发现自己已经购买了纽约哈得孙河下的陆地时，我不关心她是把这称为日经指数、纳斯达克、荷兰郁金香泡沫或1897年的不动产崩盘。无论用什么语言称呼它都是市场崩盘，而且每次崩盘时，公众的狂热似乎都是一样的，抛物线式上涨后一定是完全的回撤。

她对我的“戏弄”很生气，觉得让她看日本市场指数的图表不公平，她认为日本与石油没关系。我解释道，日本的石油都是依赖于进口，而石油的价格也将受到中国经济增长的影响，了解亚洲市场对北美洲的交易者而言也是非常重要的。然后她说：“石油决不会崩盘。”甚至因特网股票也是关于“网站倒闭”的历史。我知道如果她的态度依然不变的话，市场会把她吞噬，在我们讨论她的一支石油股票的目标价格时，我感觉有必要问她另一个问题。

我问："当市场进入这个股票或交易的目标价格区域时你打算投入多少交易资金？"我期待像这样的回答："大概10%"，"我不确定"，或"我不知道"。像"我不确定"这样简单的回答通常是个不错的想法。但使我震惊的是她突然自信地回答："当然是所有的交易资金了！"我惊讶地说："不行！你不能这样轻易而侥幸地以多于你资金的10%冒险。刚开始进行交易时最好以不超过资金总额的3%进行交易，而且这3%应该包括所有相互关联的仓位。"

她不同意并且生气地说："但是那太少了！"我介绍了一些称为破产要素的案例，这涉及数学统计上的事实：如果你过度投注，不管你选股和建仓时机的选择多么明智，你将失去全部的银行存款。

这是专业的21点玩家都知道的术语。这是当一盒牌或一副牌转离一个玩家或一组玩家时，他们输钱的数学概率。到了交易者这里，资金是指交易账户。可能令你惊奇的是交易者们受到与纸牌玩家相同的规则约束。

专业的21点并不是赌博，而有一套固定的规则和可测量的风险，这种风险通常以百分率形式精确地表示出来。1981年，坎恩·欧士顿（Ken Uston）在他的书《百万美元21点》中写到，他的团队经常使用5%的破产要素，这意味着他团队所下的赌注需要能够保证使银行账户翻倍的概率为19/20，同时破产的概率为1/20。任一事件所带来的消极影响和积极影响都必须精确地进行分析，这样你才能幸存下来。如果你赌上了全部资金，不论你多么高明，你都将被市场淘汰出局。

她脸上掠过一丝恐惧。数学百分比如同警钟。我只希望我可以加强她的危机意识，让她比第一年用更多的时间来体验市场。

虽然这两个新手的故事不同，他们一个交易黄金股票，一个交易石油股票，但这两个交易者都缺乏保护自己的计划和技能。当交易者开始交易时，他们缺乏知识和经验，所以很快造成缺少进行交易的资金，这就意味着交易者将无法获得任何经验。正是由于这个原因，在初学者获得图表知识和市场经验之前，进行适当的风险管理显得尤为重要。为什么？因为风险管理为交易者赢得时间来学习。根据芝加哥商品交易所（CME）的报告，标准普尔（S&P）期货交易者中有96%的人是赔钱的，4%的赢家从输家获取利润。股票相对宽容一些，但大多数人都赚不到钱。

我的目标是提高交易成功的概率。不要害怕，现实一点儿，因为成功的交易需要努力和准备。以一种开放的心态学习和成长，你就会享受到在这个不断变化和发展的全球市场中交易的乐趣。在这个具有无限的吸引力的市场当中，你的耐心将使你获得回报，从而更好地利用时间。你准备好了吗？

引言

在金融市场中，时机选择决定一切，而且越来越是如此。你应该何时进场，而且可能更为重要的是何时出场？每一个交易者，无论是期货交易者、货币交易者、债券交易者还是股票交易者，都想提前知道市场未来的走势。

许多经济学家认为这是不可能的，他们认为受价格影响的事件基本都是随机发生及不可预知的，因而人们是无法“战胜市场”的。然而，华尔街越来越多的资深交易者凭经验知道确实有一种方法可以确认趋势，预测趋势何时即将反转并合理而准确地推算市场将会产生多大幅度的调整。这种方法被称为技术分析。

技术分析是金融领域中所用术语，它是包含各种方法的一套方法体系，该体系基于一个基本的思想：市场行为不是随机发生的，而是遵循“历史会重演”这一定理。有些形态很容易察觉，但是大多数形态都是微妙的，只有通过建立数学模型才能显露出来。技术分析师利用历史价格数据的图形揭示这些形态，因此，他们也被称为图形分析师。最常用的市场分析方法叫做基本面分析。基本面的分析师们认为最需要了解的是诸如公司现金流量和市盈率等的统计信息。如果不知道交易实体的具体情况，可以请教基本面分析师如何对这些实体做投资决策。

而图形分析师则认为所有相关信息都体现在价格中，无论你是否意识到这一点。此外，在现今快节奏的全球交易环境中，不可能掌握公司和相关商品的所有资料，而且其中的大部分可能都不是英文的。再者，有一种主要的市场因素是基本面分析师无法解释的，即投资者心理。不管市场参与者多么喜欢为自己着想，他们不会永远都是理性的角色。匆匆一瞥金融交易史你就会发现贪婪、恐惧和随大流是导致市场繁荣和崩溃的主要因素。由于技术分析师认为所有影响市场的因素必定反映在价位上，所以这些因素必然包括一个特别难懂的称为投资者情绪的因素。

令人吃惊的是技术分析已有很长的历史。大家都知道18世纪的日本首次使用了技术分析，当时在大阪市大岛（Ojima）市场，日本武士阶层进行稻米交易时就有人使用技术分析。大约到了1710年，简单的稻米交易已经发展到稻米合同的买卖活动，从而形成了世界上第一个期货交易市场。精明强干的交易者本间宗久（Munehisa Homma）注意到交易者情绪对稻米价格的影响，而且在1755年，他试图在一本名为《黄金泉：三猿金钱录》的书中量化这种影响。他将市场分成上涨和下跌两种基本类型，并发现每一类市场通常包含着另一类市场的某些特征，然后用一系列柱状图形描绘了价格变化，它们也因为特有的外形而被叫做阴阳烛图（即K线图）。

由于本间宗久的成就到最近才被介绍到日本国外，所以现代技术分析先驱的荣誉就应归于财经记者及道琼斯的创立者查尔斯·道（Charles Dow）。19世纪末，在《华尔街日报》的系列社论中，本间查尔斯·道确定了三种不同的趋势，他认为明显的趋势只有伴随着高成交量时才有意义，并认为在出现趋势已经结束的确切证据之前该趋势会一直延续下去。发现这一点仍然是图表分析师的重要任务，而且查尔斯·道的继承人已经设计出用于执行此任务的各种方法并提供了越来越精确的概念模型。对内在形态的探索一直持续到20世纪早期，这时分析师发现市场动态反映出遵循普遍法则的几何原理。在20世纪20年代，拉尔夫·纳尔逊·艾略特（Ralph Nelson Elliott）基于对公众心理学的分析提出了艾略特波浪理论，它描绘了公众心理内在的有规律的动态。最近，乔治·莱恩（George Lane）发明了随机分析法，这是一种通过关注价格动量来确定超买和超卖过度行为的方法。

如今，你不必是一个数学家也可以进行技术分析。个人电脑以及越来越多的可供选择的各种软件使那些富有智慧的普通交易者也可以受益于莱恩和艾略特这样的发明家的聪明才智进行技术分析，此外数据供应商通过因特网提供了大量的价格资料以供查询。本书有助于你利用这些资源来创建自己的图形，从而分析自己在股票市场、货币市场或不动产中感兴趣的投资项目。你将会学习如何利用各种指标解读“埋藏”在历史价格数据中的未来价格变动。

重要的是要记住技术分析既是科学又是艺术。没有得来全不费工夫的答案，也没有经常告诉你该做什么的简单运算法则。成功的交易者不要只依靠一种方法，并且有必要培养对市场周期性波动的敏感性。最终，你要从大量的指标和分析方法中挑选出少数的一些，然后选定一组对自己有用的核心市场指标。当你达到这一境界时，你就能够选择最佳的入场“时机”并在有效控制风险的同时增加利润。

第1章

历史价格如何预示未来价格?

首先研读图表

历史会重演。1950年，W.C.米切尔（W.C.Mitchell）教授在哈佛大学的一次讲演中说道："经济会周期性重演，但总有不同之处……因为它是之前一系列事件的自然结果。"

过去，有些人确实能预见当前的经济景气。在北美出版的第一本论述未来市场动态的书是由赛缪尔·贝纳（Samuel Benner）编写［辛辛那提（Cincinnati）：罗伯特·克拉克公司（Robert Clarke），1884］的《未来价格涨跌的贝纳预言第三版》。1875年出版的该书第一版给出了一位预言很准的俄亥俄农夫的观察和预测。在贝纳的书中，根据生铁、生猪和玉米市场的情绪高点和低点绘制了图表，并预测了恐慌周期。当罗伯特·普莱克特（Robert Prechter）从该书1875年的版本中仿效贝纳的工作时，相同的图表

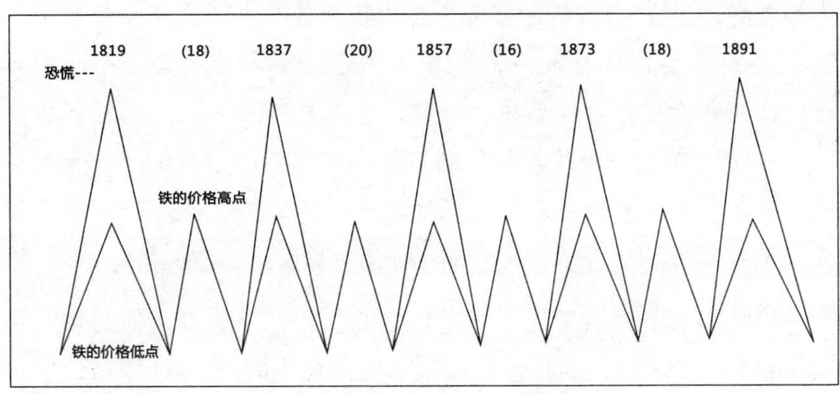

图1.1 《贝纳预言》，塞缪尔·贝纳，1875年（第105页）

便得以延续至今。普莱克特关于恐慌周期的图表得到广泛认可，然而几乎没有人知道该图的原始资料出版于1875年。图1.1为《贝纳预言》中重新绘制和印刷的图。

这位俄亥俄州农夫并不是记载商业周期的第一人。这项荣誉属于瑞士历史学家和经济学家 J.C.L.de 西斯蒙第（J.C.L.de Sismondi）（1773～1842），他的专题论文使人们开始关注商业危机和经济因素对政治和文化发展的影响。

1847年，英国统计学家海德·克拉克（Hyde Clarke）博士在《Herapath的铁路杂志》中进一步发展了早期的周期分析。克拉克的论文《实体经济——对控制饥荒和恐慌周期的自然规律的初探》描述了1847年的恐慌情况，而且这些情况与1837年、1827年、1817年、1806年及1796年出现的恐慌事件有关。他还将法国大革命时期的饥荒和英国当时的饥荒间的54年周期划分为5个10年或11年的区间。1793年、1804年、1815年、1826年、1837年和1847年欧洲发生的饥荒事件见证了一个仍然影响经济状况的11年周期。

塞缪尔·贝纳在他1875年出版的书中写道：

如果能知道自1825年以来全国玉米的年平均价格，我们会发现玉米价格在1862年后有相同的涨跌规律。1863年的财政报告曾对纽约市场（远离玉米产地）进行定价，结果显示在1825年和1826年、1836年和1837年、1847年和1858年玉米价格很高。农业部统计资料显示1864年的平均价格很高，事实上比美国以往任何时期的价格都要高，而在1869年这一价格再次达到最高点（指玉米价格）。1875年的平均价格会很高，而且这是继1869年后的又一个高价年份。这些高价年份对应生猪的价格，也是自1830年以来的最高价年份，并以11年为一个周期持续到1858年，其后分别以6年和5年为一个短周期。对玉米价格来说，未来下一个高价年份将是1880年，即自1869年起的11年后及自1875年起的5年后。

贝纳的书中接着论述了股票价格的11年低点周期。他对1880年的预测变成了现实，而且他的口袋书变得众所周知。100年后，罗伯特·普莱克特重述了这一周期理论。

在英国曼彻斯特统计学会成立之前，约翰·米尔斯（John Mills）在1867年12月提出的理论中指出："商业周期本质上就是信用周期，由利率、信心和商人的精神情绪决定。"这是第一份记载有把情绪作为影响经济景气的一个关键因素的参考资料。

技术分析师经常进行行为科学的研究。交易学是对公众心理和多数个体人的本性共同点的研究。我们将在本书结尾进一步研究为什么交易不仅仅是买卖行为。在我们开始讨论基本概念之前，重要的是要认识到市场条件会以一定的节奏重复。但通常情况是一代人所学的知识未必能传到下一代，这是因为人的本性驱使人们自愿冒险，并由此陷入同样尴尬的处境，尽管这个处境可能在不同的地点和时间形成并定位。技术分析师喜欢参看尽可能久远的历史图。1931年，哈佛大学经济学教授沃伦·M.帕森斯（Warren M.Persons）博士在《预测商业周期》一书中写到:

> 我们生活的这个万物世界不是一个机械世界，而是一个令人困惑的世界，其集多样性、复杂性、联动性、反馈性、变化莫测、恐惧及期望于一体。在这个世界中，事实和逻辑有时受人类情感支配。有时自身理性的人与其他理性的人联合起来却形成了不理性的群体。

实际上，帕森斯的观点给1867年米尔斯提出的精神情绪理论提供了进一步支持。更重要的是，他正在试图描述大众情绪在复杂环境中如何变成一种力量的途径。难道经济学家们一味查看基于有争议的公司报表推导出的统计学结论而忘记他们的研究基础是人的本性了吗？现在，技术分析师通过图表工作跟踪大众情绪，同时也在寻找工业集团间的差异。只有图表表明了安然公司（Enron）可能崩盘，因为图表反映的结果与该集团不相称，而且没有保持其持续上涨的技术理由。我们不知道安然公司为什么被淘汰，只知道出现了严重的错误。当基本面没有数据提供给公众时，技术分析事先警告了安然公司会陷入困境中。

与试图用多种语言研究我们地球村的经济学家相比，现代技术分析师具有另外一个优势：他们可以迅速地跟踪所有的全球市场，以发现矛盾与不平衡。个人无法跟踪到世界范围内发布的所有重要报告和统计资料。例如，一个基本面分析师如何能及时地跟踪中国经济的相关因素？随着世界变得越来越小及国与国之间的边界日益弱化，图表分析师的工作及时建起了语言、地理和复杂交易路线的桥梁。

目前，经济学家把更多的精力集中在外推法上，推理出如果在过去的4～5年里事情是这样的，那么在下一年也一定会这样。然而，就像某些著名的经济历史学家在著作中所陈述的一样，商业周期的情绪是不断变化的。经济学家仅仅是狂喜周期变成了恐惧、保护以及极端警告周期过程中的参与者。当商业处于扩张期时，因为信用很容易获得，所以很容易过度扩张。然后，当商业处于收缩期时，几乎没有信贷机构愿意冒险，而且历史表明是小企业业主使国家走出困境。

技术分析更容易发现这些极端事件的反复周期，因为这时期市场很少能处在平衡和稳定的波动阶段。

衡量市场情绪

考虑到价格数据在技术图表上不同的形态反映，技术图表可以以数种方式衡量市场情绪。想象已经下跌数月的熊市，随后少数精明的投资者开始意识到机会，他们在大多数市场参与者行动之前就开始买入并积存股票。而这时大多数人还是相信历史趋势仍然有效，部分人甚至采取了卖空策略。如果市场的潜力使多方多于空方，该市场将不会创造市价新低。

事实上，对于有经验的商人和投资者来说，尝试创造价格新低的失败是一个标志，说明真正的改变即将发生。分析师通过图表观察出市场的卖压已经变弱，因为交易所只有少量卖盘在进行交易。多方与空方的比率可通过交易所收集的实际业务量数据进行跟踪。现在，更多人与早期猜测改变即将到来的聪明的人站在了一起。随着买入的增加，出现了大多数人待在市场同一侧不顾一切买入的时期。

这是孤注一掷的表现方式：当美元损失加剧时，如果你已卖空，而且损失颇多，你必须通过买入补足仓位。如果你是新趋势下的早期多方之一，你正试图买入更多。如果你在旁观，没有加入团体，你会突然在压力下加入。因此，在回升中的某一刻，人人都设法做同一件事。

在买入周期的后期，入场太晚或出场太早的交易者会祈祷股票下跌，这样他们就能加入买入大军。此时，早期多方想把利润存入银行，这些人的获利了结便引起了修正性回调，而后加入者会将市场推动至另一个新高。这就是该周期结束的时候，因为极少数参与者仍然愿意在这种新高价位下买入。该周期不断重复，因为其已经变得过度扩张。在周期更新之前需要一次挫败。

这种人类情绪周期产生了可以测量的几何形态。技术分析和图表研读学派要求具有扎实的基本几何学基础。那些一直从事于图表工作的人不需要使用工具来评估基本因素就能看出差额、比例和比率。人的眼睛在观看价格行为的几何节奏和平衡关系时变得如此锐利，从而很容易看出有多少地方用到了几何学。你不需要使用数学家们常用的基础方程式，只需要有这样清醒的意识，即带有比例和平衡关系的几何学将被应用到图表内的很多价格波段。

基础几何回顾

图1.2中的图表表明了市场价格的坐标点，其实际是长方形区间

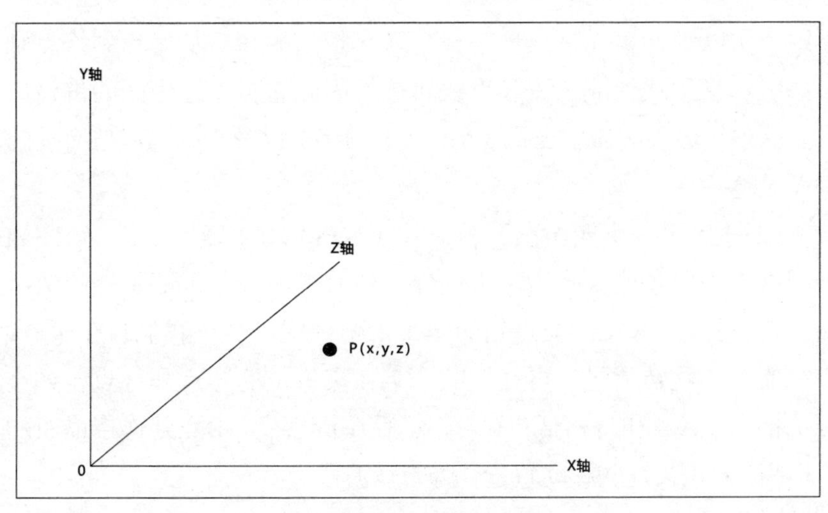

图1.2 市场价格点位

内的一个位置。为确定该位置，要使用有经验制图师的坐标系，称为笛卡尔坐标系。假设股票的现价处在P点。已知的是该点出现在某一天、某一价位以及从0点开始的某段距离。因此，当前的市场价格实际上处在垂直空间轴上，一般叫做x轴、y轴和z轴。

将市场行情绘制为图表，用x轴表示时间，而最以前的日期列在左边。y轴表示价格值上涨情况。图中沿对角线的z轴到x轴与到y轴的固定距离相等，就像立方体的深度。

P点处的市场价格描述着动态。看一下持续8周的市场反弹。该市场以价格低点开始，然后经过一段时间后波动到新的价格。这需要多长时间？ 与上次价格波动相比这次反弹的速度有多快？这些都是与动态有关的问题。

如果微软公司（MSFT）以23美元开始运转8周，然后以28美元收盘，我们可以用一条线的斜率研究图表几何学的一个例子。（该斜率由x2−x1除以y2−y1求得。） 如果微软公司（MSFT）在星期一以23美元进行交易，该日期将作为x1的值。如果交易10天后，股票以28美元进行交易，则该日期将定为x2的值。y的值就是价位，其中，y2等于28美元，而y1等于23美元。斜率反映价格行为上涨或下降的比率。

波动开始时，假设微软公司（MSFT）的价格低点为23美元，在这之后价格高点形成于28美元。在这一价格高点之后，价格连续3天下跌，所以该28美元高点现在看起来是相当的高。从始点到终点画一条线。这条线形成了一条直线轨迹，因此它将穿过中间的价格数据。这条线会表明微软公司（MSFT）的状况以及与交易股票有关的潜在风险。

图1.3显示一支叫做纽蒙特矿业（NEM）的黄金股票。该图表表明这支股票急剧下降后出现反弹，该反弹沿着初期的下降趋势折回，然后骤停在C点。C点处的两个价格柱线产生了我们将在第5章研究的市场反转信号。可在该图表上连接价位的起点和终点，如连接价格高点A点和价格低点B点，然后在价格低点B点处连接最新的价格高点C点，这些移动轨迹称为市场波段。

反弹显得很急剧，下降也很急剧。问题是你能确定反弹是否同

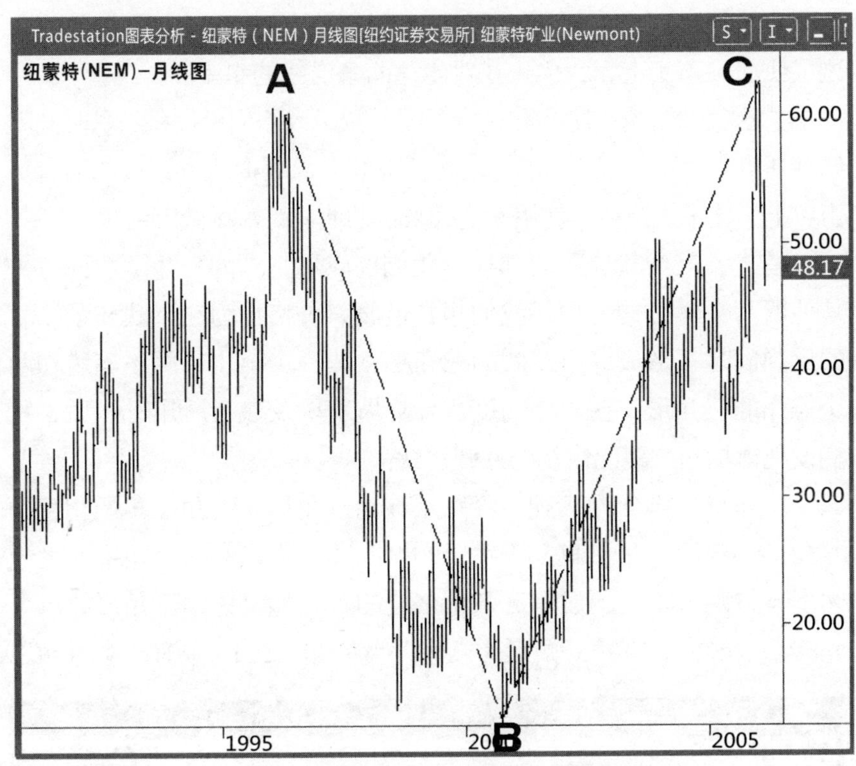

图1.3 纽蒙特矿业（NEM）的月线图

下降一样急剧吗？如果你认为它们是一样的，你需要说服你的几何学“眼睛”。

图1.4提供了回答这个问题的几个方法。开始进行对比的一种方法是从价格低点开始向上画一条垂直的直线。你能辨别出角a和角c大小是否相同吗？如果你移动到中间，就画出一条从下降线到中心的垂直线的水平线，然后画一条从该中心到上升波段的水平线。你能看出d线比b线长吗？如果这条水平线画在更低价位处，你能看出有什么不同吗？仍然有困难吗？你可以在图中画一条更高的水平线，然后增加更多的对比率。观察bd线和ef线，应该很清晰地看到ef线比bd线长。看到你创建的两个直角三角形了吗？

如果已经画了从A点的价格高点到x轴的垂线以及从C点的价格高点到x轴的垂线，你就可以用沿x轴的点间距离回答该问题。由于两个价格高点是相似的，而纽蒙特（NEM）的股价从价格高点A波动到价格低点B所需的时间不到5年，返回价格高点C所需的时间超过5年。因此，在此图中进行对比时可以发现，上涨没有下跌那样急剧或快速。事实上，我们正在对比这两条虚线的斜率。

怎么突然讨论到时间和速度了呢？数学天才们说位移除以时间就叫做速度。技术人员已经从基础物理学中学会了时间和速度的概念。事实上，技术人员经常使用速度线来帮助他们对市场做出判断。

首先，就像我提到的那样，我们仅应用基本的三角函数而省去其他所有数学上的麻烦。我们想知道股票价格行为在下跌和紧接着的反弹间是否形成一个等腰的三角形，即一个至少有两条等边和两个等角的三角形。在对比角度、计算坡度以及参考所用时间后，我们发现市场的下跌比恢复的反弹更快。

三角形可以分为三种，分别是钝角三角形、锐角三角形和直角三角形。钝角三角形有一个大于90度的角，且只有一个角可以大于90度，否则就不会形成有三条相接边的三角形。锐角三角形的每个角都小于90度。直角三角形有一个90度的角。图1.4中有两个直角三

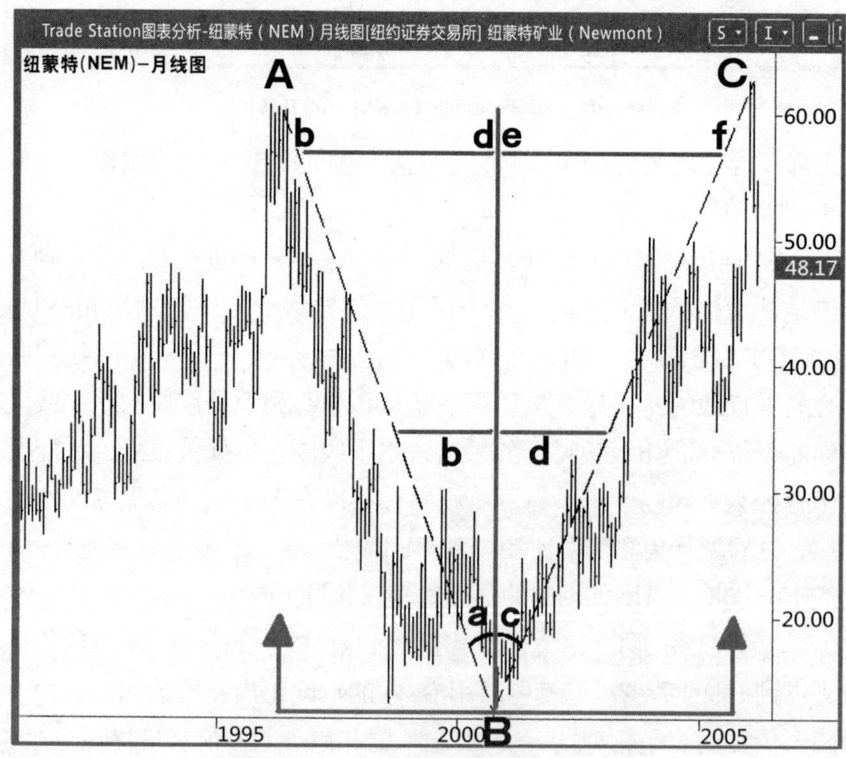

图1.4 纽蒙特（NEM）股票的下跌与反弹的对比

角形，在该三角形中，与直角相对的较长的边叫做斜边。这就是你从A到B画的表示价格下跌的线或从B到C画的表示反弹的线。从低点的垂线连接了这两个直角三角形共用的直角边。

注意观看价格低点与从价格高点所画线间形成的夹角。然而，你不必运算这一应用后的三角函数，因为你只需通过视觉对比就能确定一个角是否不同于另一个角。无需涉及这些应用后的数学运算（见图1.5）。

目前市场所用的最先进的几何学叫做甘氏分析。甘氏分析使用源于上古时期的高等教育中的四门课程。分别是几何学、音乐、天文学和数论。技术分析将会涉及很多你曾经学过的大学选修课程或你现在感兴趣的东西，而你从未想到这些方法会应用到金融方面。因为市场会以有规律的比例和比率波动，所以几何学在技术分析中有重要的作用。市场是大多数人对恐惧、贪婪和周期性节奏的反应。每隔20年，新一代人就得自学上一代人辛苦学到的东西。不断变化的人类情感——贪婪、希望、恐慌与恐惧催生了价格波段性上升或下降的周期形态。这是一个简单的例子，接下来我们需要更进一步地观察及研究大多数交易者是如何成为一个集合体以及作为一个集合体如何做出反应的。（周期的研究可以是独立的专业研究。）

观察图1.6显示的是纽蒙特矿业股票的价格波段。可将整个下降趋势细分更小的波段。在此长期趋势内，把从高于60美元的价格高

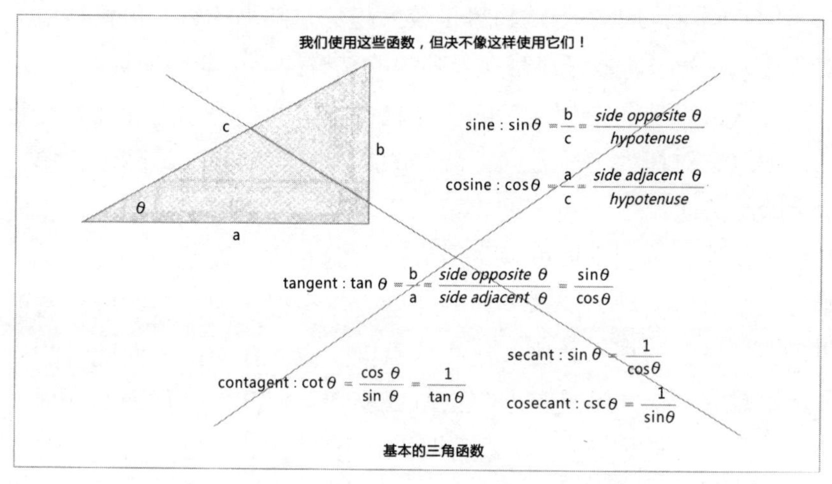

图1.5 基本三角函数

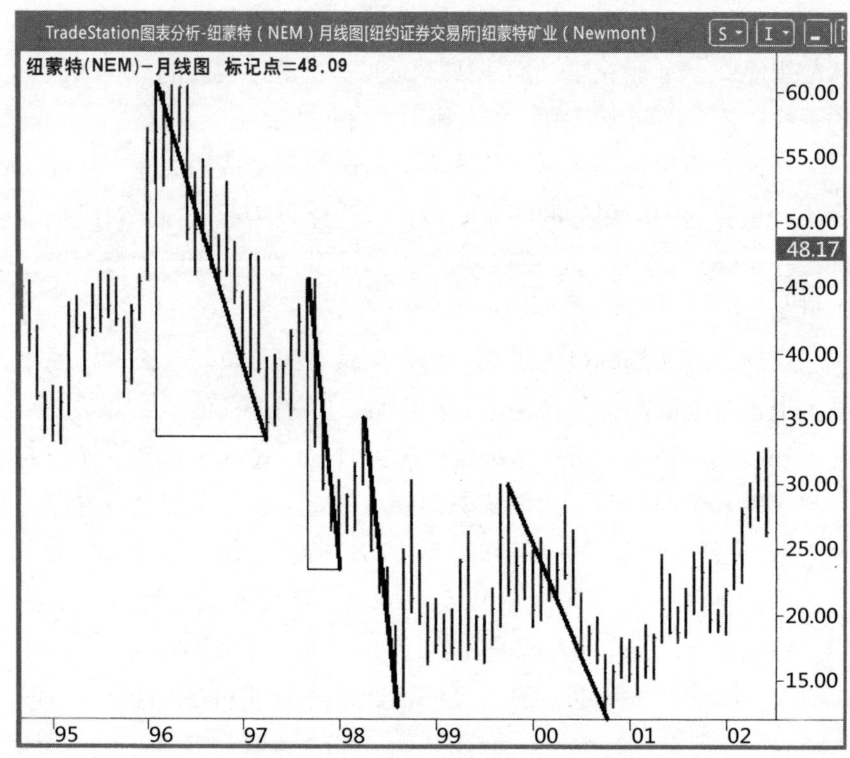

图1.6 纽蒙特矿业（NEM）股票的内部价格波段

点到15美元以下的价格低点的整体价格下跌看作是一个市场波段。在此下跌中，也存在短期波段，有些向上波动，而有些则向下波动。这些价格行为形成的波段是相对于长期趋势全局的逆向动态。在图1.6中标记的较小下跌趋势是较大趋势方向上的较小价格波段。当你开始交易时，最好总是在大趋势的支撑位上逐渐增加买入。

有人会说该图中相连接的下跌趋势是中间趋势。当你开始交易时，你只想对在大趋势方向上波动的趋势进行交易。该图中，第二个下跌趋势比第一个更急剧。第二个与第三个下降趋势相比，急剧度几乎相等。第四条坡度线（最靠近右侧的线）显示了一种变化，即市场逐渐失去动力。这条线的速度变化缓慢，因为其坡度没有前两条下降趋势线那样急剧。这意味着极少数人在卖出，而此时的卖压开始减弱。这并不是暗示将会触底反弹，但从价格行为的几何学角度来看，该坡度变化预示着后期的一个良好的反弹趋势。

有很多研读图的方法来分析价格数据的变化趋势。目前为止，本章已经描述了在图中进行对比的几种简单的方法。现在是时候快速检查我们的进程了。这次回顾的目的是使你意识到几何学是观察图的必要方式。

● 可用连接价格高点与价格低点的线的坡度来判断市场下跌的速度。

● 正确还是错误？从之前的熊市快速转“牛”的股票被认为比经过较长一段时间获得相同利润的股票更强劲。（答案是正确的。）

研读市场趋势

你刚才看到的是用波段图来确定股票大致走势的方法。波段图连接明显价格动态中的价格高点和价格低点。如你在纽蒙特矿业（NEM）（图1.3）的第一张图上看到的那样，当论述内部几何学的特征时，波段可以很长。你还可以查看较短的波段，如图1.6中所示的波段，其中涉及坡度。然而，这些线不能帮你确定趋势何时改

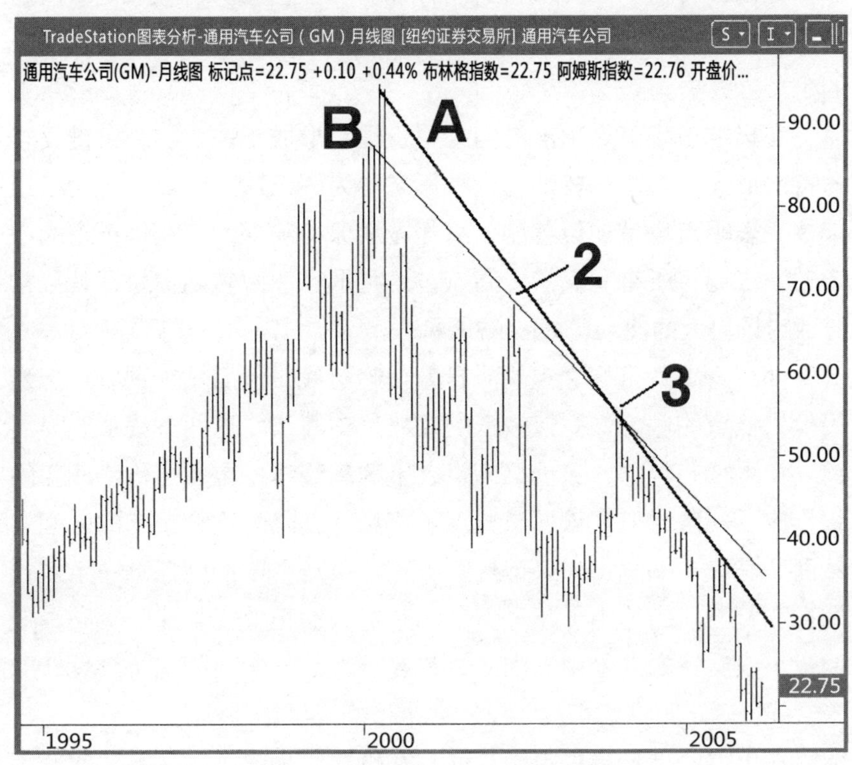

图1.7 通用汽车公司（GM）月线图

变。要做到这一点，需要在该图中添加更多信息。

波段线显示价格波动的方向和持续时间。趋势线连接几个价格波段，以警告可能发生显著变化。图1.7显示通用汽车公司（GM）的月线图。该图创建于2006年，当时通用汽车公司已经处在熊市有6年多。在下跌趋势中，趋势线出现在价格下跌线的上方。图1.7中有两条趋势线。趋势确认的公认定义是市场中的价格数据触及并回调至趋势线三次。有关趋势确认的书通常通过从主要的价格高点或价格低点画线来确认趋势。从我个人关于急剧升降的坡度的经验来看，应该在更好的地点建立趋势线。

图1.7中的A线画于价格高点，该价格高点在下跌趋势线的价格高点之上。在点2处价格的向上突破并未触及趋势线。在点3处的向上突破触及A线，这就初步建立了趋势线，但直到价格第三次回调到该线，该趋势线才能被确认，因此直到2005年该趋势线才得以确认。到那时，急剧下跌就变成历史性崩盘。因此，该定义是不充分的。

如果你将趋势线B正好画在钉形的高点之后，则在点2处可以建立该趋势并形成更有意义的角度。在这种情况下，形成已确认趋势的定义会更快。

在极端市场高点顶部的两条月份柱线形成了一个称为关键反转的特殊形态。一些分析师将这种形态称为一组铁路轨道。这两条顶部柱线表明市场是如何急剧上涨却无法保持利润的。在接下来的一个月，市场将所有利润带入高点，这种形态叫做转向信号，其经常导致市场更大的波动，如图1.7所示。

如果将下跌市场之上的线看做是趋势线，然后增加一条线至连接价格低点的底部，则该较低的线只是支撑线。这两条线很容易混淆。在下跌趋势中，除价格高点之上的趋势线外增加至价格底部的线形成了一条通道。该通道显示了市场在下降时进行交易的区间。然而，有一个漏洞：如果市场突破在该市场下所画的任意一条线，则意味着当前趋势由于超过上部的趋势线而正处于加速（突破较低通道）或反转的危险中。因此，该趋势线是一条表明趋势会反转的警告线。对于下跌的市场，反转要求价格突破趋势线之上。

在上涨的市场或牛市中，通常在价格行为之下创建趋势线。为

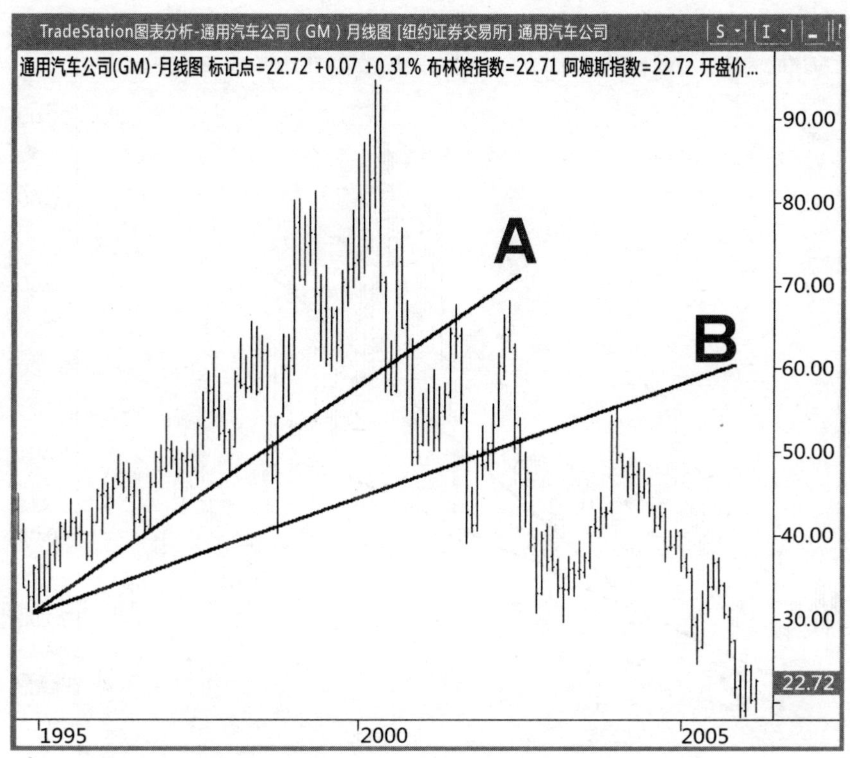

图1.8 通用汽车（GM）股票价格的上涨和下降

什么？如果市场向下突破该趋势线，则跟踪该市场下的支撑线，它将警告主要反转可能即将形成。

图1.8中的A线跟踪通用汽车公司（GM）自1994年以来趋势较好的日子。注意穿过趋势线A，刚好停止在趋势线B之上的可怕的崩盘钉形。在此急剧下跌之前，你知道要画一条趋势线B吗？事实是在市场崩盘形成之前，你决不会知道趋势线B是通用汽车公司的确定及建立的趋势。

图1.9中更多的历史数据表明1995年早期，通用汽车公司就规定了确定的趋势。这就是市场在钉形处的轨迹上停止崩盘的趋势线，而此钉形在该市场下向下至星号标志（*）。当市场将相同趋势线用作阻力线时，它变得很重要。阻力位是对价格反弹形成减缓或阻碍的一个价位水平。市场下跌停止到的价位叫做支撑位。图1.9中最右边的价格波段高点上有一个星号，显示我们使用趋势线发现的阻力区之下的市场钝化。该图中还有一个在急剧下跌线下的星号，其

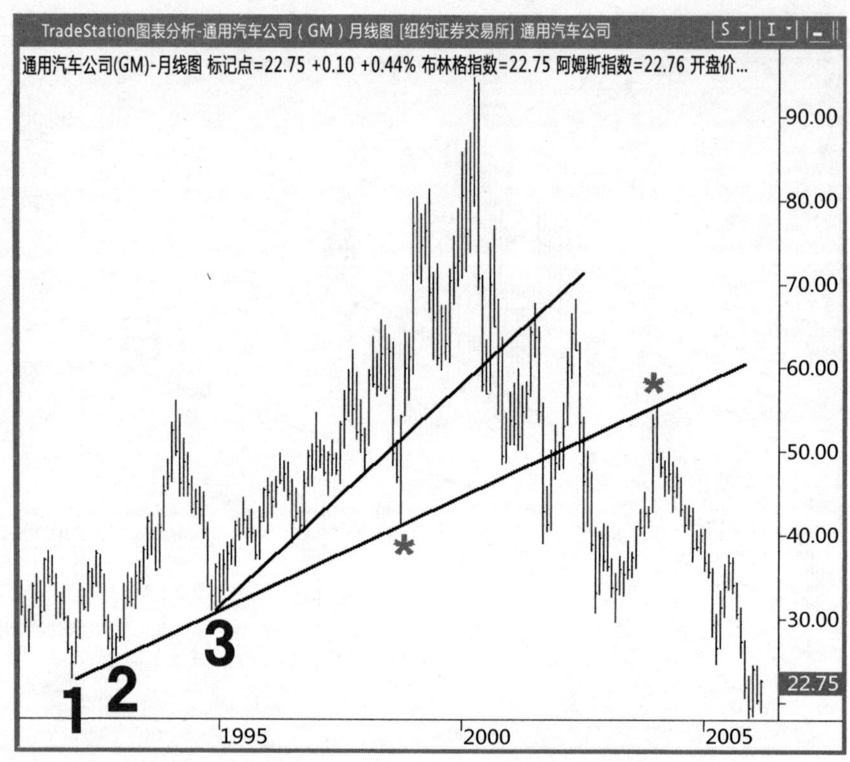

图1.9 通用汽车公司（GM）显示确定趋势的历史数据

刚好停止在趋势线下，表示支撑。市场支撑位经常在后期变成市场阻力位。使用趋势线仅是发现市场支撑区或市场阻力区的一种方法。

为什么第二条趋势线比1995年的低点画得更高？因为其显示当该趋势线的坡度变得更陡时，市场正在加速反弹。

图1.10显示了市场几何学更加先进的用法。向上射出的线创建于单一的价格起始点。在这种情况下，上涨趋势的起点（当确定价格开始向上波动时）显示在1995年初。这些线之间具有规定的角度，所以没有附加的价格低点和高点。这些线称为阻速线，它们使研究市场交易的区间成为可能。在上升过程中，大多数时间市场是在B线和C线间进行交易。当通用电气公司（GE）在A线和B线间进行交易时，市场显示了多种重复的行为，此时价格柱线与较大趋势中的有限总利润重叠。这是在警告该股票即将下跌。

当市场开始深度调整时，可以使用阻速线作为支撑线和阻力线。标记有星号的价格高点是在试探阻力线。从音调符号（∧）处

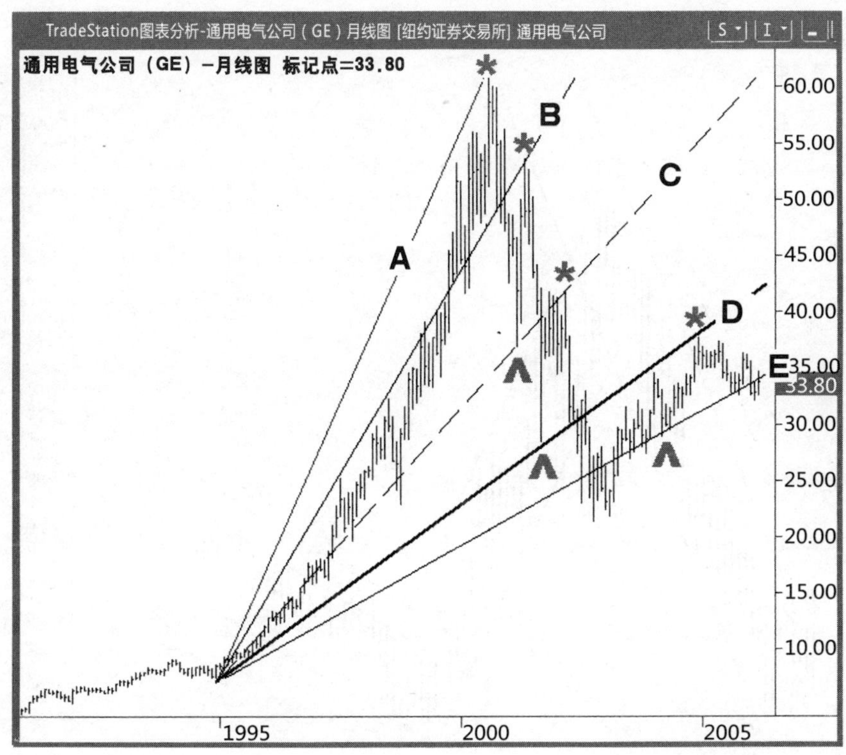

图1.10 规定支撑位与阻力位的通用电气公司（GE）股票速度线

反弹的价格低点是在试探支撑线。从1995的反弹可以看出，市场几何学就变得非常重要。当价格开始向下突破E线时，这不是个好征兆。但在这里所使用的方法有助于提高准确判别市场发展方向的概率。所以，对通用电气公司的良好业绩和发展方向形成固有的看法是不成熟的。

通道范围内的市场动态

本章已经讨论了市场的简单趋势，但是市场通常倾向于在平行线内波动。图1.11显示了通用电气公司（GE）股票的月柱线图。将向上倾斜的B线定义为趋势线。数字1表示市场第一次测试所画的趋势线。沿B线的点2和点3表明市场第二次和第三次测试该趋势线。有关技术分析的更古老的书的观点是在第三次测试趋势线确认趋势。如今的市场需要对此进行改进，而我们使用其他方法进行修订以得出早期结果。我们将在不同的章节中增加新方法，如动量指标法，以

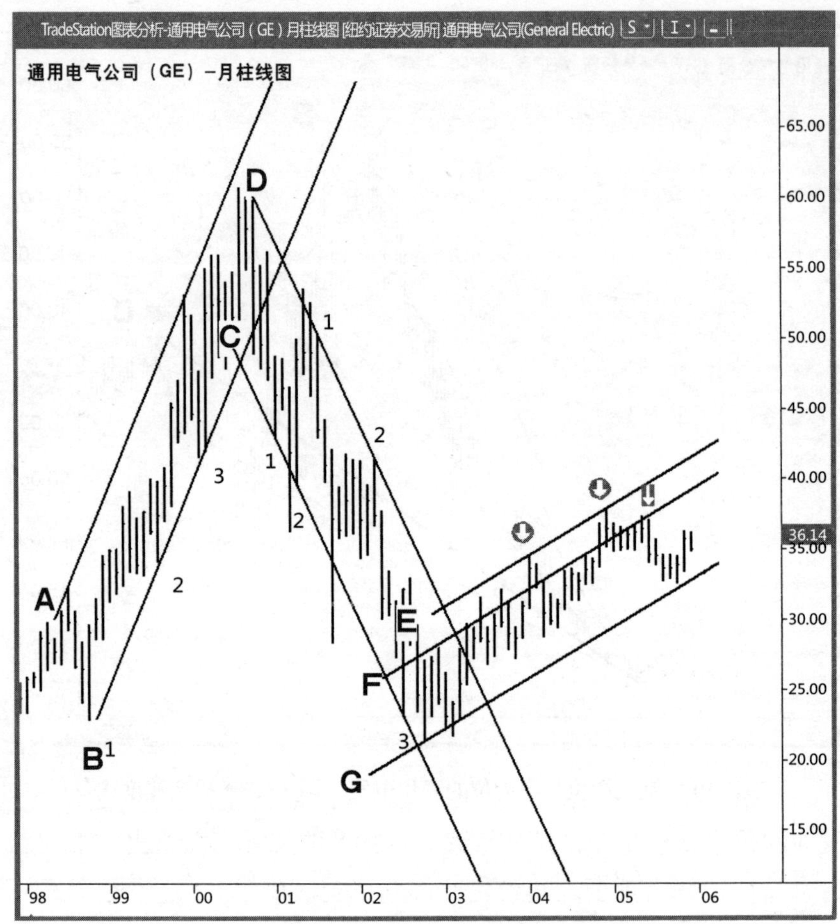

图1.11 通用电气公司（GE）月柱线图

便在市场趋势中更早地采取行动。不要忘记上升趋势（线）是根据市场价格数据所画的。A线是一条模仿B线所创建的平行线。在这种情况下，A线连接两个重要的高点。靠近D线起点的三条柱线未能回调到上部的线或通道线A。这就称为钝化，而且其表示市场上已经没有了多方。在新的下跌趋势形成之前，市场不会突破B线。该形态组合提供了一个很好的方法以发现市场是否正处于大幅下跌的过程中。

通常市场会突破较低通道线，然后在不穿过较低通道线的情况下反弹，以测试旧通道线。在图1.11中，通用电气公司（GE）在将下跌控制到C线上的点1之前，就在上升的市场波段下通过较低趋势线反弹回来。C线和D线标记了新的通道边界。画于市场之上的D线是新的下跌趋势线。C线平行于D线形成，并与D线相同。然后将该新线向下拉，以连接标记为点1和点2处的柱线。为什么没有移动C线来连接此下跌趋势中的钉形呢？因为在此下跌趋势中，点1和点2比主要的钉形先满足该平行线。仔细观看C线上的点3，保持在趋势线之上的点3和早期形成的画于极端钉形上的线已经没有关联了。经验会帮助你形成自己的判断，但重要的是要明白为什么要选择使用某一价格点位而不是另一个。如果你不知道，就进行证券交易吧，如果你记了笔记，并在市场波动后客观地研究你的交易结果，市场将教会你如何交易。

此外还可以画第三条平行线连接低点，但是你需要能提前预警变化的工具。C线上点3处的价格柱线回调到该平行线，然后市场开始反复波动，而不能再次回调到C线。当股票开始上涨时，一条新通道便形成了。G线和E线非常容易理解，但是F线连接着内部的柱线高点。注意柱线上穿F线或在F线上受阻碍次数。在市场于最右边的第三个箭头处钝化前，柱线在F线上7次受阻。F线把你引入图表研究的更细微之处，表现为一些并非很明显的信号。事实上，你获得的经验越多，你就能越快地从这些细微的内部形态和信号中察觉出市场趋势的变化。

此时，新手通常为进行交易感到激动，而在没有制订详细的进攻计划的情况下就跳入火坑。打一个电话或在因特网上下订单非常容易。不要着急。本章复习的通道并不是目标价位。通道只简单地表明何时会刮起变化之风。第2章将论述几条交易规则。

第1章 小测验

1.1875年，贝纳的书——《未来价格涨跌的预言》阐述下列哪项?

a.预测会影响农业的天气形态的周期

b.提供出现玉米市场低点的基本原因

c.显示图来表明未来市场恐慌的高点和低点

d.第一次将生猪的价格归纳入历史图中

e.预测股票的下一个牛市

2.1931年，哈佛大学的经济学教授沃伦·帕森斯博士陈述下列哪项是导致商业周期的潜在原因?

a.人类需要、恐惧和希望

b.供求宏观经济学

c.短期利率

d.新兴市场间流动的现金

e.机械论世界基本原则

3.在经济紧缩时期，国家经常通过下列哪项走出困境?

a.大银行承担可控风险来扶持那些尚未倒闭的大企业

b.当大银行和企业不愿意承担额外风险时，依靠小企业和个人来重新启动经济体制

c.政府减轻税款及减少股票保证金

d.政府降低利率

e.战争

4.人的本性在价格数据中创建的形态可以用下列哪项来测量?

a.价格波段间的差额和比例间距

b.人的本性重复恐惧和贪婪周期的具体形态组成

c.几何学基础

d.自然界中的生长和衰退比例

e.上述所有选项

5.从市场低点到市场高点的内部价格波段中所画的线将确定下列哪项?

a.市场趋势

b.创建反弹所需的时间

c.已测量的市场波段的坡度和加速度

d.小修正后反弹是否继续

e.市场的下跌速度

6.下列哪项是市场转向信号?

a.已确认的大趋势仍然很强

b.当多空双方力量对比时，随时间形成的复杂形态

c.在动量指标中要求进一步确认背离的信号

d.在市场已经警告其要反转后要求交易者立即考虑的事务

e.趋势线上形成的信号

7.技术分析对下列哪项进行了研究?

a.人类行为

b.极端情绪的衡量

c.使用动量研究的价格

d.价格数据内的几何比例和平衡

e.上述所有选项

8.画于市场之上连接较高价格高点的线称作:

a.支撑线

b.阻力线

c.阻力趋势线

d.趋势线

e.支撑线和趋势线

9.市场经历了三个下跌波段，形成长期熊市后，从价格次高点创出价格新低。当对比这三个波段的坡度时，每个波段的坡度都明显比前一个陡。技术人员会将此解释为下列哪项:

a.加速的熊市将形成另一个急剧的下跌波段

b.熊市的看涨陷阱

c.萎靡的熊市准备反转

d.做空的空方获利

e.熊市的调整

10.市场通道是下列哪项?

a.为连接历史数据中形成的价格区间而画的平行线

b.从主要经纪人到交易大厅的下单途径

c.彭博资讯(Bloomberg)、消费者新闻与商业频道(CNBC)、微软全国广播公司(MSNBC)及其他致力于市场消息报道的电视金融频道

d.根据价格数据所画的收缩趋势线

e.根据价格数据所画的背离线

第2章

何时进行交易及如何保护自己？

个人过去的情感包袱是弱点

老虎伍兹曾经说过，高尔夫球比赛是在6英寸长的球场上进行的。他暗指高尔夫球运动员耳间的距离，这对交易者来说也是对的。 市场能够反映出交易者的优势和劣势。不论技术水平如何，每个交易者都会遭遇决定其成功与否的心魔。当交易者获得利润时，通常会情绪高昂，而且这种感觉与一个人的自我意识和价值观紧密相连，这是非常危险的。当交易失败时，交易者经常责备除自己以外周围的一切，却不知道应对自己的行为负责任。

交易过程中情感往往处于两个极端。某一天，你可能对自己的技巧和能力非常肯定，而另一天，当你的自尊受到打击和挫败时，你可能对曾经的尝试予以否定。优秀的交易者知道在交易进行、管理和实施过程中有必要根据规则对市场做出理智的反应。只有当你没有仓位，也就是处于所谓的平仓时，才能允许自己感情用事。

犯错后，发现自己一直想着“如果”、“但是”和“本可能、将能”等词语的交易者都在否定自己。瞧！每个交易者都会犯错，而市场是不会搞人身攻击的。能够正确管理风险的交易者会幸存下来以进行下一笔交易。市场会永远存在。只有你能决定何时及如何加入这场永不停息的赛跑中，你才能控制工具，选择你的数据供应商和市场。通过有规律的研究和脱机练习来做好准备。如果你失败了，要负起责任，这样你才能有所改变并学到东西。

著名交易者W.D.甘氏（W.D.Gann）曾在1929年市场高峰时出场，他警告周围的人说崩盘即将来临而且这将是一次严重的下跌。

在他的一堂课上他强调一点："我可以告诉你何时是买入或卖出仓位的最佳时机，但是如果你由于恐惧或贪婪而坚持交易，那么你不会成功。"

十条交易规则

甘氏说得对，所以我给你几条简单的并能使交易更易于操控的交易规则。这些规则和原则已经被几代勇敢地战斗在交易最前线的人尝试过了。

第1条

千万不要轻易听信经纪人、邻居、朋友或你认为比你知道得多的人。他们的建议会让你处于劣势。学会做自己的事。根据自己研究获得的事实进行交易，不要根据希望进行交易，因为希望就是一个杀手。这是最起码的原则。

第2条

在没有设置止损指令的情况下千万不要下订单。如果你通过一家公司，如嘉信理财（Charles Schwab）进行交易，你可能从未接到过通过电脑屏幕提供的止损指令，他们只为大客户的人提供止损指令。如果你还闻所未闻止损指令，就换一家公司吧。设置止损指令表明你已经做好了准备，它将确定你自动出场时的价位。

如果你是做多（买入操作），止损指令设置在低于进场价位；如果你是空头（卖出操作），止损指令设置在高于进场价位。当市场价格达到、低于或超过你的止损价位时，该止损指令就会自动使你出场。

如果你无法确定自己错在哪里，你就无法确定你能够建立多大规模的仓位。你可能会大脑空白，但一旦你意识到这点就要接受挑战。有条理地入市，然后给自己上百种理由保持这种状态或者在大脑停止运转时想办法重启大脑。当仓位陷入困境中时，人的本性使你明白自己想要什么。建仓的同时必须签订止损指令。不要改变！这是保护自己的唯一方法。

第3条

保留你的交易记录——不只是交易的数据，还有你进场的理由。一旦入市就要立即做记录。例如，如果市场价格正在测试你通过使用第1章中提到的方法获得的其中一条趋势线时你决定在市场中买入，要自己做记录。如果写日志很麻烦，就使用录音机。为什么？交易后，你要看看什么没有发挥作用以及你做对了什么。记录利好消息与记录利空消息同样重要。没有人只想得到利空消息。在完成交易后也有必要作记录，因为在交易完成后你有可能忘记你的理论依据。

第4条

要耐心。现实中所有事情发生得都比你想象的慢。

第5条

不要用耐心掩饰你不知道该做什么的事实。给自己时间学习。成绩是慢慢做出来的，而且对新手来说迅速的成功就是祸根。我保证你会亏空你最初获得的所有利润。当你无力解决某一问题时更多的问题就会接踵而至。你要告诉自己情况会逐渐好转起来的，如果你有耐心，市场就会朝着对你有利的方向转变。但那些盲目耐心的人会一直等到接近收盘价或底部，这通常使他们陷入比他们做出即时反应时更大的困境中。

第6条

不要随大流。要收听消费者新闻与商业频道（CNBC），但是当不断有利好的消息传出时，不要轻信它们。换句话说，当很多消息媒体大肆宣传建议你进场时，你要出场。当世界末日来临而人人都急着出场时，很可能就是买入的时候了。

第7条

一般来说，主要报告发布后，市场就会马上降价出售股票。在听到利空消息时买入，在听到利好消息时卖出，这样你才会经常获得成功。随着重要消息的公布，市场会在预期的方向最先做出反应。例如，负面报告会使市场下跌以帮助你选择时机，而利好消息有助于市场上涨。如果市场无法随利好消息上涨，要迅速卖出。如果市场不再随利空消息下跌，则要迅速买入。观察你的指标以决定是否卖出或买入，但是要意识到一点：当市场终止一种趋势时，指标无法向预期的方向波动。

第8条

有疑问时，要立即出场。当你持有仓位时，你无法再客观地进行评估。为了重新评估，你必须出场。如果未知的东西仍然存在，最好离场观望。在市场当中有三种交易选择：多头、空头和观望。第三种仓位是疑问存在时最安全和最聪明的选择。

第9条

没有必要频繁地买入或卖出。重读第8条规则。

第10条

你不应该把自己的失败归咎于市场、你的经纪人、交易所、受干扰而精力不集中、缺少时间、身体不好、停电事故、因特网连接、软件、工作、你上一次的研讨会、你的岳母和岳父、噪声、高温、寒冷、错误的消息、缺少睡眠、怕被遗弃的恐惧或恐怖分子。作为交易者，你只需对自己的行为负责。想要成功，你必须学会掌控，并对自己掌控的事情负责。

进行交易的最好方法

大部分钱是通过波段操作赚到的。这是指在主要趋势下，关注在长期趋势方向上的较小的即时趋势。记住，你徘徊的时间越久，面对风险的时间就越长。然而，这不意味着你应该过度交易。持有几天的仓位不是过度交易，但是如果你一天进行4次、5次或6次交易，成本会将你吃掉。

当你处在学习阶段时，你不应该用保证金进行交易。用保证金进行的交易会使你向经纪人借占股票成本50%的钱；如果做期货交易，你还可以借到96%，但是不要这样做。大多数新手对此不理解。进行期货交易的人中仅有6%获利。期货是对赌交易，意味着这6%的交易者是从其余94%的人中获利的。

进行交易的另一种方式是在较长趋势内进行跟踪止损，但不是将其作为一项持续多年的投资。当前的市场环境不支持这种理念，而且这种说法不专指多方。在市场上你必须像愿意做多那样愿意做空。

成功的条件

下面是一个成功的交易者所必须具备的10个特征。

1.独立

首先，你必须独立。所有优秀的交易者都做自己的工作，并且自己做决定。因为大多数人都是错误的，所以独立很重要。因此，优秀的交易者经常持有与市场消息、邻居意见及多数经纪公司相反的观点。 他们必须远离各种人，以免被他们的观点影响。

2.投资计划

拥有一个投资计划，然后坚持该计划也同样重要。一份成功的投资计划包括三个要素：进场策略、解套策略和获利出场策略。投资计划在前三个策略的基础上进一步确定正确的交易规模。

3.知识

不花费时间学习，你就无法获得知识。我的一个朋友想成为交易者，但却没有时间看书或安装专业软件。然而他却有时间进行少量交易。 带有这样的思维模式，他决不会成为一个成功的交易者。成功的交易需要建立和培养知识基础的决心。

4.耐心

成为一个耐心的交易者很难，所以值得重复本章前面论述过的这一点。要耐心等待趋势的确认或制订正确的进场计划。你必须具有精准的进场价位和进场理由。因为怕错过机会而进场不是买入的充分理由。

5.勇气

查克·叶格（Chuck Yeager）是第一个在Mach 1号中打破声音障碍的飞行员。当被问及如何勇敢地做到这一点时，他回答：“首先，做所有你能做的事情来确定并理解风险，然后接受可能出现的最坏结果。此后，就步入‘未知’了。”关键是勇气来源于准备和了解你在尽力做的事情。

6.好身体

交易者也是运动员。你必须锻炼以养精蓄锐。如果身体不好，你的思维也会变得糊涂。

7.时间

电视是现存最大的时间盗窃者之一。如果关掉电视，你就会将注意力转移到书、图表和计算机并且能够较长时间地集中注意力。

8.对人性的了解

成功的交易者研究人的本性和群体的大众心理。这称为市场心理学。大多数普遍的趋势被证明是不可靠的，而且你形成自己的技术技能并使之得以应用后，我会在第11章为你提供更详细的指导。换句话说，市场会在阻挠多数人的方向上波动。有专门衡量市场心理情绪的特定指标和研究。这些指标有助于你衡量多少人正在买入或有多少专业或商业指令正在被下达。这些指标也可表明大众投机者或商业交易者是否在市场中卖出。这些都是取得成功交易的有价值的信息。

除了普遍的趋势外，还有普遍的交易价格。许多交易者多以5、10、25、50、60、75、100、150为增量进行交易。市场不喜欢以整数价位成交，所以保持你的交易指令远离这些整数。你还需要持有止损指令，价格同样不可以是这些整数。假如你计算的止损点为74，要改为73.85。快速的股市震动会造成74点位的指令升盘，从而保护了你。如果你的止损指令遭受了打击，就会持续造成真正的洗盘，然后你就要成交指令。消息媒介会对达到10000的道琼斯工业平均指数小题大做，但这只是一个数字而已。让你的价格预测方法决定哪个价位重要，而不要理睬公众对他人的蛊惑。

9.有限的方法

在研究过程中收集指标对新手来说是个大问题。找出对你最有效的方法，然后丢掉其他的方法。保留三种不相关的方法。在你学习新方法时，要明白它们是如何挑战或改进旧方法的。如果一种方法较好，则丢掉旧方法。一些人收集了过多的工具，却因此变得不知所措而无法做出决定。（我在《技术分析大全》一书中介绍了如何形成三种不相关的方法。）

10.纪律

成功的交易者最重要的品质就是纪律。每天的学习需要纪律。按照制订的投资计划进行交易需要纪律。不凭感觉做出决定需要纪律。拿起鼠标或电话以及下单很容易做到，但是你忽略了需要准备的步骤。没有纪律，就不可能成功地进行交易。

各种各样的市场

慢牛市场

成交量低及波动小的市场在其突然快速波动前会保持慢牛状态，此时，没有注意到该变化的交易者就选错了方向或被淘汰了。不要逆着慢牛趋势做交易。长期的牛市波段和熊市波段的早期阶段常以这种方式开始。要考虑到这样的事实：世界上的交易者都是紧密相连的，这种协同作用会发展成一定的市场特征，而由于持有错误仓位，人们没有机会再被诱入慢牛的阶段或被迫出场。

速动市场

在某一具体消息发布后，股票突然崩盘时，就会出现速动市场。一般来说，千万不要追逐速动市场。如果被淘汰了，你就远离计算机，然后等到市场确定反弹的那一天。我通过在最后波段进行的交易获得了比在速动初期进行的交易更高的利润。这是因为我对自己设定的买入或卖出价位有充分的信心，并且可以清楚地确定风险。

振荡市场

应该避免振荡的市场或没有方向的市场。耐心在此很关键，因为你必须等待市场确定其意向。如果你因为不耐烦而开始进行交易，你等不到在接下来市场出现更大波动时进行交易的机会。

回到最初的问题：何时进行交易及如何保护自己？

在市场处于特定的目标价位并且指标允许你采取行动时进行交易。通过经常使用止损指令来保护自己，而且要记住在进场的同时必须要下止损指令。第11章将讨论多种指令类型。

第2章 小测验

1.交易者在市场上没有仓位时，可以说该交易者是：

a.未做决定

b.观望

c.平仓

d.度假

2.你刚刚建立一支股票的仓位，然后发现犯了一个错误，最佳的做法是：

a.立即轧平仓位

b.快速成交以提高胜算率

c.等待一段时间，以便你可以快速检查其他指标以清楚是否犯了错

d.下一个与原来仓位相反、规模为原来订单的2倍的订单

3.新手最难学会的事情之一是：

a.止损应该只用于慢牛市场

b.市场永远都存在，而没有结束的时候

c.何时增加处于困境中的成交量

d.何时退出一笔获利交易

4.新手最难接受的事实之一是：

a.数据供应商提供的一些技术指标可能是错误的

b.他们必须一直对自己的行为负责

c.a和b

5.对于交易者来说，知道市场将要移向的价位与了解自己判断错误的价位同样重要。

a.当初学者取得很大进步并拥有交易经验时便学习价格预测

b.错误

c.正确

d.价格预测很重要，但它可能不够精准

6.下止损指令应该在：

a.进行股票交易时

b.进行期货交易时

c.移动平均线下的第一次波动后

d.下最初的指令时

e.市场背离趋势线后

7.任一交易者最难做到的事情之一是：

a.80%以上的时候是正确的

b.接受无法控制市场的事实

c.认识到多数市场动态的发展比想象的要慢

d.学会接受你资金的大量亏损

e.学会如何进行24小时市场交易，并保持足够的睡眠

8.消息媒体最好被交易者用来：

a.收听联邦公开市场委员会会议的结果

b.远离或反对群众

c.了解关于收益报告的热点消息事件

d.发现被忽略的买卖股票建议

e.获取国际市场数据

9.一支股票一直在下跌，而预测公司即将宣布利空消息。当证实你的怀疑正确的时候，你持有空头仓位。市场的反应是急剧下跌，跌幅相当大，超过了你的目标价位。这时你应该立即做下列哪项？

a.增加你的盈利仓位

b.什么也不做，然后快速计算新的目标价位将在何处低于你的最初目标

c.去掉三分之一仓位，并将止损点移到你进行空头交易的价位之下

d.什么也不做，然后确定阻力位将在何处形成以增加仓位

e.立即获取利润

10.大多数钱是当仓位遵循下列哪项时赚的？

a.转向形态的钝化

b.使多数交易者失去平衡的急剧反趋势反弹

c.杠杆期权中的高市场波动性

d.长期趋势

e.一连串小规模盈利交易

第3章

需要重点关注哪些价位?

趋势线

第1章中的图表展示了如何绘制简单的趋势线并解释了在上涨市场之下绘制的趋势线如何成为市场支撑线。第1章也说明了在下跌市场之上绘制的趋势线如何确定市场阻力线。这些线标明了重要的价位，但是多数市场行为并不按这些简单的趋势线发展。即使像我们在图1.11中为GE股票所做的那样，在趋势线上增加平行线来创建通道时，你还需要使用其他方法来确定那些影响市场的重要价位。

知道市场不以完全对称的波段波动很重要。这乍听起来或许有些令人困惑。每一个价格波段，无论高低，都与同一个图上的另一个波段有比例关系。较小价格波段之间也可能存在数学比例关系，而这些比例与较大的价格趋势相关。越善于识别这些关系，对未来价格变动的预测就越精准。在本章中的后部分你会发现市场是按照数学常量上下波动的，该数学常量称为普适常量。

幸运的是，有的时候市场以对称的方式波动。作为新手，你会在那段时间取得很大的成功；但要注意，如果你的方法没有改进，这种成功就不会持续，因为市场会回到作为其自然发展的一部分的上升周期或下降周期。如果你没有一定的方法适应这些市场变化，当市场以简单的对称比例波动时，你会亏空所有已经获得的收益。

计算支撑位

图3.1是计算机合伙人公司的月线图。用下列方法计算支撑位：从价格低点到价格高点（1999年以前），把该区间分成相等的8个

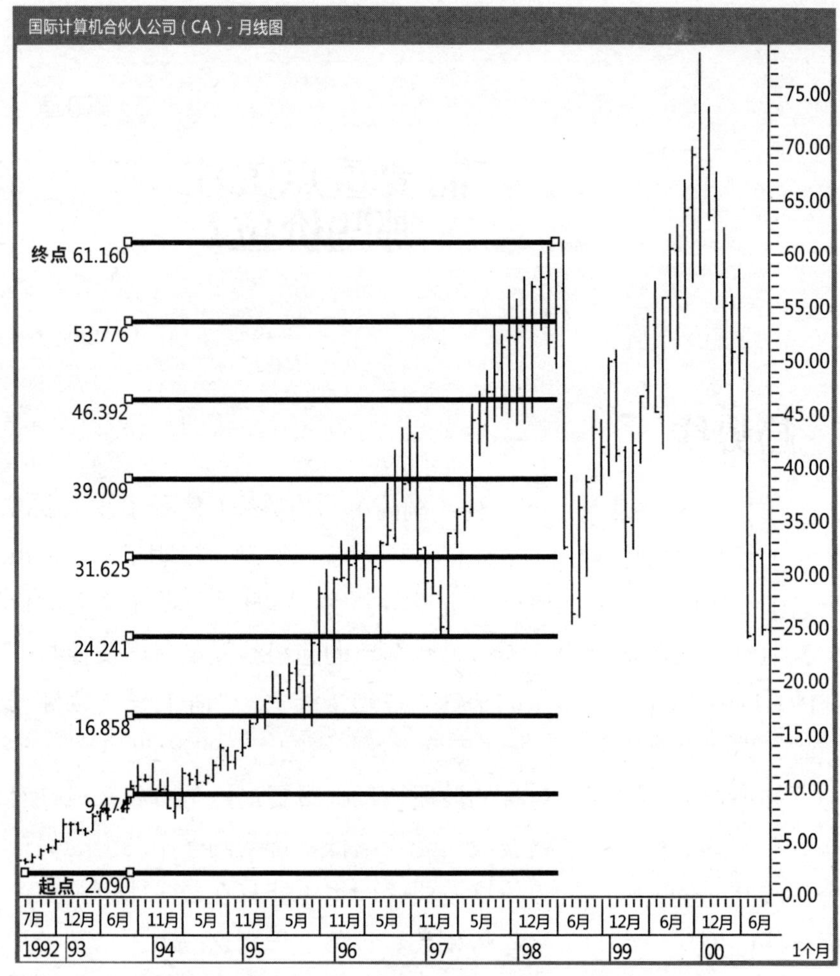

图3.1 细分价格区间：计算机合伙人公司（CA）月线图

分区。随之而来的大幅调整发生在其中的5个分区内。每条线都是重要的支撑线。你怎样才能知道市场下跌会突破4条线呢？在图上简单地绘制一条线并不能帮你确定哪个区间更重要。技术分析研究的不只是选择使用的工具，还包括如何应用工具。

观察图中落到线上的价格。你会看到在此区间内市场自始至终只考虑一条支撑线，也就是只对一条支撑线作出反应。达到底部并接近标有24.241那条线的急剧下跌比其上面的任何下跌都重要得多。还记得吗，划分价格区间时，价格反转低点就在图上。如果你再仔细观察，就会看到股票还有一次回调到该支撑线。你正在学习理解单个的股票图，以确定什么对一组独特的市场数据重要，而不

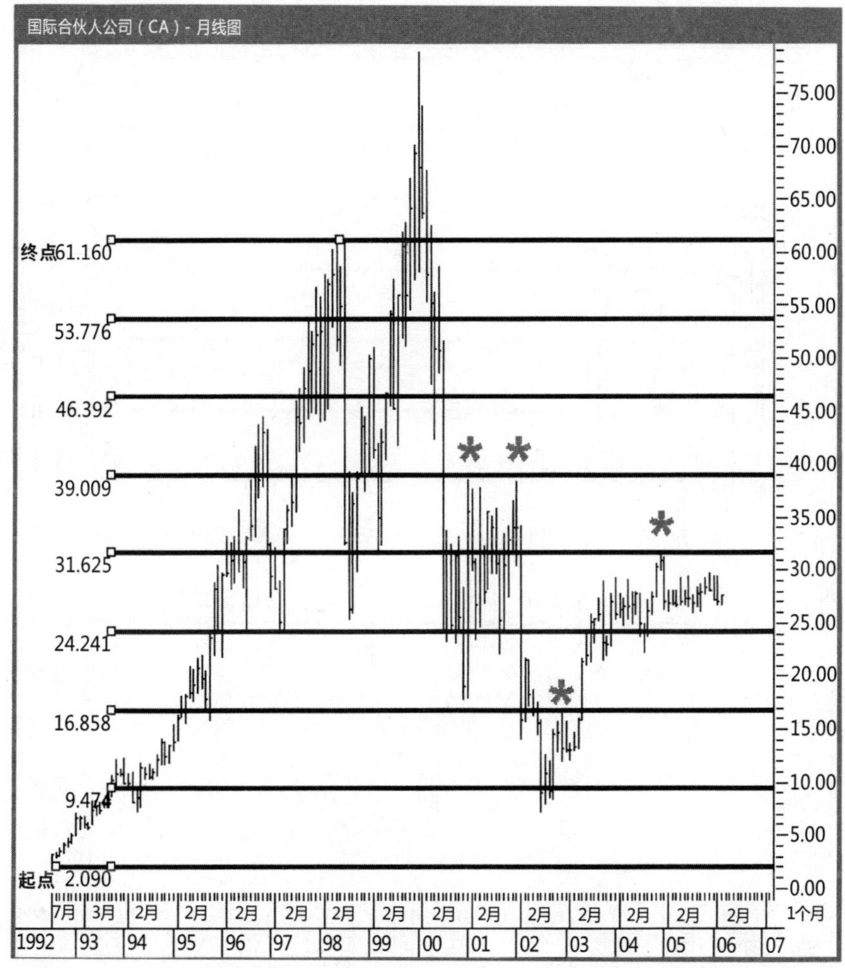

图3.2 计算机合伙人公司（CA）月线图

是在应用一条固定的规则。这是一种必须采纳的非常重要的思维方式。找出每张图能够提供给你的信息。不要因为学习了特殊技术就强行应用到市场上而曲解了图的含义。

图3.1中的月线图清楚地反映了价格分区或支撑区的情况，但是此区间内的价格行为似乎刚刚突破画在此处的线。（我指的不是所划分区间右侧的数据，只指包含在该区间内的数据。）

因为该区间内的所有反转点都没有落到已绘制的线上，所以这是第一次警告，说明另有事情发生。需要用另一种方法表明市场是否会突破该线，或者你需要重新考虑如何细分整个价格波段。

在图3.1中抹去划分区间的线之前，看看在最右侧绘制的图3.2中

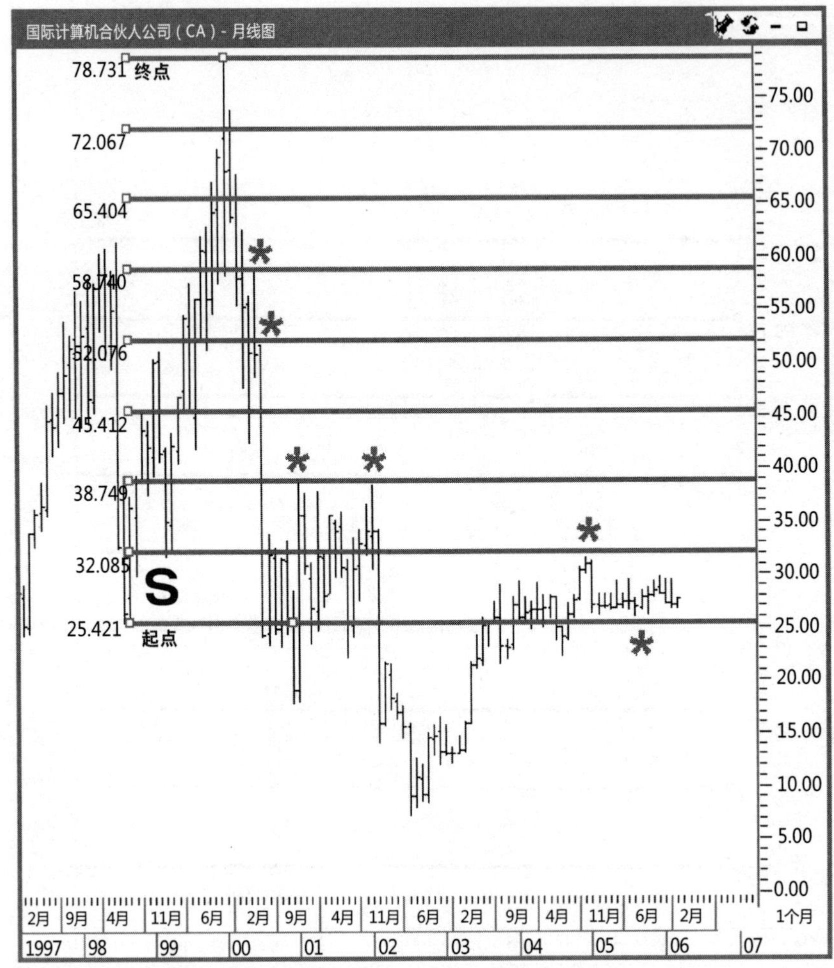

图3.3 计算机合伙人公司（CA）月线图内的阻力线

的最新数据。细分的部分已经延伸到右侧。你会发现用星号标记的价格反转点仍然落在根据1992年至1998年的数据创建的区间内。事实上，在1998年形成的大突破后，可以看到该区间上的支撑线在1999年的一次剧烈下跌中再次被试探。第二次突破对有经验的分析师来说是一个警告，即不应该抹掉价格线，因为价格波段是成比例的。

但是从1998年到历史价格高点的反弹又是怎么回事呢？

分析图3.3 从对价格低点到价格高点的价格区间进行细分开始。在此图中，1998年的价格低点标记的是起始点（标识为S），历史高点标记的是你要划分为8个部分的区间。仔细观察历史高点之后的下跌。市场向上反弹到绘制有星号的线的下方。在这里支撑线变成了阻力线。而且，随着时间的推移，在近期的数据中，市场遵循相同的阻力线。然而，延伸到右侧的线细分了一个价格区间，该价格区间与始于1998年低点而终于市场历史高点的区间完全不同。另一个你应该细分为8个部分的区间是图3.2中所显示的从1992年到1998年下跌前高点的价格波段。

市场规模确实在随后的价格波段内存在比例关系。随着研究的继续，你会发现市场也存在和谐关系。

市场分析方法基于数学理论，其应用具有严格的逻辑性。如果你深入研究，你会理解得更加深刻。例如，为什么我建议把区间细分为8部分而不是6部分？答案很复杂。这一比例可以追溯到古希腊毕达哥拉斯数学和神圣几何学，两者至今仍然对交易者有重要的意义。

黄金分割比例

人们认为毕达哥拉斯（Pythagoras）于公元前580年发现了普适比例常量，该常量可以应用到你的图中。该常量用希腊字母phi表示，称为黄金分割比例，其数值为161.8%。

图3.4 自然界中的菲波纳奇螺旋

该比例161.8%或数字1.618是一个扩张常数或收缩常数，在自然界中任何地方都可以找到。有生长和衰退周期存在时，都可用该比例对其进行数字描绘。贝壳的螺旋（见图3.4），飓风的螺旋以及太阳系的螺旋都具有1.618的扩张比例。该比例叫做普适常量。

该1.618比例是由毕达哥拉斯于公元前580年发现的，但是其与意大利数学家列奥纳多·菲波纳奇的著名数列0、1，1，2，3，5，8，13，21，34，55，89，144至无穷的关系最为密切。观察这些数字的特点，你就会明白如何将其应用到市场环境中。该值1.618同其倒数0.618都极其重要。无论你对这些数字进行怎样的乘、除、加或减运算，结果都是一个菲波纳奇比例。

例如，如果做乘法：

0.618 × 0.618=0.382

0.382 × 0.618=0.236

0.236 × 0.618=0.146

如果做减法：

1.000 − 0.618=0.382

0.618 − 0.382=0.236

0.382 − 0.236=0.146

对下列等式同样适用：

1.618 × 1.618=2.618

2.618 × 1.618=4.236

因此，如果使用菲波纳奇比例61.8%、50%和38.2%或0.618、0.50和0.382，仅仅通过几次推测就能计算出上面所示的其他菲波纳奇比例中的任何一个。（在我的《技术分析大全》一书中详细研究了菲波纳奇比例。如果想知道这里所介绍方法的奥妙，可以参考这本书。）

应用菲波纳奇比例

图3.5显示了房地产建筑商霍夫纳尼安企业（HOV）的股票价格。价格数据被细分为38.2%、50%和61.8%三个比例区间。黄金分割比例在61.8%处。重要的是认识到从被细分区间来看， 38.2%所在线

图3.5 霍夫纳尼安企业（HOV）月线图

和61.8%所在线到最近的外边界的距离相等。现在来观察图3.6，并测量从38.2%所在线到A点的距离以及从61.8%所在线到B点的距离。它们的长度是相等的。

仔细研究图3.5中的细分部分。我并没有将价格高点或低点涵盖在需细分的确定区间内。最重要的反转点很少是价格高点或低点，而是在跟随极值的第二波段内。为什么？高点出现意味着上涨趋势的结束，上涨趋势附近柱线的高点标志着新的下跌趋势的开始。根据第2章提到的早期市场预言家和交易家W.D.甘氏的说法，第二反转点具有最重要的价值。（尽管他的一些方法过于超前，但是这些方法包含的某些基础理论可以帮你避免新手所犯的错误。）这就说

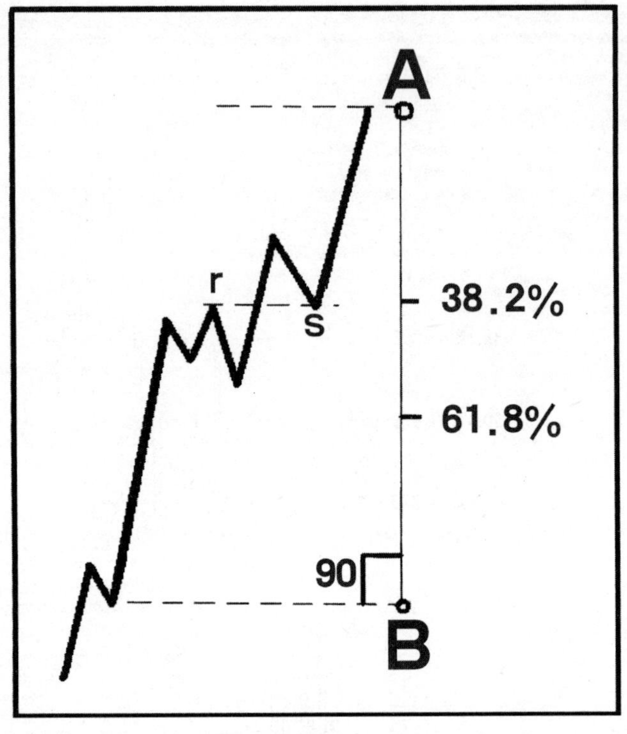

图3.6

明了为什么高点不是区间的开始；但是为什么选择位于反弹区域中间的价格低点呢？

首先，观察价格数据，找出趋势中最强的价格柱线。在该图中，这样的价格柱线落在15美元至35美元这波段内。要找出价格回撤，就要从价格高点开始。如果你像多数人那样从低点开始研究，你就不会看到市场对已绘制在价格左侧的比例的反应。如果用15美元左右的低点划分一个区间，其内部的价格高点和低点会贯穿61.8%、50%和38.2%的细分部分。因此，有必要将区间起点从价格低点移至最初能使得原来的数据停留在这些分割线上或分割线以下的低点。2003年，在38.2%一线下方出现了一个49美元左右的主要价格高点。这一年之前，出现了一个35美元左右的主要价格高点，正落于61.8%一线下方。

这就是你想要得到的结果，因为市场在过去做出的反应也会在未来做出。注意最近期的下跌，然后注意它是如何从50%一线向上反弹的。如果你在未经思考的情况下就使用这种方法，并且使用价格高点和低点选择区间，那么市场不会停止在你的支撑线上。为什么？因为市场处于上升周期中。如果市场以简单的直线方式波动，第一种方法就会有效；然而，在上涨周期中，由于配比向上偏移，使得上涨波段相对较长，而下跌波段相对平缓。你需要明白的是，不经思考就匆忙在图上使用某些工具是不充分的。你必须考虑，并且让市场告诉你什么是正确的选择。确定正确的选择需要知道和理解市场是在遵循历史经验确定的比例线运动的。

应用第二组测量方法

图3.7中月线图显示了HOV股票的价格。在图上再次应用黄金分割比率将另一个区间并细分为38.2%、50%和61.8%三个比例。起点

图3.7 霍夫纳尼安企业（HOV）月线图

总被视为0点，终点总被定为100点。在图3.5中，划分是从历史价格高点附近开始。在图3.7中，采用相同的起始价格高点进行第二次测量，但这一次终点是23.50美元附近的价格低点，即标记有第二个问号的价格低点。为什么选择这个低点？因为整个反弹中的最强波段之一是从该低点开始的。当对该第二区间进行细分时，你会看到两条线分别落在41.37点和41.95点处。这两个价位非常接近，显示这是HOV股票价格的主要支撑区。（该区域在图表中心用黑框突出。）

注意其中的一条线是从第一区间开始的50%回撤线；重叠其上的线是第二区间的61.8%回撤线。此重叠显示主要支撑区，并且从图中你可以看出市场对该支撑区的价格区域做出了反应。此关键区域下面的粗体S说明“S”代表支撑区，而不是卖出。标有r和s的价格反

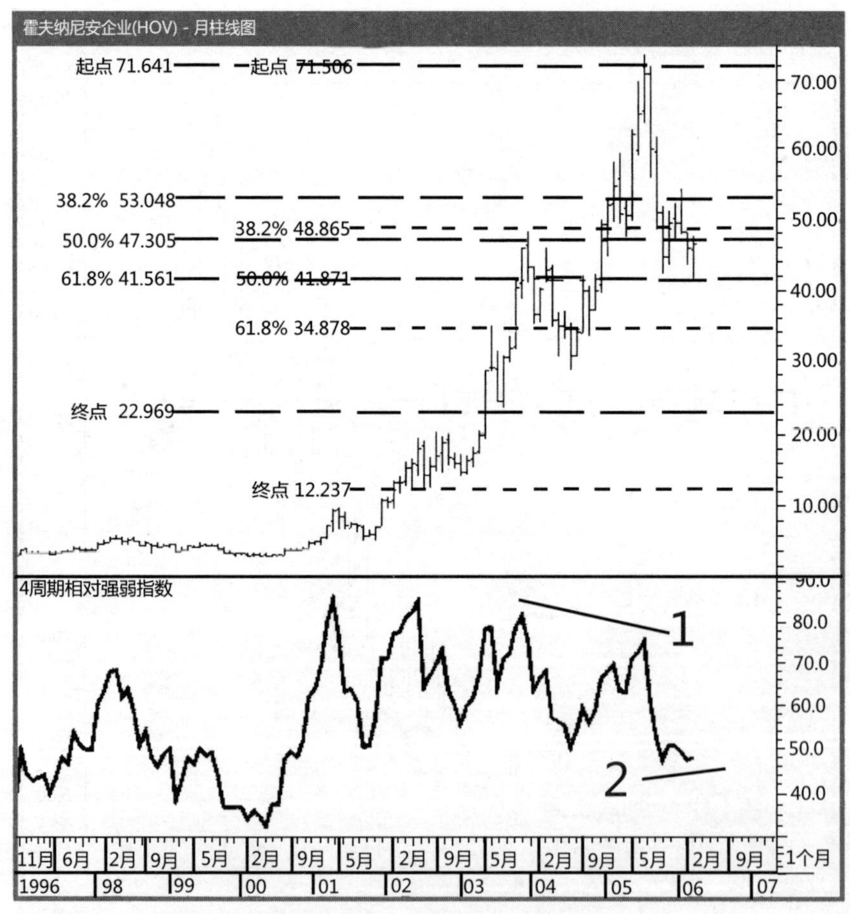

图3.8 具有相对强弱指数（RSI）的霍夫纳尼安企业

转点表明市场对这些计算结果显示的阻力位和支撑位做出了回应。在这些价位上的小检验能使你确信你已经正确完成了计算。

增加动量指标

图3.8所示的价格数据下新增了一个简单的14天相对强弱指数（RSI）。该技术指标称为动量指标。它有助于确定市场何时处于超买或超卖状态。当指标处于最高点时，表示市场由于过多的买入行为而处于超买状态。当指标处于最低点时，则表示空方活跃。在该图中，2线处的动量形态为买入信号，因此指标允许你在目标区域附近买入。（多数人所犯的错误是在头脑里没有价格目标的情况下使用这些研究结果。）

记住，市场通常不会跌破主要的支撑区域， 所以一定要在该区域下方附近设置止损指令。你了解自己承担多大的风险，并且很清楚反弹可能出现在下一个区域。现在你已经收集了进行交易所需的最基本知识。

第3章 小测验

1.在市场之上连接较低高点的线被叫做：

a.支撑线

b.趋势线和阻力线

c.阻力线

d.趋势线

e.支撑线和趋势线

2.在市场之上连接较高价格高点的线叫做：

a.阻力线

b.支撑线

c.阻力线处的趋势线

d.趋势线

e.支撑线和趋势线

3.小的价格波段经常与较大的市场波段存在：

a.数学关系

b.和谐配比

c.以对称方式映射较大图的内部形态

d.与波动之前的价格关系区间存在数学关系

e.以上所有选项

4.数字1.618 叫做：

a.黄金平均数

b.Phi

c.黄金比例

d.phi

e.a、b和 c

5.菲波纳奇数列是：

a.0，1，2，3，6，12等

b.0，1，1，2，3，5，8等

c.1，1，2，4，8，16等

d.0.618 × 1，0.618 × 2，0.618 × 3，0.618 × 5等

e.0，1，1，1，3，5，9，17等

6.当对菲波纳奇比例进行加、减、乘或除运算时，你会得到：

a.一个无理数

b.一个质数

c.另一个菲波纳奇比例

d.值1.618

e.a和 c

7.在创建菲波纳奇回撤位时，经常：

a.从价格低点开始

b.从价格高点开始，以找出阻力位

c.从价格低点开始，以找出阻力位

d.从价格高点开始，以找出支撑位

e.c和d

8.当你在市场中买入时，所设的止损指令应：

a.与原始指令同时设置并高于市价

b.与市价相等以建立交易

c.高于市价以建立进行交易的止损进入指令

d.与原始指令同时设置并低于市价

e.买入后设置以退出失败的交易

9.使用比例分配器细分价格区间时常犯的错误是：

a.测量价格高点和价格低点之间的对角线长度

b.使用90度的角从价格高点到价格低点进行测量

c.设置中间钉，把工具固定在10点而不是6点

d.使用90度的角从任一价格低点到任一价格高点进行测量

e.仅测量较大价格波动内的第二波段

10.可以在下列哪一项里找到比例1.168?

a.贝多芬的第五交响曲

b.向日葵

c.太阳、地球和金星间的比例

d.吉萨的大金字塔

e.以上所有选项

第4章

市场何时处于超买、超卖状态？

公众情绪的极端

“如果你的理发师和邮递员正在讨论获利股票，到了你逃跑并躲起来的时候了。”这句华尔街谚语意味着大多数人从股票中获利

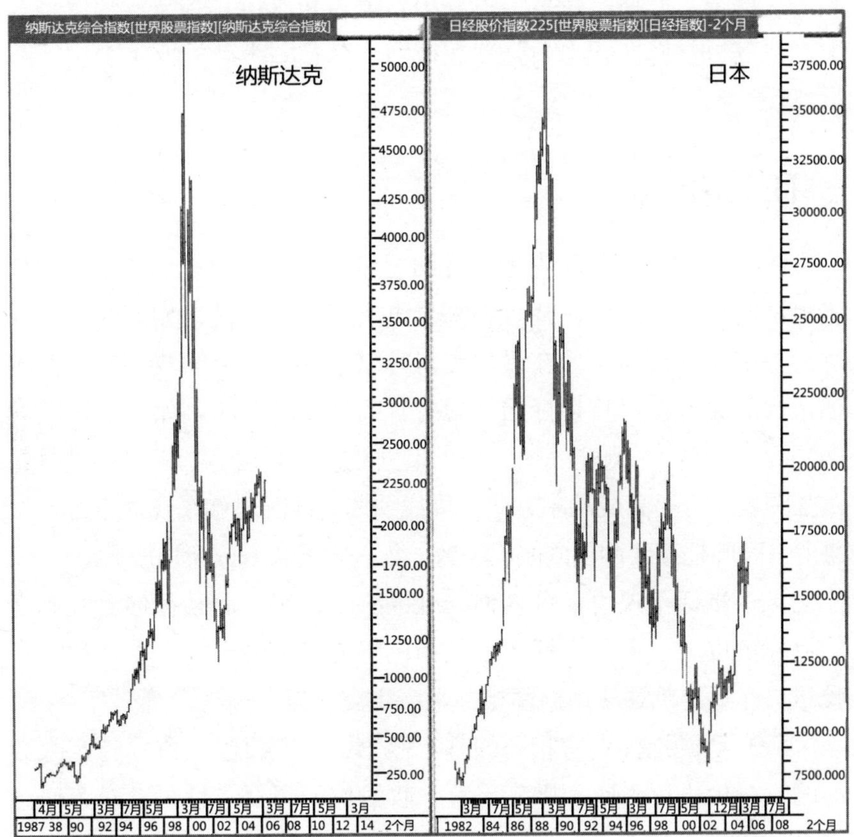

图4.1 纳斯达克和日经

是不可能的。超买市场的第一原则是超买市场会愈演愈烈。几个月来，网络股票持续推动纳斯达克指数达到高点，这使得技术指标一度在极值处钝化。2000年3月，当纳斯达克触顶时，许多交易者都预测到了随之而来的崩盘，因为他们曾见过此类市场繁荣过后的场景。

图4.1显示了两幅2个月柱线图。左侧为纳斯达克，右侧为日经指数。虽然日经指数在1990年比纳斯达克早10年发生触顶和崩盘现象，但市场情况看起来非常相似，即当时公众情绪因贪婪而变得狂暴。由于过去的经验教训很容易被遗忘，所以10年之后历史重新上演。

第1章论述了经济学教授沃伦・M.帕森斯博士1931年的发言：

我们生活的这个万物世界不是一个机械世界，而是一个令人困惑的世界，其集多样性、复杂性、联动性、反馈性、变化莫测、恐惧及期望于一体。在这个世界中，事实和逻辑有时受人类情感支配。有时自身理性的人与其他理性的人联合起来就形成了不理性的群体。

研读指标

我们可以衡量大众情绪。图4.1显示的日经指数和纳斯达克指数走势证明极值已产生，并且将来会再次产生。但是，如何衡量大众行为并确定价格何时处在极端而何时只是在正常区间波动？成功研读指标的关键在于将指标同不同的时间框架结合。例如，还可以观察图4.1所示的2个月柱线图。如果根据数据绘制振荡指标，可以得到一张图表。为提高成功率，研读周线图和月线图对你来说很重要。如果所有时间框架绘制出的图表一致，那一定要买入或卖出股票。

振荡指标不仅可以警告你非理性极端情况，而且在你已经确定的目标价位上，振荡指标还可以指出将要发生的事情。尽管如此，我建议你不要单独使用振荡指标来产生交易信号。

所有动量指标具有相同的基本概念：将今日收盘价同特定天数前的收盘价进行对比，以查看今日收盘价的高低。你可以对该概念进行设想，并基于这个基本概念进行不同的尝试。有些指标显示由一个区间的低点分隔出的市场高点的对比情况，而有些指标通过一系列加权的市场信息来衡量和评价今日的交易结果。加权意味着最近的交易期比历史交易期更重要。所有方法产生相似的信息。

图4.2A显示了百思买（BBY）股票周线图。首先，关注图顶部价格数据之上的两条线，较粗的黑线比第二条线弯，这种状态很稳定。两条线是收盘价的移动平均线，并且是通过限定回顾期或研究区间产生的。此图中，粗黑线显示了21周柱线移动平均值，即通过计算固定区间内收盘价的简单算术平均值得到。随着新一周的开始，最早一周的价格就被剔除出计算区间。这就是根据数据绘制的线被命名为移动平均线的原因。

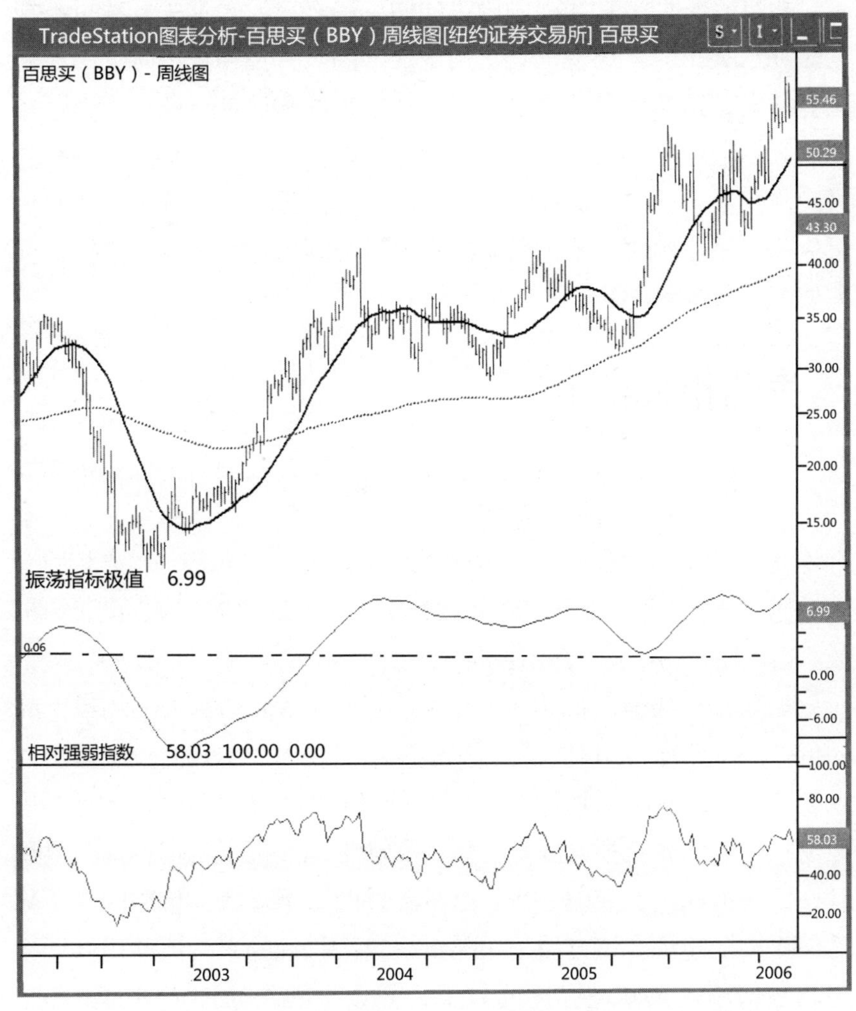

图4.2A 具有相对强弱指数（RSI）的百思买（BBY）周线图

在计算过程中，图4.2A显示的两条平均线具有不同的回顾区间，其中一个回顾区间采用21天，而另一个采用125天。因为使用了更多的数据来创建平均线，所以第二条线波动得更加平稳和缓慢。更长区间的移动平均线对市场变化反应更慢：当你查看21天移动平均线时，它的波动相对更加频繁。这些平均线有助于你确定市场趋势。2003年的所有价格数据停留在粗实线，即21天移动平均线上方。最终，接近2003年年末时，股市突破该线，而且2004年股市通过起伏调整达到低点。注意2004年的价格低点未跌破第二条移动平均线。

可以将长期平均线视为股市的中期趋势，而短期平均线可被视为短期趋势指标。这些工具可用于任一图表并可与任一时期一起使用。然而，这些工具滞后于实际市场的顶部和底部。此外，当市场处于震荡之中时，价格可能在一段时间内会向上穿越移动平均线后又向下突破该线时，从而产生混乱的趋势。该种情况称作极端双重损失。如果你仅用这些工具来决定是否交易，你会损失许多钱。你如何解决这些问题呢？

振荡指标极值

看图4.2A中价格数据下方的第二个窗口，我称其为振荡指标极值。计算相对长期平均线和相对短期平均线的差值，得到显示两条平均线之间价差的数字系列。当两条平均线相交时，因为二者相同，所以他们没有差别。当短期平均线位于长期平均线之下时，结果为负数。当短期平均线波动强于长期平均线波动时，结果为正数。

振荡指标极值区间中标有上文论述的125天和21天平均线之间的价差。从此窗口中可以看到在该图中周期内大于10的价差很少。该振荡指标只有两次越过零线。当2002年的短期平均线走低时，该振荡指标突然跌至损益区。当短期移动平均线位于长期移动平均线时，振荡指标向上突破零线。这种跟踪两条平均线间价差的方法称为消除长期趋势。该方法采用随价格自由移动的平均线并提供了将平均线绘制在狭窄空间内的方式，而该空间作为正负值的位移区域。平均线可以尽量远离0点移动，并且图比例尺会改变以适应该动态。如果你不希望它们自由移动，而更愿意让它们停留在特定区间内，你该怎么办？当在固定区间跟踪指标时，更容易进行极值跟踪和历史对比。

相对强弱指标

在距图4.2A底部最近的方框内有一个振荡指标，该振荡指标称作相对强弱指标（RSI）。公式本身不重要，但是知道公式为什么存在以及了解公式正确的解读方式却很重要。当你把绘制成长期趋势消除线的移动平均线与图底部的RSI进行对比时，你会发现二者的研究基础必须具有共性。很明显两种方法均滞后于市场反转，都基于价格区间进行对比，然后标出结果。RSI更复杂，因为RSI包括价格高点和价格低点的比较。尽管如此，RSI在其轨迹上具有更大的弯曲空间。

注意RSI没有超过零线或100线。通过一个标准化的公式，将其得到数值都固定在一定区间，同时使用特定的解析方式使得数值在0到100之间。当你检验两条移动平均线之间的价差时，你只能标记价值，所以要采用标准化的方法。两个体系都有优缺点。

和图4.2A一样，图4.2B是百思买的周线图。在RSI指标向与价格数据背离的方向移动时，该指标值得观察。图中的线用于将同一时期内价格高点和低点与对应的RSI指标进行对比。从对比中可以发现，价格屡创新高和新低时，RSI指标并未相应创出新高或新低，这种研究在价格与振荡指标的反向走势的分析称为背离分析。

当市场价格创出新高，而RSI指标处于平缓或下降状态时，二者背离产生。当市场价格创出新低，振荡指标波段产生较高低点时，显示小趋势线在收敛。当背离随市场高点附近出现时，该信号称作熊市背离。当背离在市场低点附近出现时，该信号称作牛市背离。如果二者有交叉迹象，为什么这种情况不称作牛市收敛呢？因为二者表现仍然是背离的，但一个是真正的收敛信号，而且显示市场上涨。

是所有的背离信号都值得关注吗？你应该考虑这样一个信号：分离波峰需要多长时间？例如，图4.2B的最右侧的熊市背离信号是真实形态，但是该信号太宽并占用了太多时间。通常情况下，再次形成的信号越密集，可参考性越高，这意味着你提前获得有关市场计划的确切信息的概率越大。尽管如此，此图显示信号是正确的，因为在背离产生之后，市价下跌至45美元。此时，信号发挥作用，但是你不要过于相信它下次还会以同样的方式发挥作用。背离信号形成得越密集，准确的概率越高。这说明了为什么技术分析是一种概率研究。你总是希望概率如你所愿。

如果你希望获得最高的成功率，你需要最好的工具。RSI振荡指标是用于背离分析的最好工具吗？

图4.2B 百思买（BBY）背离分析

随机振荡指标

图4.2C利用百思买（BBY）周线图进行另一次对比。两条移动平均线的价差已经消除，被称为随机振荡指标的振荡指标已经置于价格数据之下的中间框架内。我的一位已故的导师乔治·莱恩创造了随机振荡指标。他的指标可能是被交易者使用最广泛的一个。当你将他的振荡指标与威尔斯·王尔德创造的RSI进行对比时，你会发现许多相似之处。你也会发现随机振荡指标波段更频繁地向0～100的外部区间移动。2003年的反弹表明随机振荡指标锁定在高点附近。

图4.2C 包含技术指标和RSI振荡指标的百思买（BBY）周线图

这一点普遍存在于标准化公式。每次锁定的指标下跌略微低于其高点时，都会出现另一个反弹买入股票的机会。很多书籍和供货商都建议交易者在随机振荡指标跌破80价位时卖出而在该指标上涨突破20价位时买入。（观察y轴来查看指标值。）这不是好建议，而且会让你损失很多钱，因为市场趋势通常不会在指标第一次触顶或触底时结束。

你更喜欢哪个指标?

指标的来历取决于之前形成的相同指标水平将要发生某些变化的概率。如果市场遵循一定的信号原则，并在同一时期遵循这种规律，不要听从别人告诉你的不同信息。初学者需要固定的形态来学习基本原理，但是固定的形态，如总是观看极值，暗示仅有一条信息可用。技术分析是科学又是艺术。学着从右到左观察图表，以找出特定的市场或股票是否遵循一定的形态设置。需要再测验历史动量高点几次吗？市场只警告触底是通过产生急剧的V形态而形成的吗？或者你发现指标需要更慢、更复杂的布局了吗？回答这些问题是学习的最好方法。

相对强弱指数（RSI）或随机振荡指标?

我更喜欢RSI，因为它的动态比随机振荡指标的动态更清晰。我总把14天时间框架同RSI一起使用，因为该RSI具有随机振荡指标所没有的特点。在图4.2C中，RSI指标的所有高点都接近80。从2004年到2006年，所有的低点都高于40。当市场处于牛市反弹行情时，小幅调整时RSI指标通常处于35～40之间。了解这些很重要。当反弹再次出现时，指标向高于70的水平发展。在熊市中，当价格下跌时，RSI趋于达到最高点接近65，然后市场重新开始下跌以推动RSI低于40价位。如果你想通过调整知道市场现在是熊市还是牛市的话，区间对比就非常有用了。

随机振荡指标不能给你该信息，但是随机振荡指标可以给你不同的重要信息。首先在周期的一半处建立指标。（见第6章关于周期的详细论述。）随机振荡指标具有通过测量价格行为给出价格预测的先进方法，此价格行为与上边界和下边界之间的动量行为有关。该技术比此时你已拥有的技术更先进，而且该技术有助于解释为什么分析师有自己的最爱。每个指标都稍有不同，相对于其他指标，如果交易者的指标没有优势，就有可能被套牢。

图4.2C中，两条垂直线从RSI指标的动量低点向上画出。一条由2002年的低点确定，另一条由2005年的低点确定。首先，当底部形成，RSI实际上与价格相背离时，随机振荡指标在低点附近形成所谓的摆动形态。观察2005年的信号：RSI未出现背离，但是它对2004年形成的区间中部的动量低点进行试探。随机振荡指标对底部进行试探，但是由于波段的覆盖区间更广，因此视觉差异更明显。随机振荡指标产生所谓的W底形态。我喜欢RSI中更简洁的形态，但是，由于大多数交易者不向左查看指标来历，所以在该形态中查看相同的形态会更难。

平滑异同移动平均线（MACD）

让我们再看看图4.2D中的百思买股票。在随机振荡指标和RSI指标之间有一个新的动量振荡指标，称作指数平滑异同移动平均线（MACD）。在同一时期内，该指标包含两个移动平均公式及二者离差。图4.2D中的垂直柱线有助于你同时对比同一时点的三个振荡指标。

将MACD指标同RSI及随机振荡指标进行对比时，发现MACD指标状态更加平缓，并且变化频率较低。正是这个原因，人们喜欢MACD指标并将其同RSI或随机振荡指标一起结合用于显示长期趋势。尽管如此，套牢现象仍然存在：参考2002年和2005年用于RSI的同一条垂直线，从快速平均线穿过慢速移动平均线的频率来看，可以看出MACD的方向改变速度有多慢。2002年，套牢的出现迟了将近两个月，而在2005年，套牢的出现迟了大约三周。一旦你清除这些标记符号，你就能缩短滞后的周期。解决该问题的方法是使用一个指标入场，再使用更快的设置或更快的指标出场，然后保全利润。在该种方式下，你会有几种提高正确率的方法。

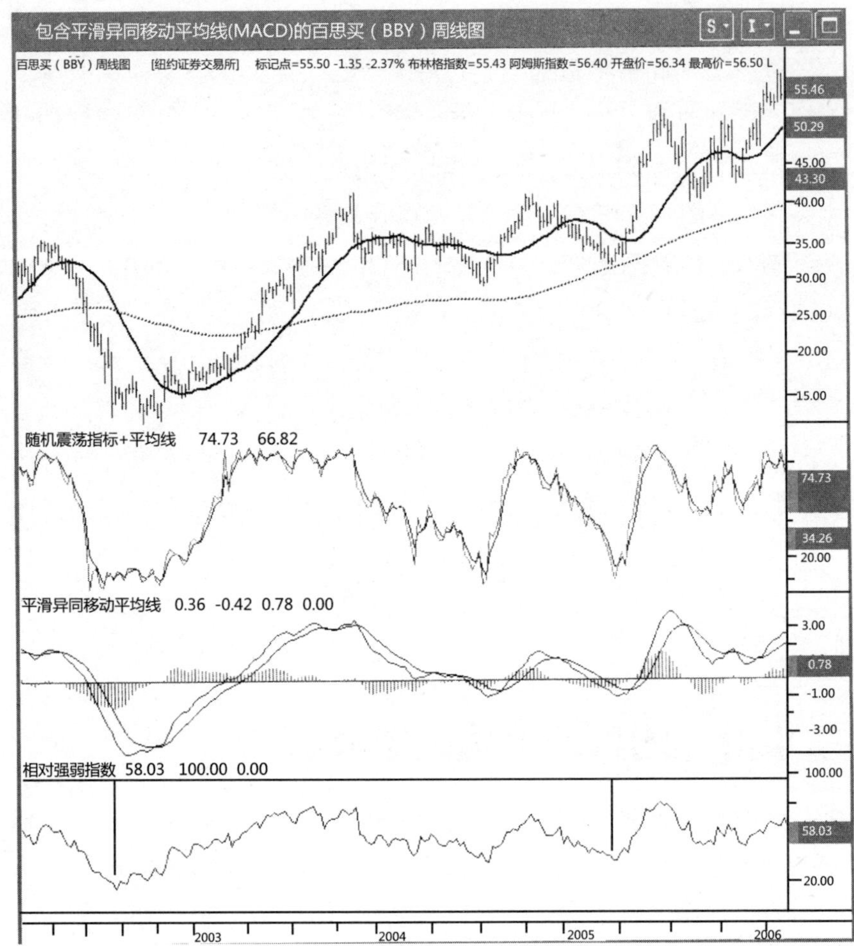

图4.2D 包含平滑异同移动平均线（MACD）的百思买（BBY）周线图

动量指标具有巨大的价值，但不能提供精确的进场和出场时间。技术人员使用更多的指标，但是事实上大多数指标的效果都差不多，这取决于个人喜好。你想用许多标记符号来警告自己某事即将改变，或你的头上有长为2寸宽为4寸的木板时，才意味着你不得不立既采取行动吗？我更愿意做处于中间状态的事情。

背离

图4.2B中的百思买周线图向你介绍了底背离和顶背离。在2005年和2006年，最后的信号伴随着反转点出现。由于底背离信号出现在较宽的区间内，因此其参考价值较低。图中显示了向着高点方向

的大幅回撤，进一步表明该最后的背离信号出现得太早了。价格和动量指标之间出现底背离，预示着市场动能在衰减。信号形成得越密集，市场就会越快地遵循信号。

以下是有关背离的重点：

1.背离并不意味着较大的趋势已经结束。它只是警告你当前市场的动能在逐渐减弱。

2.背离并不指出会发生什么类型的趋势反转。可能会形成较长时间的反复整固以积累反转的动能或出现箱型整理的价格形态。如果你只看动量指标，你不会知道市场的动向。

3.最重要的是，背离形态本身不是交易信号，直到背离形态朝着你设置的支撑位或阻力位上发展时，它才能作为交易信号。这个信号是一个清晰的分析信号，但由于存在交易风险，所以交易者需要具有较高成功率和较好时机的信号。

很多人会争论第三点，但是大多数交易者不知道如何把市场走势的精确价位规定为交易目标。甚至没有几个人能够告诉你市场不应该走向何方。许多专业交易者不理解第二点。我组织的研讨会关注价格和时间，因为几乎没有交易者有办法解释这些问题。经历几次失败之后，大多数新手开始积极学习更多的知识，最终赞同背离形态本身并非信号。交易者更容易接受首先按照市场走势来确定目标价位，然后再研究具体指标以确定是否可以采取行动。

指标分级

如果背离信号是重要的，它有助于知道如何划分警告强弱的等级。当更多因素给出确定信息时，背离正确反映市场走向的可能性会提高。因此更仔细地进行观察来划分指标等级是很重要的。指标分级的第一种方法是估计该信号形成所需的时间。在百思买案例中，最后的底背离信号极宽。

图4.3是英特尔（INTC）周线图。振荡指标MACD显示在价格数据的下方。在以下陈述中，参考在零线上下波动的两条线。因为第二条线用于使第一计算结果更平滑，所以此处出现两条线。

因为价格创2000年历史新高，图表显示了三个下降的动量波

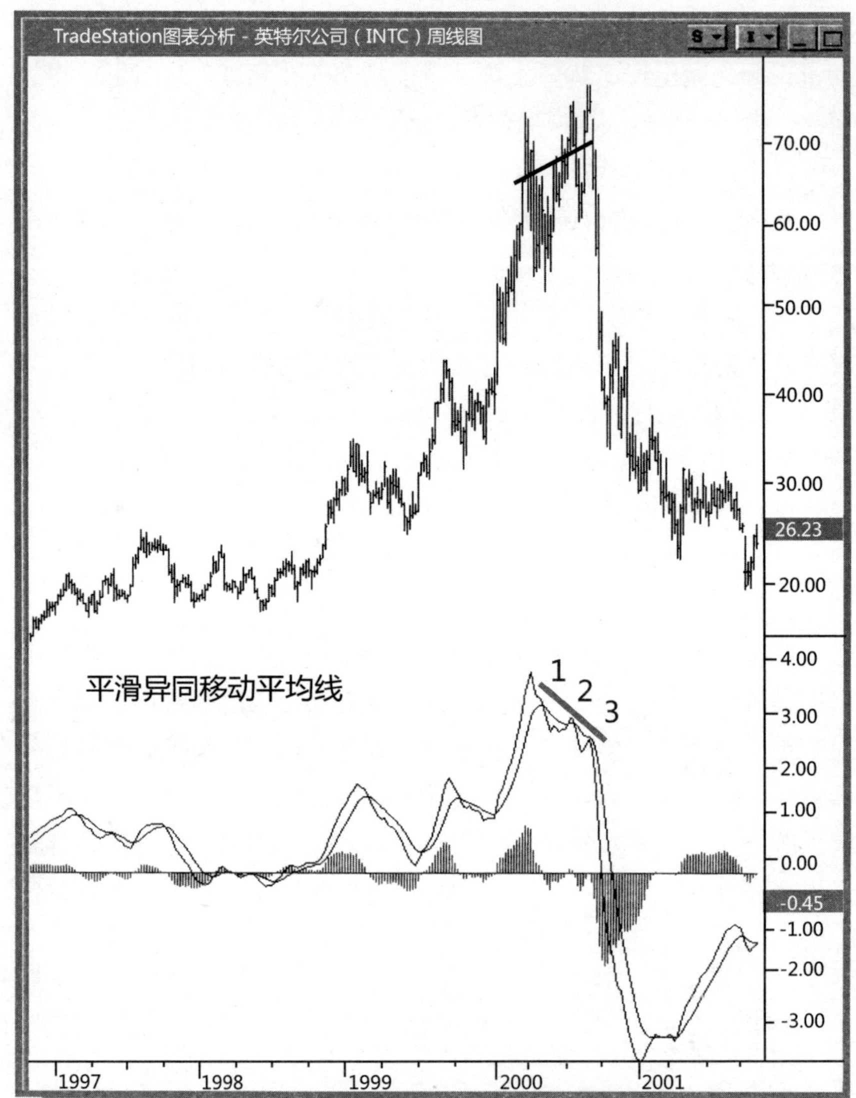

图4.3 英特尔公司（INTC）周线图

峰。当背离随价格出现在波峰2时，第一信号出现。当你正使用该指标时，要等待第三个波峰。第一信号的准确率低于波峰3确定的信号的准确率。这是信号强度分级的一种方法。多重背离意味着信号出现吗？答案为肯定时，重复信号总是比较重要。

图4.4显示了价格和随机振荡指标背离。该实例说明不一定在历史价格高点产生的信号才是正确的。随机振荡指标具有三个波峰，这三个波峰几乎与2001年的高点形成于同一水平高点。这就是为什

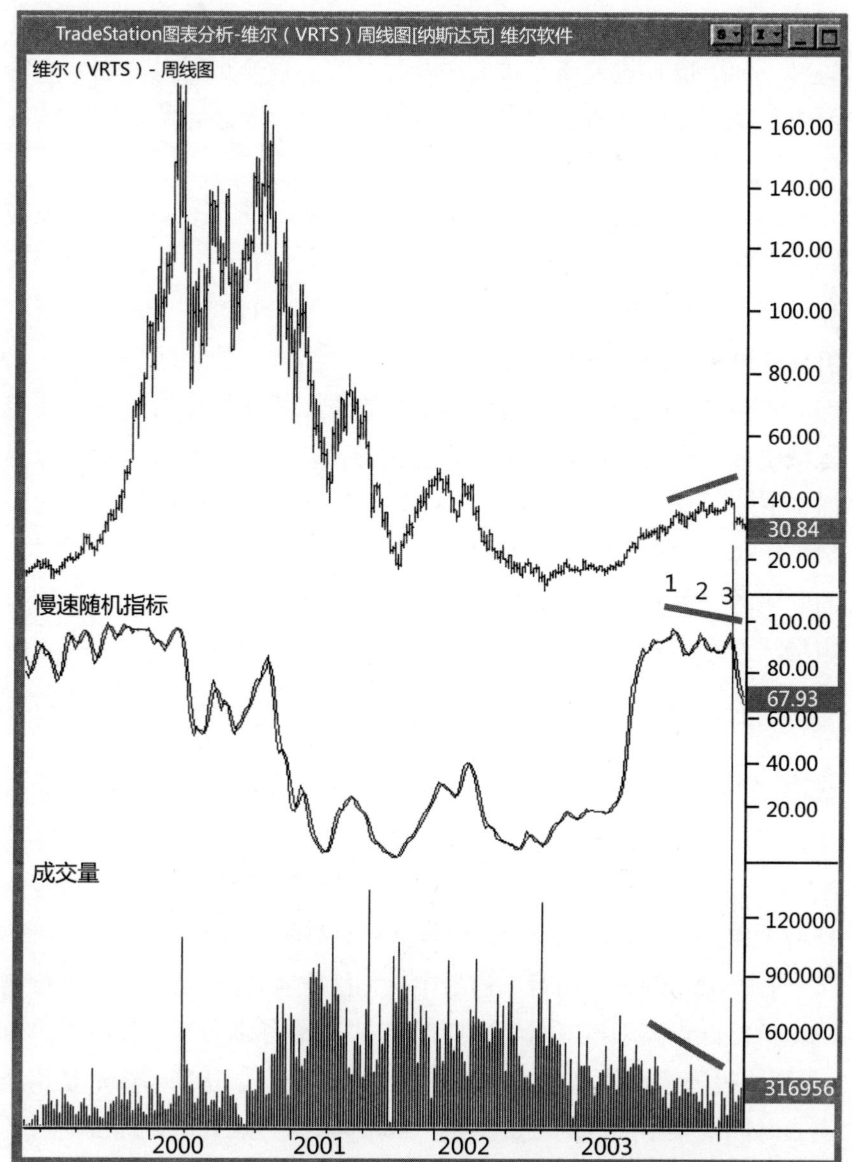

图4.4 维尔（VRTS）背离分析

么在看图时你需要连续地对比过去市场的变化。

在随机振荡指标下，你会发现一个附加信息的新窗口，而该信息称作成交量。成交量是所有进场交易的记录。可以通过交易指令建立新的交易仓位，也可以通过指令对现有仓位进行平仓。成交量由当日的交易记录累积形成。反映交易量的图总是滞后一天，很多交易者把跳动量和最小波动引起的价格变化作为进行交易活跃程度的另一种衡量方式，该方式更加及时。实际成交量可以添加到你的图中，以形成周或月总成交量，从而进一步反映越过构建图的柱线活动。当你查看成交量时，应关注相对变化。

图4.4中，在底部的成交量之上绘制一条下降线，有助于你发现较少交易正随时间的流逝形成于此线之下。当市价在上涨而很少人参与交易时，出现另一种背离形式。该成交量背离用于进一步证实价格和振荡指标之间的背离预警。

观察图4.4可发现有些成交量明显放大。柱线在精确的反转点区域出现。在接近很长趋势的末尾突然出现巨量，此种情形令人恐慌，并引诱最后一批卖家（这种情况下他们惊慌地抛售他们的股份）。恐慌之后，谁留下来出售股票？没有人。因此，投降式抛售为聪明的交易者提供了有价值的信息，即洗盘可以提供机会。如果市场洗清筹码并打压到主要价格支撑区，它可以成为重要的买入信号，因为如果市场正在反转，不会再出现新的低点。

图4.5是微软（MSFT）周线图。该图中，在2000年和2002年，当振荡指标创造较高低点时，价格正在形成新低。底背离表明卖压正在逐渐变小，而且从成交量上看也可以得到进一步证实。注意每次第三背离伴随较低成交量出现的情况。因2002年第二背离信号出现位置和2000年类似，因此该信号具有更高的可信度。

在2002年的第二组背离信号中，你注意到低点3不是真正的背离吗？价格低点高于第二组中价格低点2。此处你需要运用聪明才。点2是形成投降式抛售事件的单个波谷。此处成交量达到高峰，是整个图表时间框架中最高的周成交量。2002年，在点2处出现的价格低谷轻而易举地让少数人度过了清除-漂清周期。当人们相信2000年的历史价格低点不会支撑市场的时候，令人恐慌的抛售就会出现。

需要重点考虑的另一点是如果成交量证明第二组背离信号形成，且第二组背离信号重复第一信号，MSFT股票会暴涨吗？会！当它不以这种方式波动时，这是在警告你赶紧撤出交易，然后重新评估交易。当市场决定忽视强信号时，潜在失败正在形成。聪明的交易者不会徘徊来观察是否是这种情况。如果市场因任一理由而没有

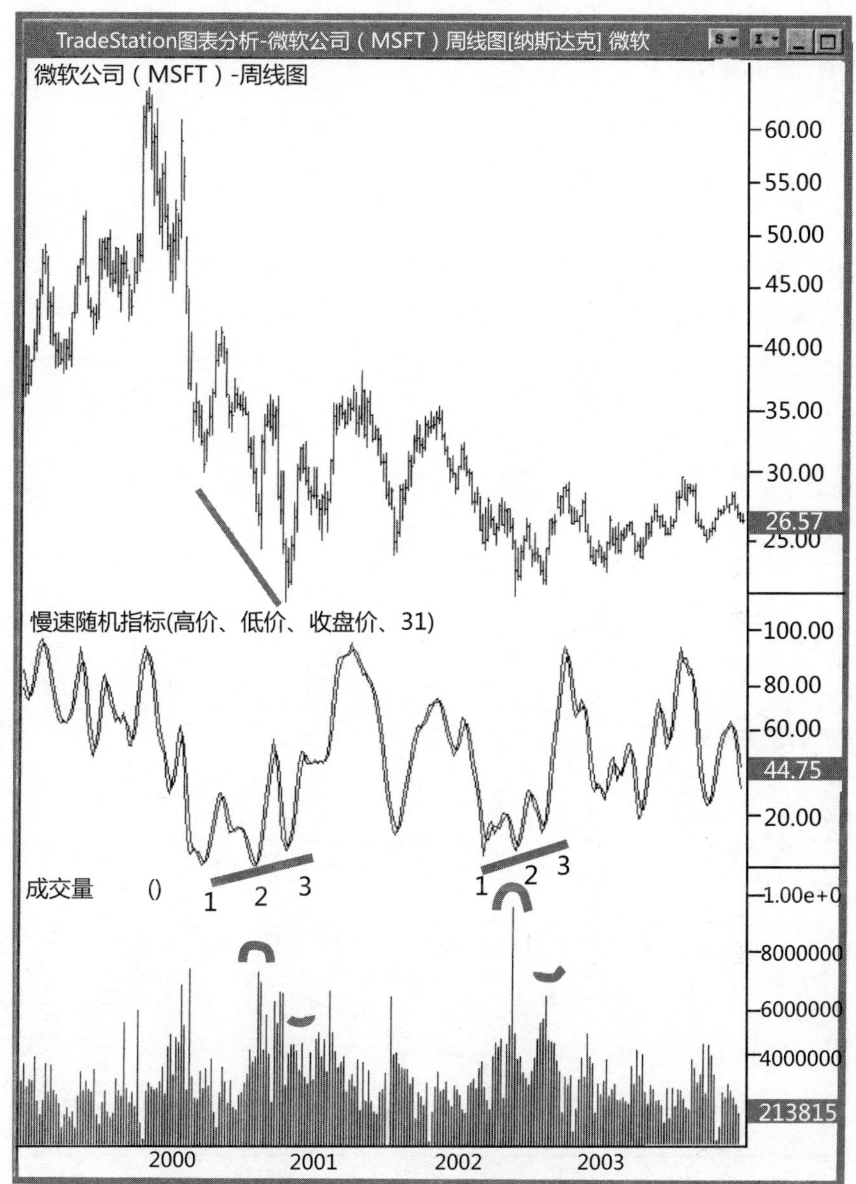

图4.5 微软公司（MSFT）周线

实现预期结果，则立即出场。

该信号有效，因为MSFT主要向30美元反弹。尽管如此，止损已经保护你的大部分利润，而且其余任何事情也不是你再次买入股票的理由。

图4.6是固特异轮胎与橡胶（GT）周线图。你会想起在2000年

图4.6 固特异轮胎与橡胶（GT）公司周线图

固特异轮胎存在质量问题。图表显示了令人震惊的崩盘。2002年，MACD振荡指标从2000年与价格低点相背离。你认为这是有效的背离信号吗？它符合所描述的内容，但是背离跨区幅度较大。在动量低点之下的线是两次触底反弹的趋势线。如果第三次触底反弹，信号会更强。这是应该予以忽略的弱信号。该图的实际情况是它向前继续延伸至2006年。很明显，当背离形态过宽时，需要附加信息来增强信心。

还有一个问题需要考虑：在不改变用于这些图的方法的情况下，你如何获得更强的信号？答案是在多个时间框架内寻找相同的信号。例如，如果在周线图中出现背离，并且在日线图中出现类似的背离，那么如果该信号远比仅在一个时间框架内形成信号可信度高。当纳斯达克崩盘时，季线图、月线图和周线图中均出现了背离信号。这种情况很严重也很少见。短期交易者应该尝试对比日线图与60分图，然后当二者在目标区间吻合时进行交易。

第4章 小测验

1.当市场处于极端超买或超卖状态时会：

a.不再跟随价格趋势

b.可以表明所有参与者都在市场的同一侧

c.在未做修正的情况下，变得更加超买或超卖

d.不再保持原有趋势，并产生价格反转打击过度投资情绪

2.纳斯达克和日本日经股票指数的长期走势图显示：

a.激发并恢复整体反弹的市场泡沫

b.公众情绪走向极端，导致50%的急剧回调

c.公众情绪走向极端，动量指标不可靠

d.牛市和熊市周期内的正常市场波动

3.加权指标是：

a.在用于制定投资策略的一系列公式中的更重要的指标

b.给越剧烈的市场波幅更高权重的指标

c.经过调整以便市场缺口不影响结果的指标

d.通过数据序列修正的指标公式，以使近期数据比旧数据具有更高的权重

4.回顾期是：

a.显示市场动态相似性的一组固定周期

b.特定的研究时间周期

c.历史数据中的临界点，如1929年的大崩盘

d.特定的不考虑研究周期的历史价格区间

5.相持期用于描述：

a.会导致大趋势的特定形态

b.场内交易者迅速进场和出场的交易风格

c.持续改变方向的市场，剔除所有交易者，不管他们是长期交易者还是短期交易者

d.引诱交易者进行相反操作的转向信号

6.当短期平均线位于长期平均线上方时：

a.由于快速平均线与慢速平均线产生正差幅，所以形成正差幅

b.短期指标减去长期平均线，形成负差幅

c.a，卖出信号在指标中形成

d.c，交易者应该进行套利选择，以利用在市场中形成的正差幅

7.消除长期趋势的方法是：

a.在价格数据上画出趋势线，以形成平行通道

b.利用两条平均线的价差，并标示出结果，作为从零开始的位移

c.利用趋势线，以便跟踪回测数据来确定用于未来趋势分析的重要角度

d.利用平均线间的价差，并辅之以当前的收盘价来确定复杂趋势

8.标准化指标是：

a.表示特定市场标准价格行为的指标

b.在特定年份中涉及市场并将价格设置为零的指标

c.在很长的历史参考期中，由回测数据标准化的指标

d.修正过的指标公式，以便使其结果在0到100之间

9.当连接价格高点的线与连接相对强弱指标中的高点形成的线相背离时，这称作：

a.顶背离

b.正背离

c.底背离

d.负背离

10.当连接价格低点的线与连接任何动量振荡指标的低点形成的线收敛时，这称作：

a.底背离

b.顶背离

c.负背离

d.正背离

第5章

价格数据能否预示反转信号?

反转信号

综上所述，已证明技术分析与心理学密切相关。因为市场参与者在任一时刻的特定行为都可以通过价格走势反映出来，所以分析价格数据可以告诉我们发生了什么。图5.1中花旗集团（C）周线图显示了一个反转信号。反转信号的出现意味着要立既采取行动，因为它们描绘出即将发生的事情的精准图片，这也是反转信号和一般的市场形态不同之处。

关键反转

图5.1为花旗集团（C）的周线图，图中的四个箭头标记了结束市场震荡的大幅跳水。这些大幅跳水称作关键反转，通常伴有成交量急剧增加，使其成为探底回升。当大部分市场参与者在急剧下跌中因恐慌而抛售其持有的仓位时，称此时为市场洗盘。当关键反转形成市场高点时，空方被迫买回其卖空的股票以轧平仓位。无论上涨是否达到高点或低点，反转通常都会使市场中断一段时间，而未陷入恐慌中的聪明交易者则能在失控的货运车迅速驶过之前避开。

试图在价格低点买入的唯一多方是机构交易者，他们有办法更精确地测量风险暴露程度。可以考虑的一种方法便是使用多重菲波纳奇比率。但是职业交易者也有经验和方法来对冲其头寸。当交易者有足够的资本运用一些策略和方法在市场两边同时持有头寸进行套利交易以避免损失时，价格的大幅跳水就不那么可怕了。这意味着你可能持有多头头寸，也可能持有空头头寸，但是二者到期日不

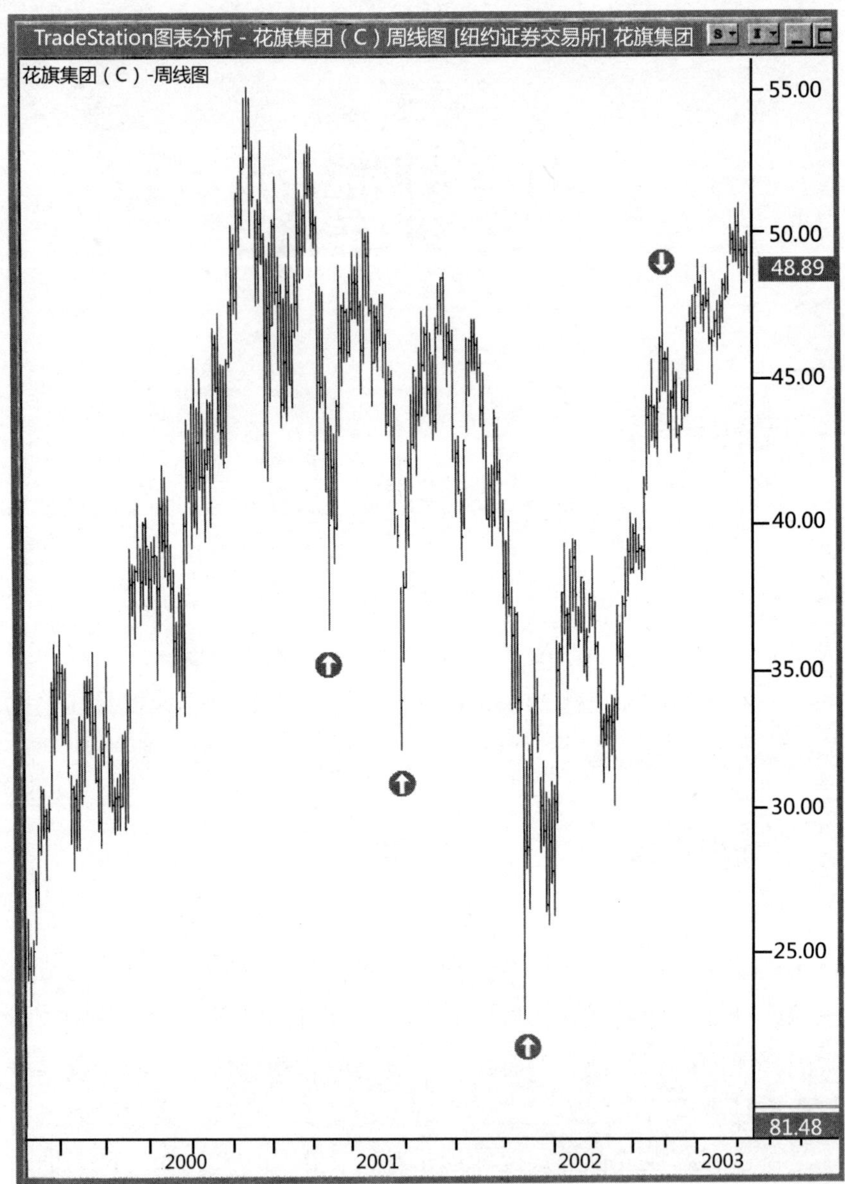

图5.1 花旗集团（C）周线图

相同。有一些复杂的策略可以将部分风险降至最低，但是策略的应用要求有足够的资金。有更安全的方法来应付这些急剧上涨的交易吗？它们表明该趋势会迅速反转，但是聪明的交易者会避免损失，然后等待时机。市场迅速反转，然后努力沿着钉形柱线折回。尽管如此，更多有耐心的交易者会等待回撤，并且关注该特定柱线61.8%

的回撤位置。

当市场回调之后折回，且没有跌破61.8%回撤位，这表明多方力量已经恢复一些，而且在回撤期间选择进入新趋势的安全时机。观察图5.1中最右侧标有向下箭头的实际低点。该深度回撤没有突破25美元，并且很明显加强的动量指标会伴随该回调。因此，你具有价格和动量的优势。转向信号是即刻产生的，但是你的交易战略不必如此快。当然也有例外情况，比如如果在产生钉形时你持有空头仓位。如果这种情况发生，则应该获利了结然后迅速出场。

我只遇到过几个能够通过将空头仓位换成多头仓位来反转其全部仓位的交易者。为了做到这一点，你不得不下单量为原单量2倍的订单，才能在市场往相反方向运行时保持同样的仓位。精神上很难做到这一点。我喜欢轧平仓位并用简短的时间来考虑我接下来的行动。我可能会暂停交易，旁观3分钟，暂停有助于我转换思考，然后进行进攻计划。

铁路轨道

图5.2是福特公司（F）月线图。图中的箭头标记了三次急剧反转。如果将两根柱线合起来看的话，其看起来刚好和图5.1相似，用于说明关键的方向转向。这些关键反转也称为铁路轨道。这些柱线并排上升，意味着现有趋势的终结。图5.2生动地说明了铁轨转向信号。在急剧上涨期间被吸引买入的多方都正在掉入陷阱。市场迅速反转，以致在前几个月买入的多方都面临跳水的风险，也就是说持有了亏损仓位。

当该形态形成时，市场很少仁慈地让你出场。当然这种形态也会套住空头空方。记得我提出的如何获得关键反转柱线的61.8%回撤目标的几点吗？市场通过使稍早进场的空方恐慌而形成所谓的杀空头。如果你已经把止损指令正好设置在第一柱线的高点上，你就已经被市场套牢了，之后，市场会迅速朝着与你预期方向相反的方向波动。处理该急剧波段的方法是时刻控制你的风险，并时刻准备处理最坏的情况。不言而喻，了解你应该在市场中投入的资金规模很关键。在第6章，你会学到更多风险评估方面的内容。

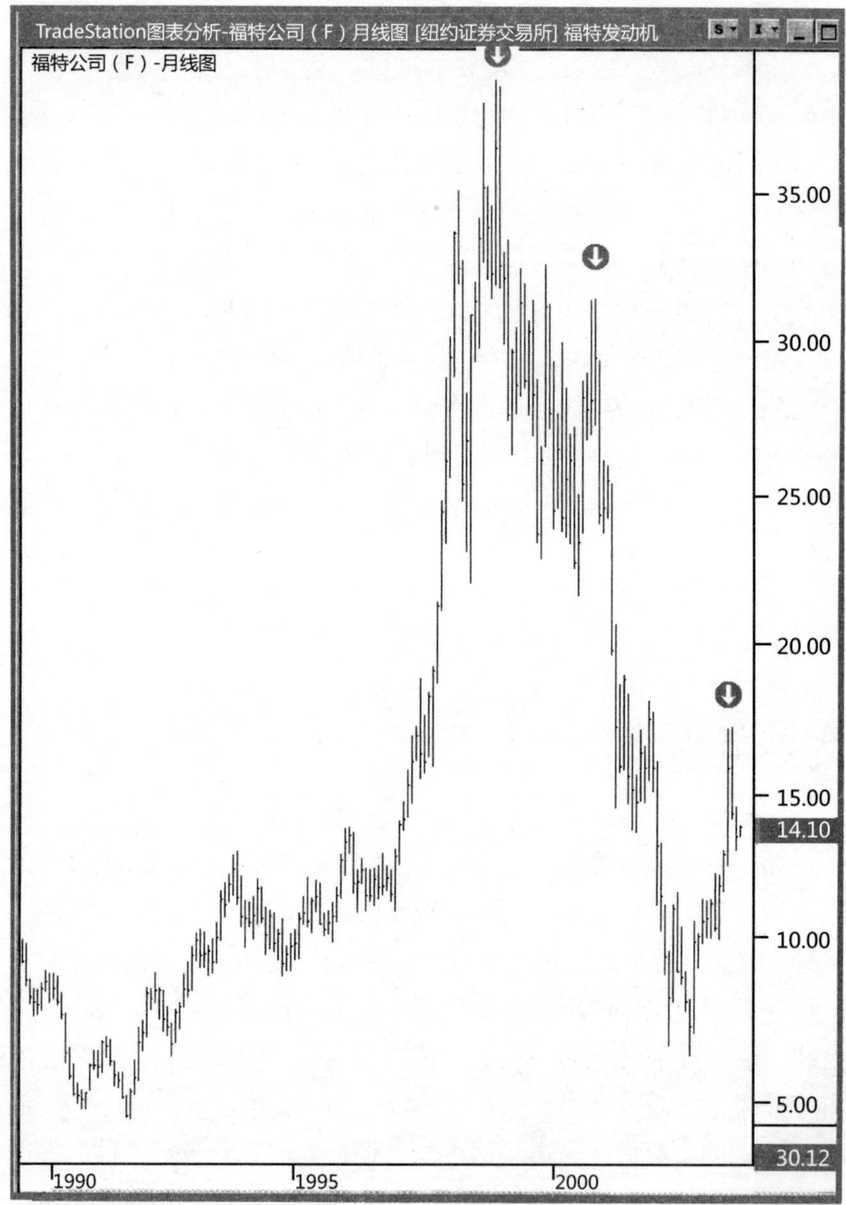

图5.2 福特公司（F）月线图

> **注意** 你会发现股票日线图显示的价格一直在急剧上涨。其就像股票的特征：在每次反转时将会产生这种关键反转形式的波峰和波谷。这是在警告不要进行该股票代码交易。市场也会委靡，即股票成交量较低，或者股票是买卖双方直接交易的标

志，而做市商正控制止损点来获取额外收入。有时会发生这种情况，而且如果你从日内数据中发现频繁的关键转向，你需要注意特定的股票代码。

反转日

图5.3显示了第三个转向信号。（该日线图中的股票名称并不是很重要，因为你会在任一市场中发现该转向信号。因为一条柱线与其相邻柱线有关，所以你需要知道柱线的大小。）是否看到该柱线吞没了前一柱线，然后收盘收在前一柱线的高点之上？随后出现柱线的收盘价收在前两根柱线的高点之上，是否显示持续的市场力量？在图5.3中，你会看到成交量相应急剧上升，这称作抛售高潮。尽管如此，三条粗体柱线并排产生特定的转向信号，称作反转日。如果在抛售高潮你没有行动，在股票上涨至标有箭头的柱线的高点之上时，你会在第二天有所行动。紧随粗体柱线的日线图可以清楚地说明产生该情况的原因：市场的上涨速度像火箭一样快。

看跌信号

图5.4中的数据显示了另一个转向信号。该图仅用两条柱线产生信号。当市场出现新高，然后第二天未能再创新高，同时以低于前一天最低交易价格收盘时，你就会知道市场已经触顶。这就是看跌信号。它并不表明市场当前下跌和暴涨情况如何以及下跌将发展到何种程度，但它警告你调整即将开始。

图5.5显示了强生公司（JNJ）的股票低点。信号由两条柱线形成，但是该图显示它们不必并排出现。此处，当日收盘价高于低点日的高点。价格柱线的并置可以暗示趋势反转刚刚开始。该图显示了信号的时间安排和实际市场转折点非常吻合。

岛型反转

图5.6显示了日阴阳烛图（即K线图），该图清晰地显示了转向信号的另一种类型：岛型反转。该信号具有欺骗性，因为市场在最

后一日的区间和现在的区间之间产生价格缺口。市场竭力停留在其产生的缺口之上，但是努力却以失败告终。市场通过向下突破其在图中形成的缺口开盘一段时间。当这种情况在股票中发生时，这就是严重的失败。在该实例中，日元期货未能在.7691和.7756之间成交。这是一个大缺口。该图形态是岛型反转，但是交易者需要把眼光放长远些，以从其他方法中获取更多详细信息，例如成交量或振荡指标。

烛台 你能使用一种图类型来强调与开盘价和收盘价相关的交易区间。绘制长方形小格子以表示开盘价和收盘价的价差范围。该段时间可以形成越过该长方形的价格低点或高点。这些额外区间视作烛台的灯芯。他们看起来有点像蜡烛，同柱线图相比，日本人更喜欢这些长方形，且这些长方形源自日本人。尽管日本人寻找在蜡烛群或单根蜡烛中形成的特定形态，但你可以使用这些图，以帮助你创建支撑目标和阻力目标。在网上观察几个阴阳烛图（即K线图），或用电脑创建你自己的图。你可以绘制水平线来连接蜡烛实体。实体就是连接开盘价与收盘价的长方形。

外汇 我们一直在看股票数据，而其他市场也会由于不同原因形成缺口。因为外汇是在世界各地进行，所以一天24小时都可以进行货币交易。在芝加哥，货币期货交易仅在白天进行，但是除芝加哥外，货币期货可以在夜晚进行通宵交易。这是显示收盘市场或交易时段的岛型反转或缺口吗？新手对与期货市场相关的图表有许多臆断。我建议：当你处于学习阶段时，你先持有美国股票直到你理解其中的风险后再接触期货。由于期货允许极端的杠杆作用，所以有更大的风险。你不得不支付期货合约实际价值的大约4%。这意味着较小波动导致的美元损失会成倍地大于其在股票仓位中的情况。

期货中也存在所谓的锁定限制。这就意味着你持有的仓位可能朝你预期的方向相反波动，市场可以在白天的任何时间突然收盘。你被套牢了，并且无法下单逃离亏损交易，因为交易所没有开盘。这种情况可以持续几天，而且当市场最终开始交易的时候，你不得不卖掉房子来偿还外汇期货损失。如果你在货币期货

图5.3 市场转向信号：反转日

市场进行交易，因为期货与地点或现金市场紧密联系，所以你需要知道某些称为“以实物交换”的东西和许多其他的新变量。开始时，让期货交易简单化，并且期货交易可能有吸引力，在你已经了解了风险之后，再进行期货交易。

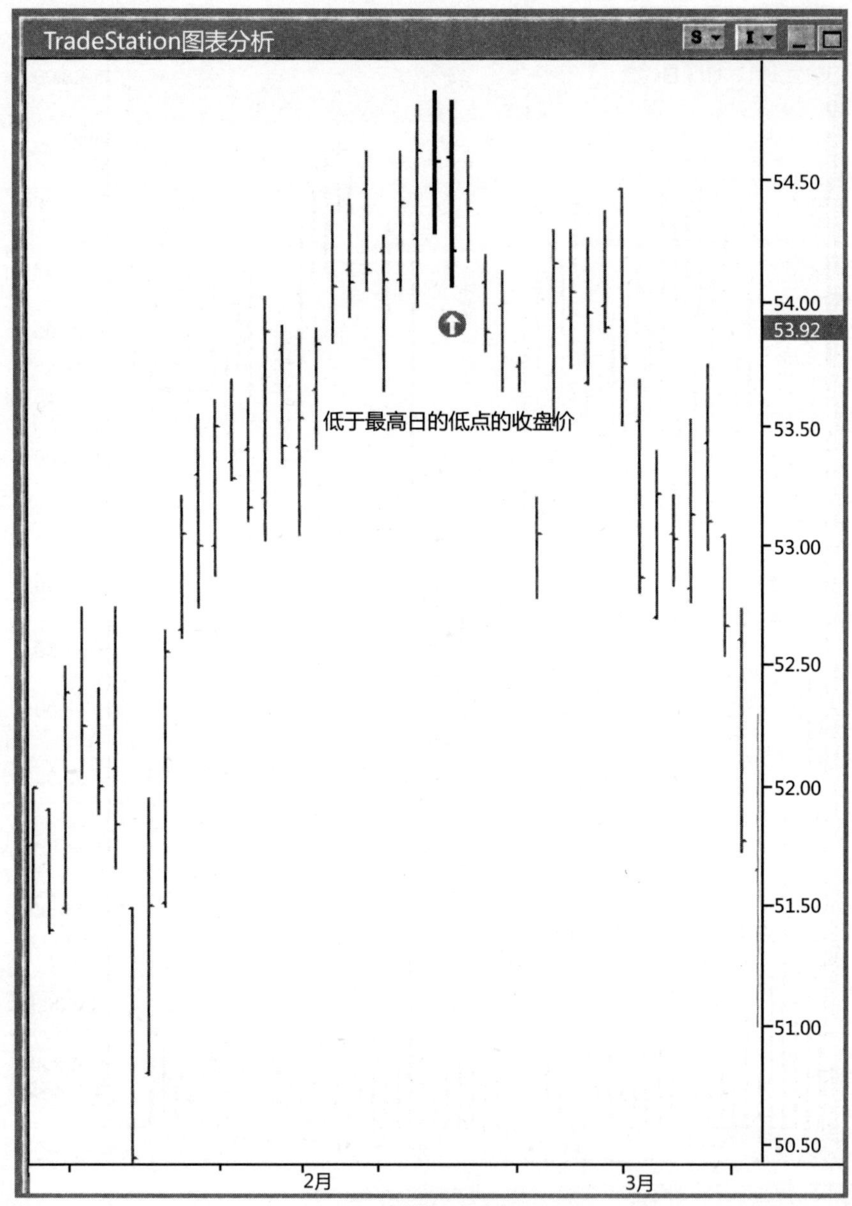

图5.4 熊市转向信号

缺口

图5.7显示没有交易产生时的价格缺口。这些缺口在股票中一定会出现，并具有特定意义。当缺口随着成交量的递增在旧趋势反转附近形成时，通常是股市的某一消息引发了缺口的产生。递增的

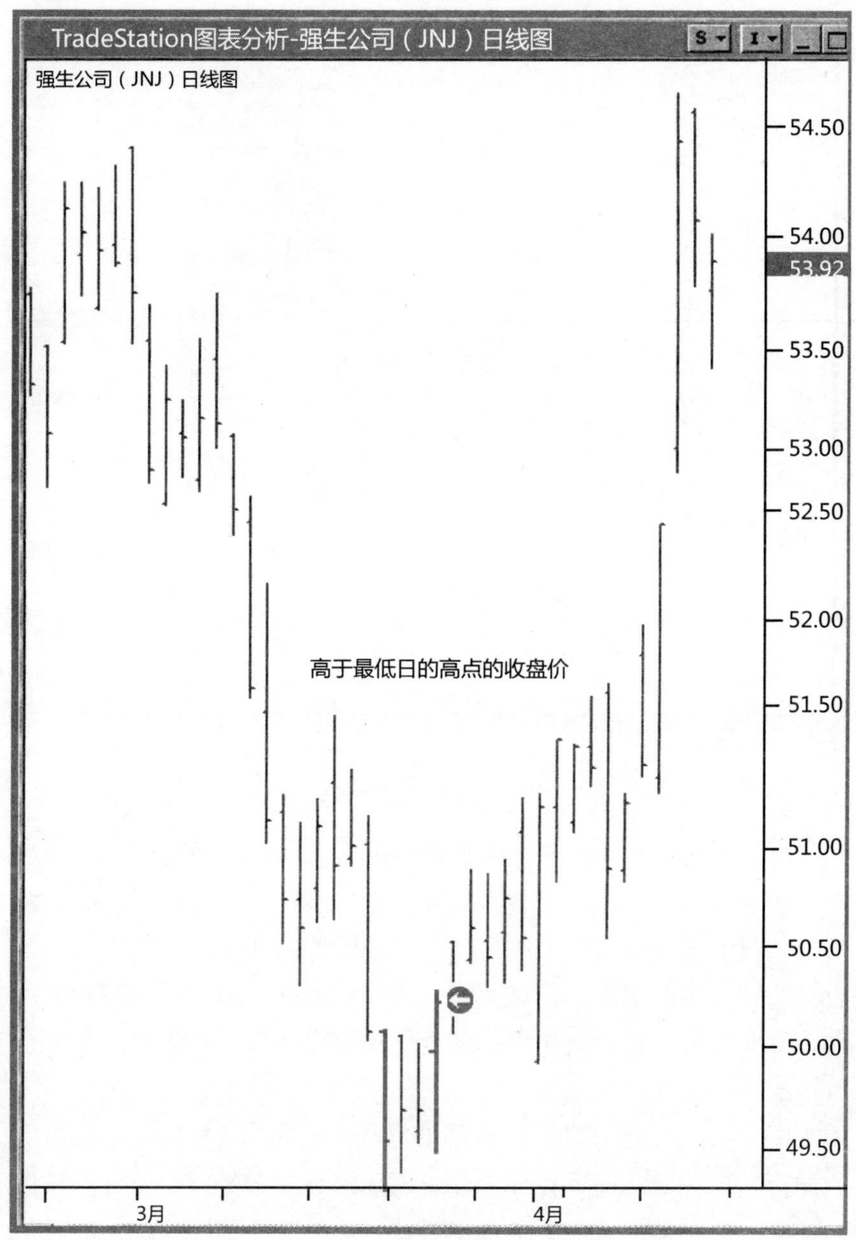

图5.5 牛市转向信号；强生公司（JNJ）日线图

成交量是关键，因为价格缺口通常没有得到填补，所以称为突破缺口。随着趋势愈加成熟，大部分交易者会发现他们自己处于市场的同一侧。这成为公认的一点：对一些人有好处，而对另外一些人没好处。在这个当口，如果你处于市场错误的一侧，你唯一能做的是

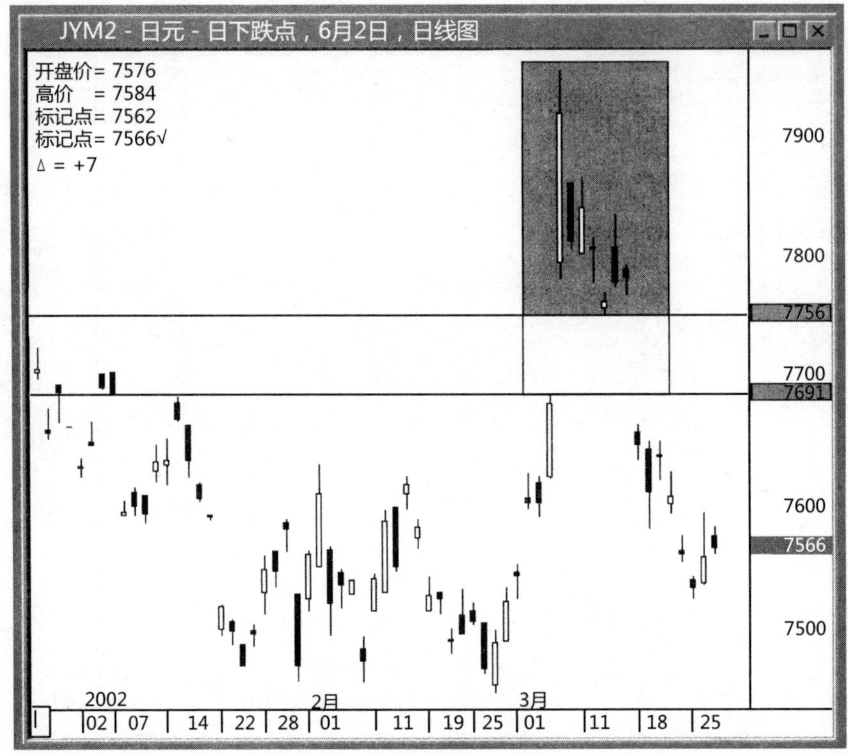

图5.6 日元期货岛型反转

轧平亏损交易。处于市场正确一侧的交易者购买更多的股票，因为他们知道跳空缺口的出现有时意味着市场将在现有基础上上涨大概相当于两个缺口长度的幅度。缺口产生的原因在于此时每个人都在市场的同一侧摸爬滚打，这容易导致股票以高于前一期的最高价开盘，从而形成交易价格缺口。这也称作衡量缺口，因为它经常标记价格波段的中点。

图5.7中，接近18美元的价格低点和接近36美元的缺口中部之间的差价是18美元。通过在36美元上增加该18美元的差价，你会获得54美元的价格目标。你会发现该股票竭力达到该价格目标。在趋势末端附近，股票可能随即急剧向下滑过缺口，这是一个转向信号，表明市场动能已经衰竭。所以，这些缺口称为衰竭缺口。他们经常促使调整开始。在下跌趋势中也会形成类似的。可用反弹的力度来检验价格数据中形成的缺口的不同类型。

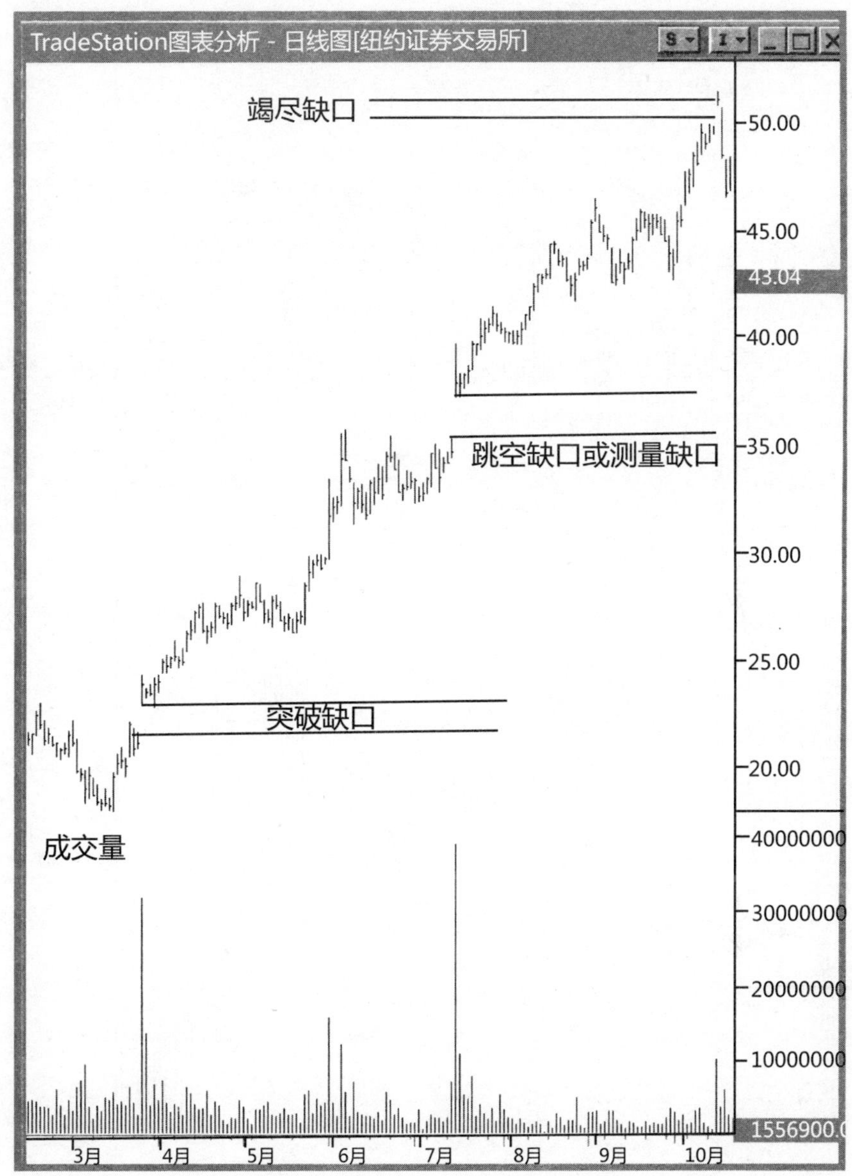

图5.7 缺口、突破缺口、跳空缺口和竭尽缺口

市场形态

顾名思义，一种持续形态是一个整固阶段，使多余的成交量自动出市，然后重新开始更大的趋势。

图5.8中的彭尼公司（JCP）日线图形成了一个持续形态。在更大的下跌趋势出现之前有一个整固形态，外形上看像一个旗帜形

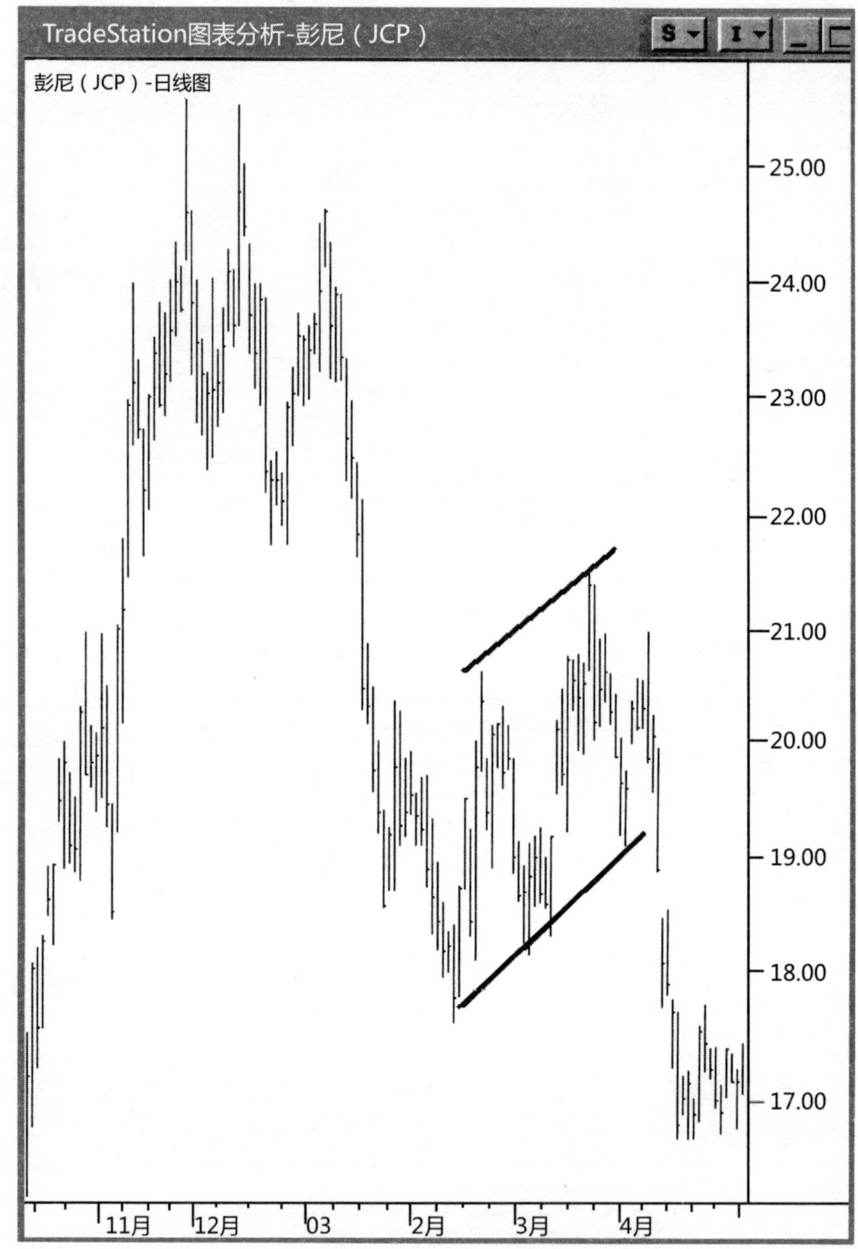

图5.8 显示整理形态的彭尼（JCP）日线图

状。这称作看空旗形，警告交易者当旗形修正完成的时候，下跌趋势会再次开始。我不提倡使用这些形态，人人都知道它们看上去像什么，你也能够看出，因为在交易者中，它们是标志群众心理的信标。持续形态的问题是它们作为交易信号承担了多大的风险。你很

图5.9 日本政府10年债券（JGB）月线图

难知道形态何时结束，因此它会提早将你套牢。仅将他们用于分析，然后你就会收获更多。

艾略特波浪理论

图5.8讨论的看空旗形是一种艾略特波浪理论形态。该形态具有三个波段，第一个波段和最后一个波段的长度几乎相同。如果你知道调整波浪形态需要三个波段来完成并使用菲波纳奇技术来确定目标价位，那么你会比单独使用看空旗形的交易者成功的概率更高。

关注国外发生了什么变得日益重要。图5.9显示了日本政府10年债券的月线图。为什么你应该关注这个市场呢？几年来，日本10年债券市场一直引领全球其他所有债券市场。这就像购买了明日的股

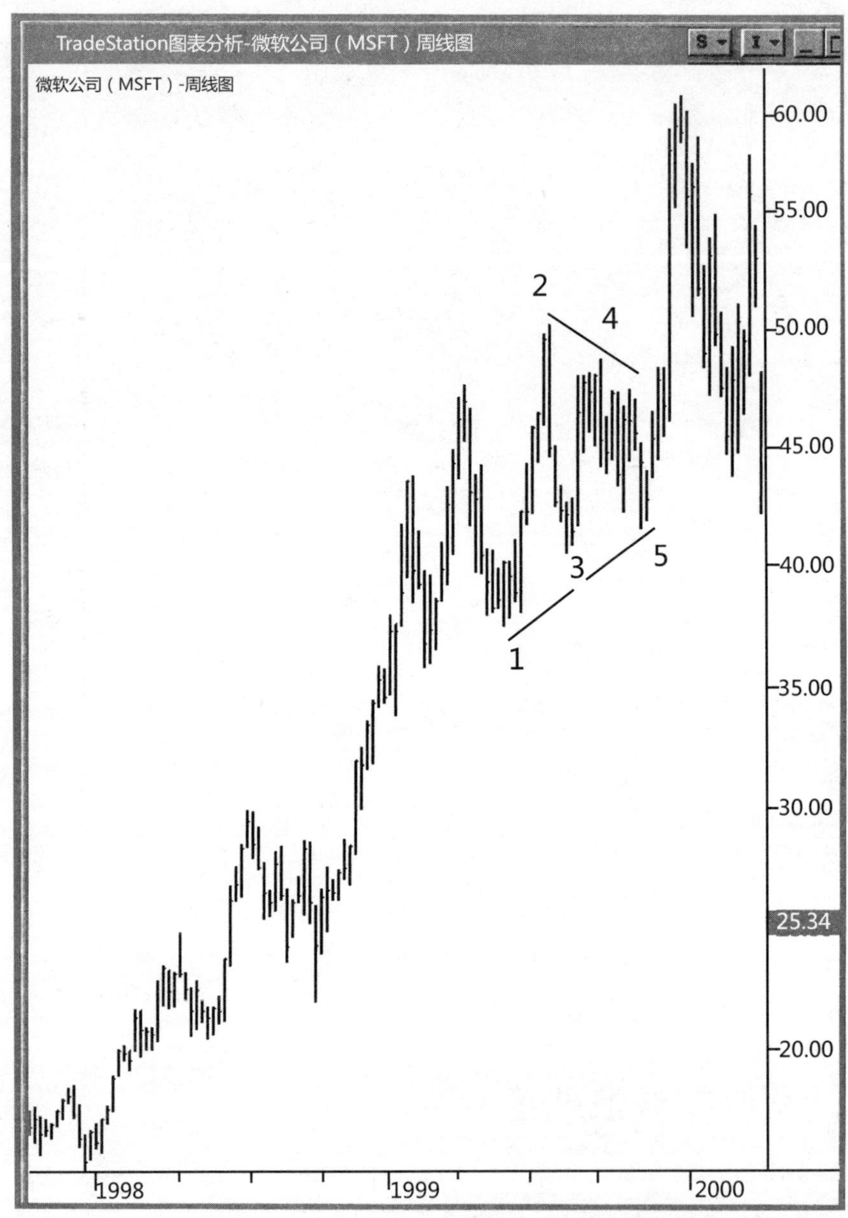

图5.10 显示收缩三角形的微软公司（MSFT）周线图

票数据，所以你能够在美国政府10年证券市场开盘前一天检测该数据。（如果在事情发生前你想知道更多关于一个市场如何表明另一个市场的前进方向，参考我的《技术分析大全》一书。重要的是关注全球市场及提高制图技术来帮助你进行对比。那本书涵盖了这些技术。）

在这个图中，日本政府债券（JGB）从1994年至2003年处于反弹状态。图中显示出两次调整，从它们的侧面看上去像三角形。这些三角形称作牛市三角形。（有些人称这些形态为牛市收缩三角形。这两个名字都暗示市场在紧缩波段区间进行振荡整理。）当该形态完全形成时，波动加剧，并在中断前形成朝向市场走势的推力。由于这个原因，交易者们都会关注此种形态的整理，但是大多数人过早进场，损失严重，然后不得不在实际波动开始时出场。根据这些形态进行交易的最好方法是成为极有耐心的人，并在形态突破时建仓。

当市场突破该形态的上趋势线时，它常常对相同的趋势进行试探。此时可以进行交易了，因为你知道市场不会重新进行盘整。因此，如果市场仅背离你的预期波动少许，你可以决定放弃仓位。当下边界被突破时，也可以根据形态再次进行交易。未突破其下侧的牛市三角形的市场是一个钝化市场。而钝化就是应该立既采取行动的转向信号。

已在较大趋势下下跌并进行盘整的市场称作熊市三角形或熊市收缩三角形。尽管形态相反，但结果是一样的。该形态可以出现在

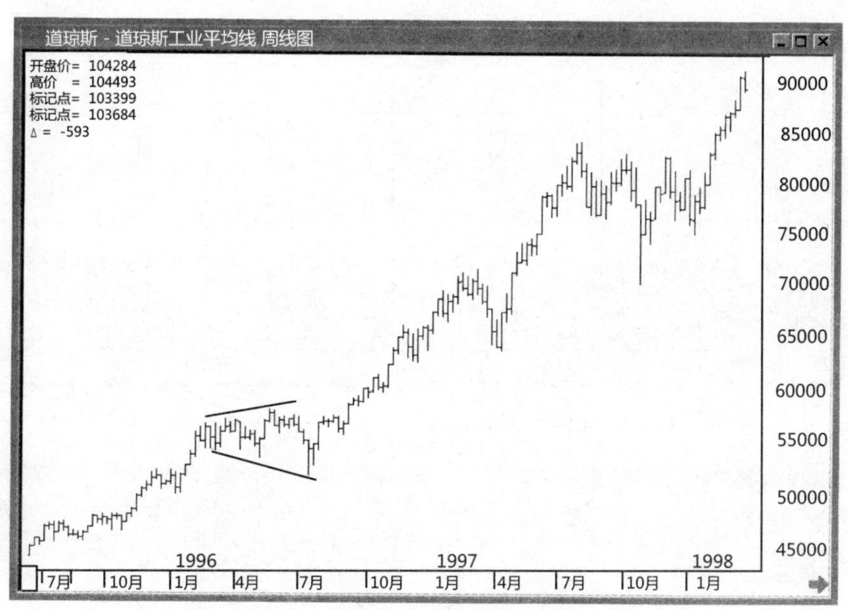

图5.11 道琼斯工业平均指数的扩散三角形

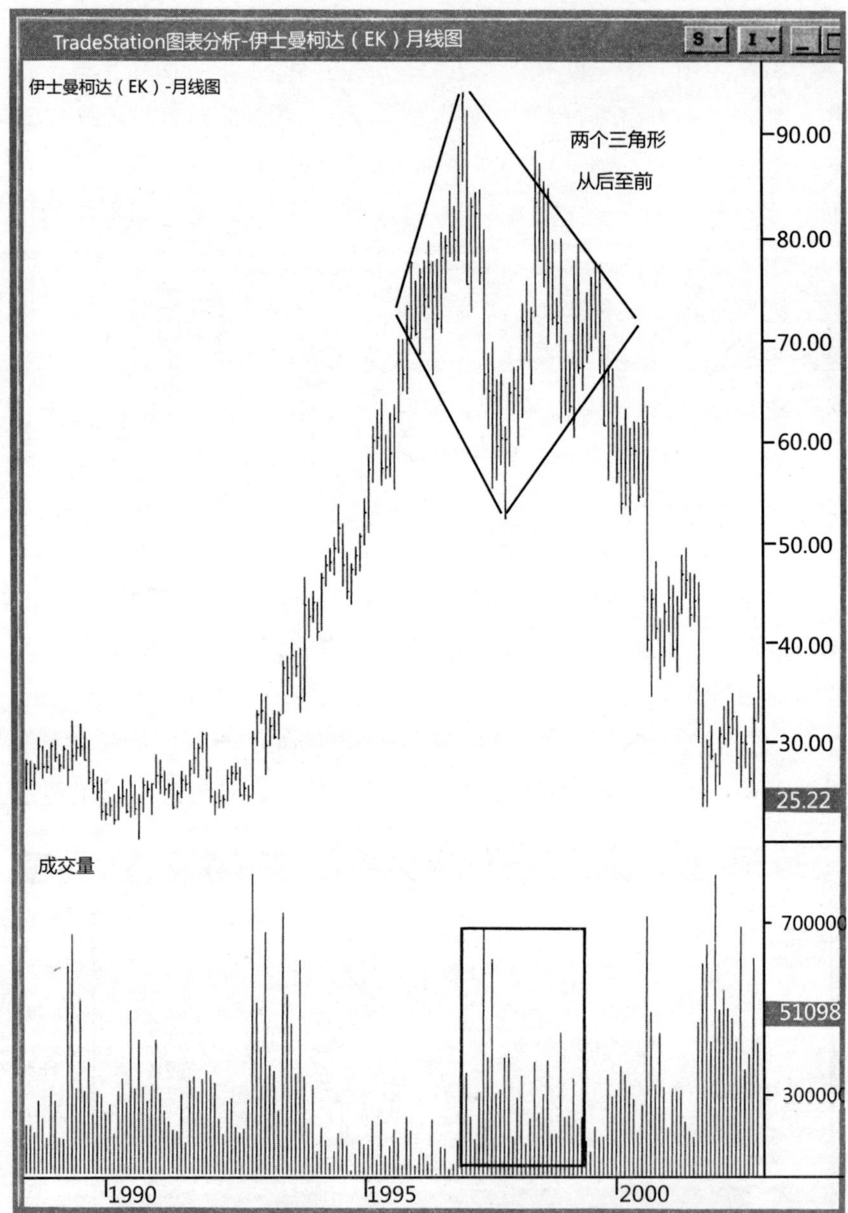

图5.12 伊士曼柯达公司（EK）月线图中的菱形转向信号

所有市场和任何时期。

图5.10的微软公司（MSFT）周线图显示了另一个牛市三角形或收缩三角形。这个特殊的盘整形态有助于描述这些盘整的内部特征。它们通常有五个主要内部波段。每个波段会有三个较小波段。

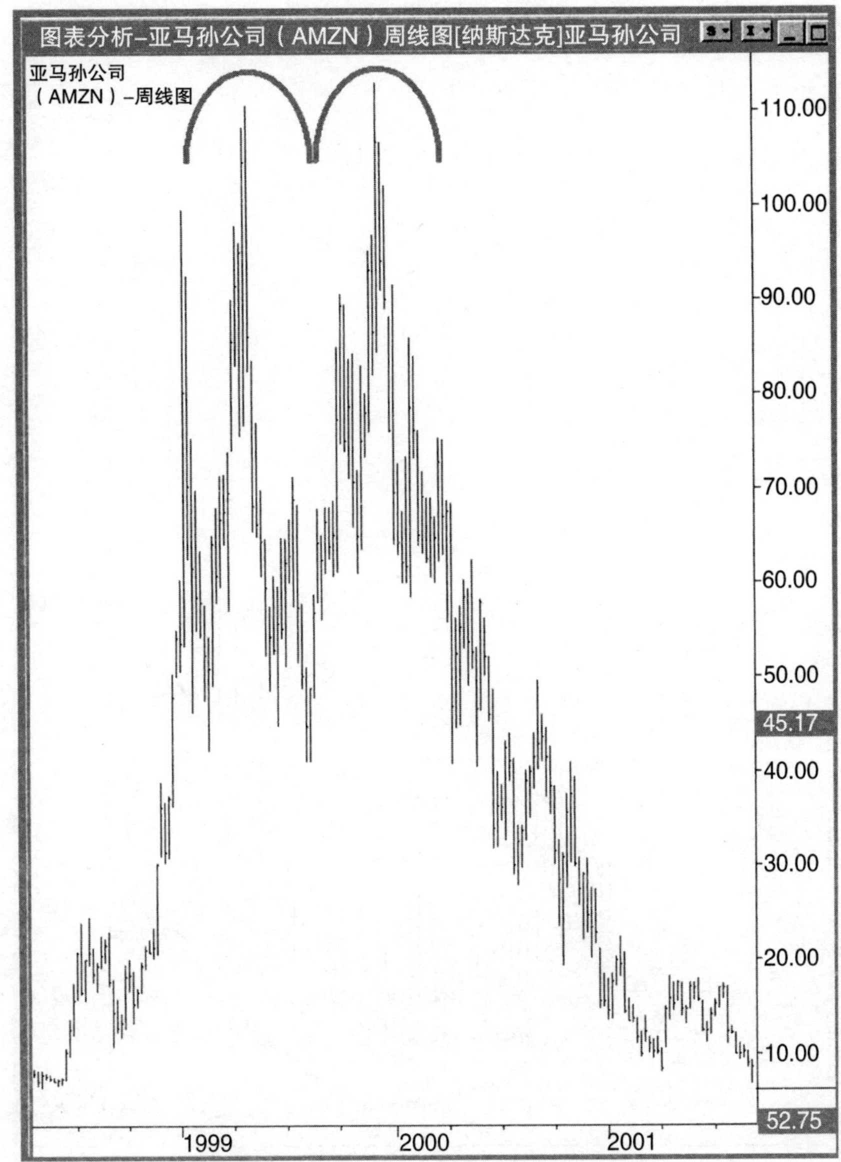

图5.13 亚马孙公司（AMZN）周线图

在该图中对这种形态进行了标注，该形态正逐渐收窄。通常情况下，第三个波段或中间波段是不可信的，因为通常它占用最多的时间。本图中没有显示这种情况，因为在微软公司股票向上突破并达到最后的历史高点之前，这是最后的盘整。

1996年，道琼斯工业平均指数显示市场形成了清晰可辨的扩散三角形。图5.11显示了盘整。有五个波段，你能找到吗？前两个波

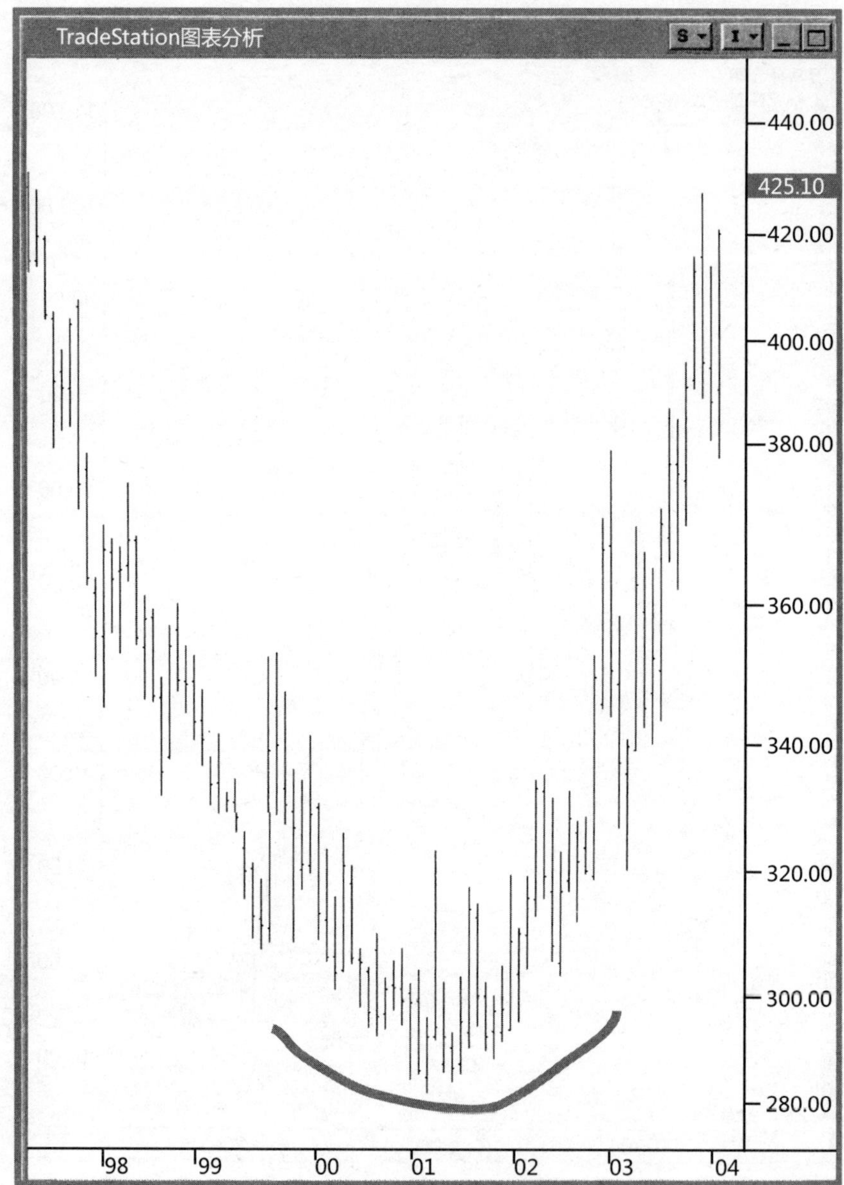

图5.14 圆形底反转形态

段处于市场早期的振荡整理阶段。当持续形态结束时，市场没有浪费获取更多利润的时间。

信号复习

问题：图5.12显示伊士曼柯达公司（EK）月线图中的转向信号。

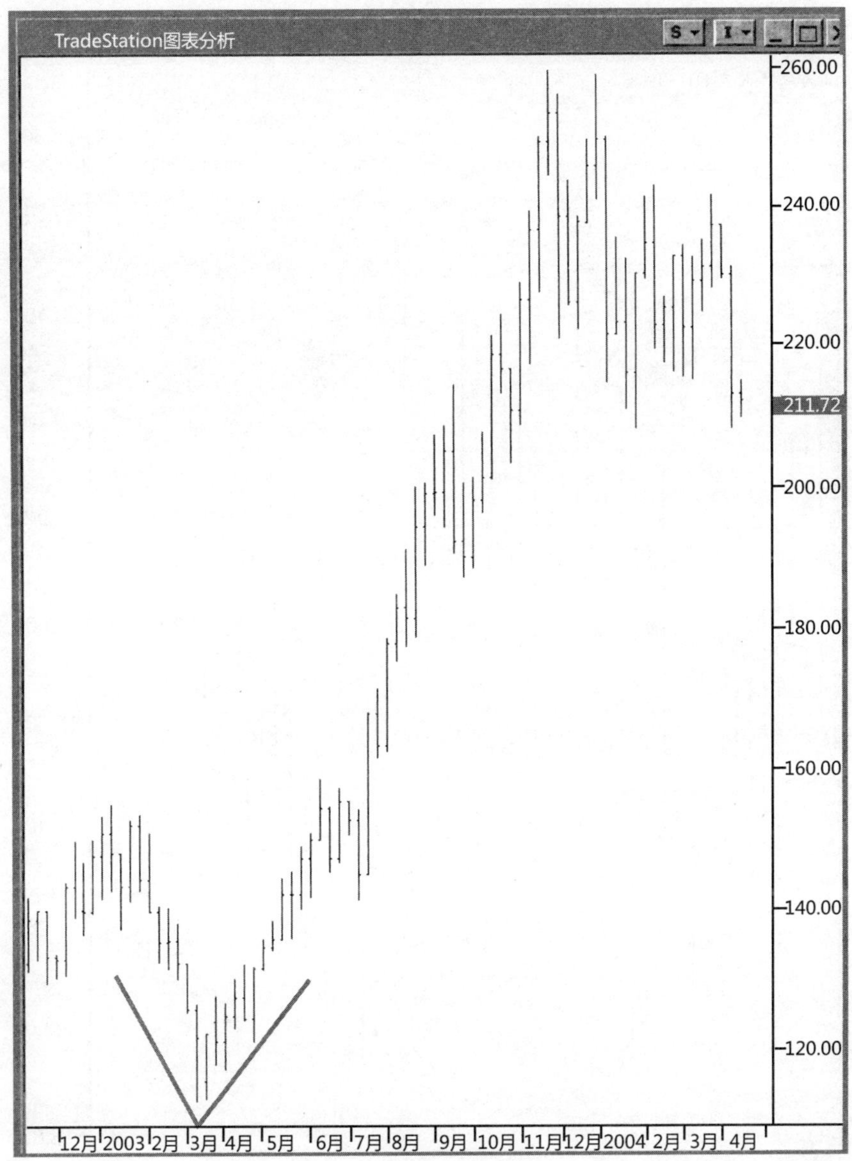

图5.15 V形底反转形态

该形态称作菱形形态，它包括两个背靠背的三角形。是什么使该形态成为转向信号？你还需要参考该形态下面用方框标记的成交量。

回答：第二次盘整伴随着成交量的大幅下降。这就警告你在大幅下跌之前，市场动能正在衰减。

问题：图5.13显示了亚马孙（AMZN）周线图。该图显示1999年股票首次形成高点时第一个关键的反转信号产生。急剧下跌之

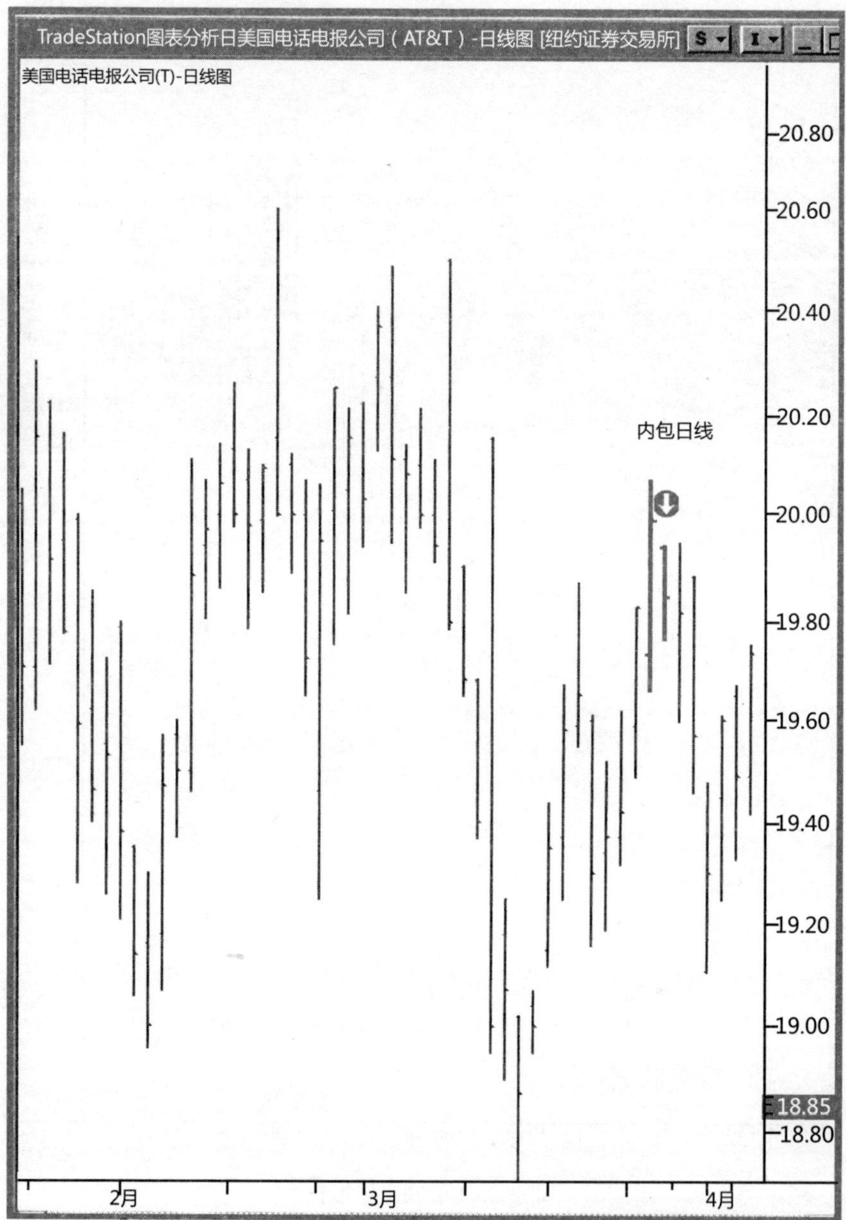

图5.16 美国电话电报公司（AT&T）日线图

后，市场再次竭力突破新高，但未成功，并产生第二次关键反转信号。你能说出警告发生重大反转的该特定图形态的名称吗？

回答：该实际形态称作双顶。也有W底或三重顶和三重底等形态。不要忘记这个图的形态，因为它清晰地显示了趋势变化。你可以称其为反转形态或转向信号，因为结果在一段时间内总是一个趋势反转。尽管如此，但这未必意味着接下来会出现如亚马孙（Amazon）股票所示的全盘崩溃。

问题：图5.14和图5.15显示两种不同的反转形态。一种为圆形底反转，而另一种为V形底反转。在分析这些反转形态时我并没有加入成交量。你认为成交量在这两种不同的市场反转下有可能是多少？

回答：圆形底反转中，成交量可能会下降，因为多数卖出的订单会亏损。成交量保持在低点，因为几乎没有人确信这是买入时期。因此，圆形底形态伴随低成交量，这有助于形成趋势改变信号。在称作V形底反转的形态中，伴随价格低点会形成量堆的成交量。尽管如此，低点不必一定达到极端。或许在人们放弃的时候，V形底恰好显示递增的成交量。下降中的反转和回撤警告趋势可能已经反转。

问题： 图5.16显示了美国电话电报公司（AT&T）日柱线图。第二条突出的柱线称作内包日线，并可以视为转向信号。为什么称其为内包日线呢？

回答：之所以称之为内包日线，是因为交易期的整个区间小于先前一个交易日的开盘价和收盘价限定的区间。当市场不能决定是买入还是卖出时，通常会下跌以进行一段时期的重组。这有助于训练你的眼睛来观察开盘价和收盘价的关系中的小细节。

第5章 小测验

1.转向信号告诉交易者：

a.方向已经确定，需要立即行动来增加现有仓位

b.立即部分或全部获利了结，因为方向会反转

c.一定要有耐性，因为盘整形态即将出现，这会导致股价进一步沿较大趋势方向发展

d.当成交量下降时，一定要有耐心，然后等待进场的确切时间

2.关键反转是：

a.持续形态

b.持续信号

c.转向信号

d.转向形态

3.反转仓位意味着交易者会做下列哪一项?

a.反向下单，规模是原始仓位的2倍，与上一个未结订单相反，但具有同等效益

b.改变他的想法，然后出场

c.下单平仓，然后决定反向下任意规模的订单

d.查看屏幕上跳动的数据图，以消除他可能持有的偏见

4.在大多数波段的低点和高点，某股票图显示了许多急剧的波峰和波谷。你可以将该市场视为：

a.给波段交易者提供清晰转向信号的市场

b.具有将要宣布的基本消息的市场，其中在发布消息前赌徒持有仓位

c.在反转点价位机构活跃性高的市场，尽管该市场很难说明他们是否增加现有仓位

d.做市商在关键的反转点进行交易以获得其利润的市场，而你最好离开该市场

5.场外交易市场位于：

a.纽约证券交易所的一个单独的房间

b.做市商设置其终端的任一位置

c.芝加哥期货交易所的一个单独的房间

d.纳斯达克的分部，用于小型股票交易

6.抛售高潮是：

a.大众恐慌并抛售股票而结束了有趋势的市场时的成交量钉形

b.被交易的股票的数量

c.一段时间内总成交量除以总股票数

d.价格的极值钉形

7.阴阳烛图（即K线图）显示：

a.开盘价作为小的价格跳动点标志于显示周期价格区间的柱线的左侧

b.收盘价为黑色长方形区间

c.长方形内的完整日区间，所以该区间可以更简单地和另一区间进行对比

d.开盘价为实体的顶部

8.缺口在成熟的趋势中出现。缺口会成为警告信息，如果：

a.缺口伴有底背离

b.缺口伴有较高的成交量

c.缺口伴有较低的成交量

d.缺口伴有对市场具有短暂影响的消息报道

9.所有人都在同一侧的市场通常形成：

a.跳空缺口

b.关键反转

c.阴阳烛图中的吞噬形态

d.群众恐慌

10.下列哪一项是描述菱形的?

a.对新手的尖酸评论

b.价格图中两个背靠背的三角形

c.期权持仓量要求两个多头仓位构成单一的有利空头仓位

d.俄罗斯期货市场

第6章

如何确知某事何时发生？

周期

如第1章所述，经济学专家研究商业周期已经有几个世纪了。人的本性导致相同周期的重复，但每次都伴随着一个不同的转折点。

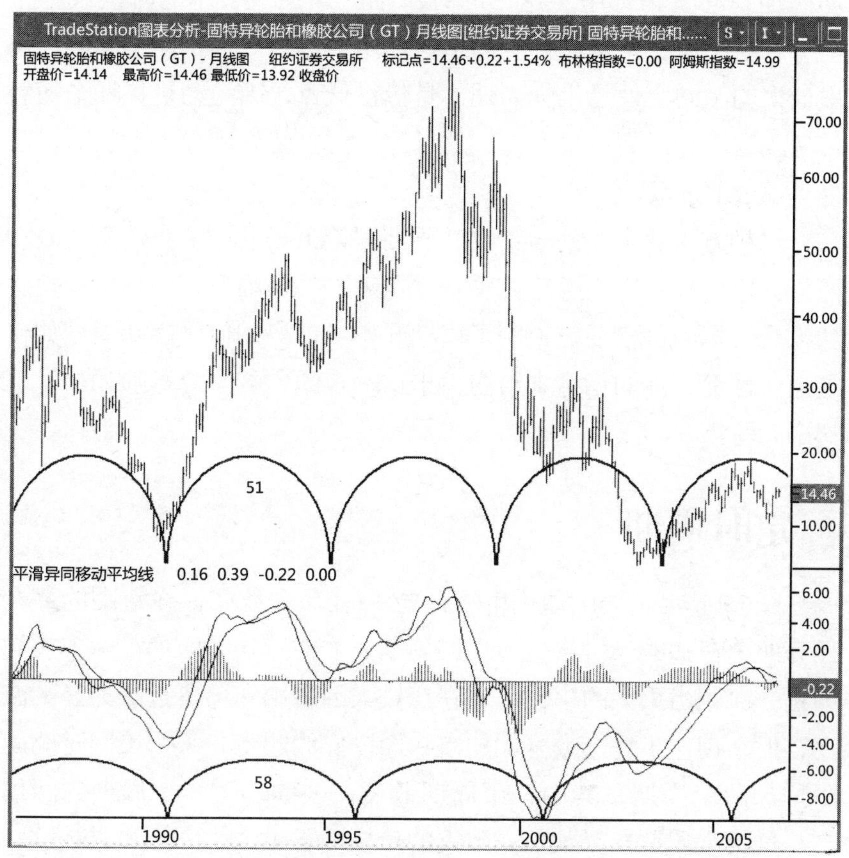

图6.1 固特异轮胎和橡胶公司（GT）月线图

市场受公众心理的影响形成周期，进而可帮助交易者预测某事何时发生。

图6.1显示了固特异轮胎和橡胶公司（GT）的月线图。图的底部是在第4章论述的动量指标，称为MACD或指数平滑异同移动平均线。我在图6.1已列举了该指标以证明论点。你会在该图中间的价格数据底部看到一系列的弧形。数字51表示图中弧形的跨度为51个月。（这并不是火箭科学；在我相信这是一个好时机之前，我只是放弃了默认工具，却发现了其中一个底部低点。）如果你想让下跌及其低谷与弧形的低点相匹配，51个月周期很合适。让高点随意变化。这表明在2003年的某一时刻市场将出现低点，但是周期很长而且在周期出现前市场触底了。

一旦确定单周期，就会经常发生市场触底现象。可将58天周期添加到动量指标中（这里的时段指一条柱线表示的时间或一个月）。事实上，振荡指标有助于你利用市场的周期特性。然而，这里最大的不同之处是指标周期不是价格低点，因为动量指标未随着市场改变。如果你过早交易，这种方法可以使你冷静下来从而保证你更安全地进场。

这种方法有个小问题：定时周期假设市场以一种线性方式波动而不会随着时间的流逝延长或缩短周期。图6.1最右侧的固特异轮胎和橡胶公司中价格低点说明了周期开始前市场如何触底和周期如何缩短。然而，你的指标未给出关于这一点的警告。分析师如何处理这个问题？

定时周期

图6.2显示了美国通用电气公司（GE）月线图。在该图的最左侧有两个在1987年价格低点上的周期。1987年10月的崩盘过去被认为是一次相当重大的事件。现在在较大的图中它不再被认为是大波动，但它创造了一个较好的起点，即以它为起点，采用不同时间间隔增加两个周期，其中一个周期很长，大约是另一个周期的两倍半。这两个周期在暴跌低点附近的价格低谷重合。你应该寻找这些根据不同时间间隔确定的周期的重合点并以之为根据采取行动，这

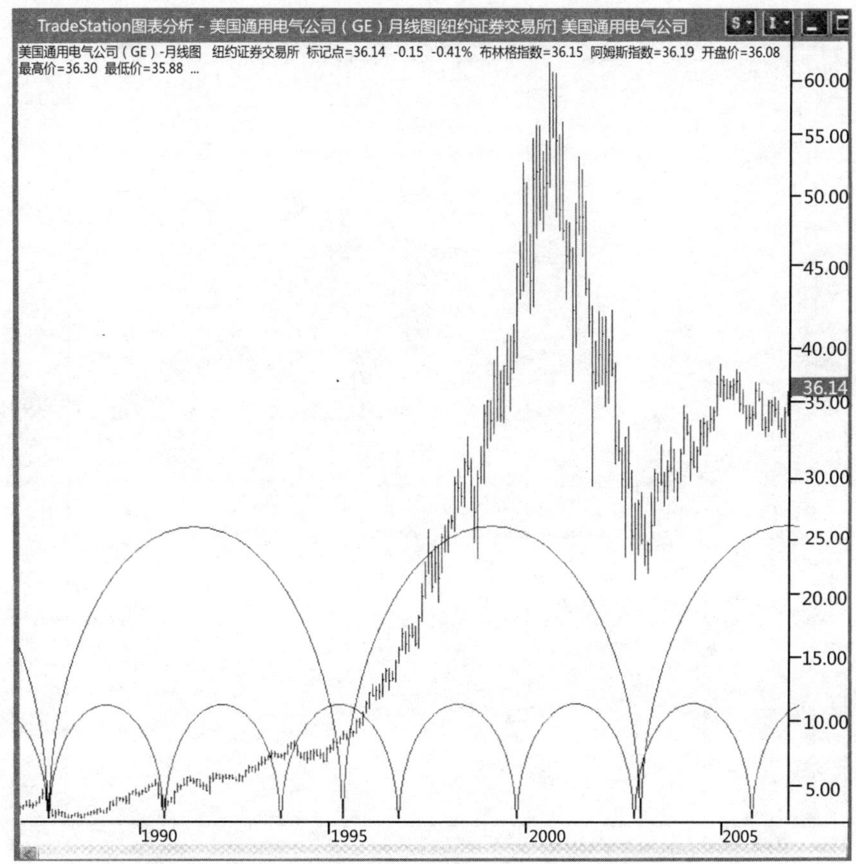

图6.2 美国通用电气公司（GE）月线图

会提高你成功寻找到低点的概率。

这两个图代表周期的习惯用法。然而，固定周期存在的问题是无法确定价格的自然趋势是上升还是下跌。当处于强势反弹状态时，市场在小范围调整前可能会随着其价格波段的延长而上升。在下跌的市场中，你要尽快做调整以实现你的目标价位，而且它们比你预想的还要低。关于市场时机，这是真实的：定时周期有时会准时出现，但有时也会提前或推迟。

图6.3说明了用于发现周期的另一个工具。我建议你不要用它来安排交易时间。它只是一个分析工具。分析技术不同于安排交易时间的技术，它们之间存在很大的差别。在你进行交易时，交易工具必须精准。分析工具有助于你发现即将到来的冰山，但通常无法告诉你什么时候会碰到冰山。研究结果详细地说明了腾落线的使用方

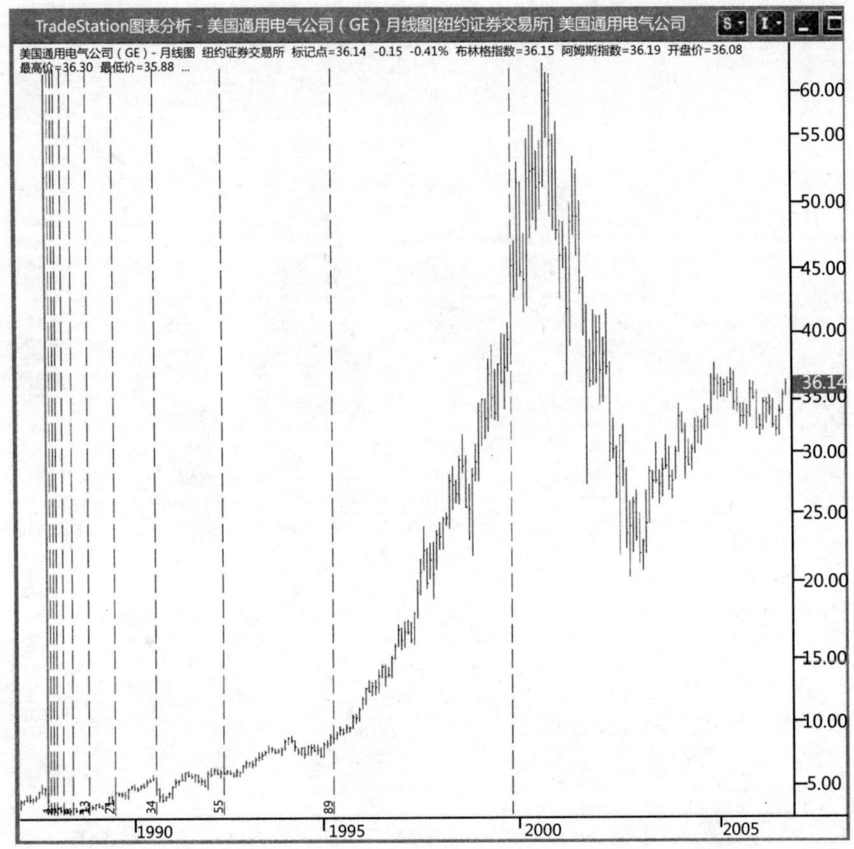

图6.3 及时反映美国通用电气公司（GE）菲波纳奇循环的月线图

法，这些方法用于对比上涨股票和下跌股票，也可用于其他对比，如买入行为和卖出行为。依我之见，这些方法对交易者几乎没有任何价值，因为在市场动态出现失衡之前对比可能需要好几个月的时间，到那时你的资金就会付之东流。有些分析师曲解了这种观点，所以当你在别人的工作图中看到这些工具时，你要自己做决定。

图6.3为带有垂直线的美国通用电气公司（GE）月线图，这些线始于1987年的低点，且结合第3章讨论的增长周期来绘制每一条线。菲波纳奇时间之窗采用0，1，2，3，5，8，13，21，34，55，89，144等，而宇宙中有生长或衰退周期的万物都遵守这个时间序列。图6.3显示了与时间有关的菲波纳奇周期。你会发现达到市场高点需要很长时间。交易时，你需要技术指标来警告自己将要发生一些事情。该图显示了周期工具很精准，并显示反弹出现问题，但就市场

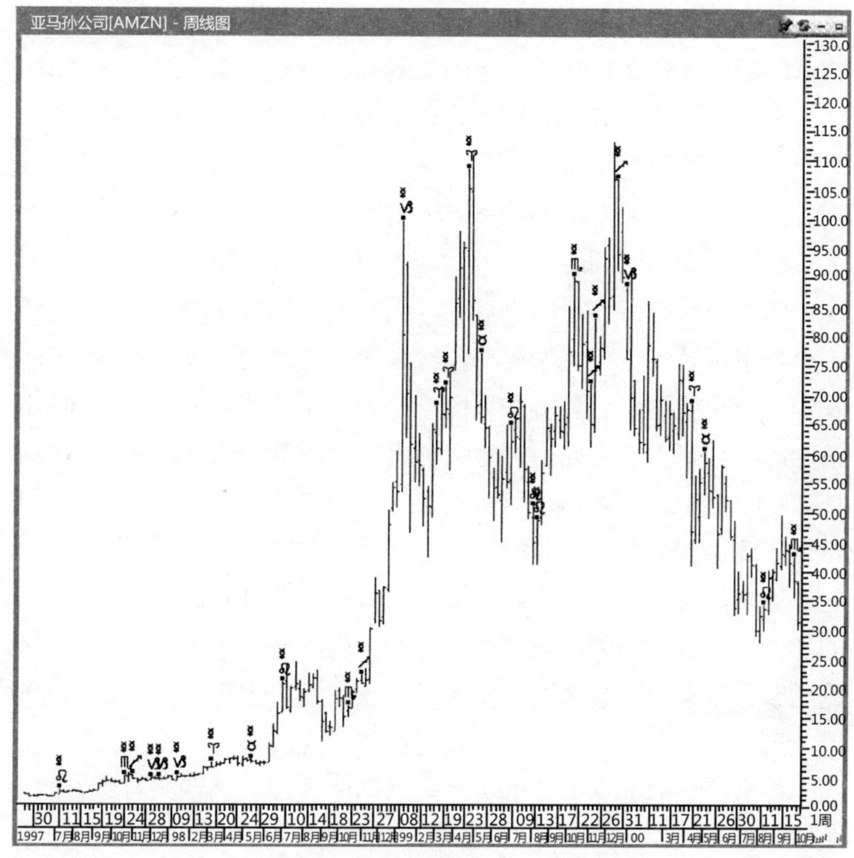

图6.4 亚马孙（AMZN）周线图

触顶的确切月份而言，会错过很多反弹时机。当然，当情绪促使价格达到极限时，市场处在所谓的强劲反弹状态，菲波纳奇周期在实时情景中经常出现这样的问题。定时周期和菲波纳奇周期是目前使用最普遍的两种方法。你可能很喜欢这两种方法，但它们决不是最好的交易工具。

根据自然法则进行周期分析

图6.4中价格柱线上的黑点表示数据，它们并不表示市场的高点或低点，而只是一特定月份内的重要数据。这些黑点仅标记数据且可应用于任意一个图，而图中的x轴用于标记星期。从黑点之间的间隔可以看出：它们没有出现在固定时间间隔内，但它们能够暗示何

时市场趋势可能发生变化。这是天文学而非占星学。没有关于这些数据的解释或含义，它们只是简单地代表周期中隐含的数学知识。如果是这样的话，每当火星沿其轨道转动30度时，在图上就标记一个黑点，这称为进场时间研究。它表示一种纯粹的被标在图上的数学关系，而且其在统计上可用于大的数据库。

由于行星在椭圆的轨道上移动，周期没有采用固定时间间隔，这说明了为什么所显示的黑点的时间间隔是无规律的。然而，这是一个与市场转折点相关的周期。气候学与天体周期有点关系，而且农作物吸收的雨量、温度和日照与该周期有关。经济周期受食品价格的影响很严重。你知道产生强烈太阳耀斑活动的太阳黑子增加了地球所经历的磁暴数量吗？已证实一旦出现强烈的太阳耀斑活动，农作物产量就会提高，结果导致农作物期货交易市场出现更低的价格。

太阳黑子会引发太阳耀斑或太阳风暴，而且它被证实是太阳上的黑斑。一旦太阳的磁场线变得弯曲，就出现太阳黑子。太阳活动越频繁，就会出现越多的太阳黑子。该活动产生更多的可影响地球电离层的辐射。太阳黑子周期接近22年，它决不是一个固定周期，而与商品价格有非常紧密的关系。强烈的太阳活动期间有更多的太阳辐射，而F层中由此产生的更高的电离层允许高频反射。例如，在太阳活动高峰周围，10米波段（28～30兆赫）经常持续一段时间，而且长距离可与相当低的功率级配合运作。

在这些活动频繁的时期，农作物具有高产量，从而导致低价格。在活动不频繁或不活动时期，干旱会导致农作物产量低而价格高。在21世纪的前十年，太阳黑子活动很频繁，所以农产品以极低的价格交易。

约翰·H.纳尔逊与美国电气工程师学会

我发现美国无线电公司（RCA）的无线电传播分析师约翰·H.纳尔逊的作品对我使用天文学进行交易很有帮助。声波反弹到云层下面的陆地的方式称为传播。1952年，纳尔逊向美国电气工程师学会发表一篇名为《太阳黑子和行星对短波无线电的影响》的论文。他发现有利的和不利的无线电传播都与主要的行星方位或行星位置之间的角度有关。

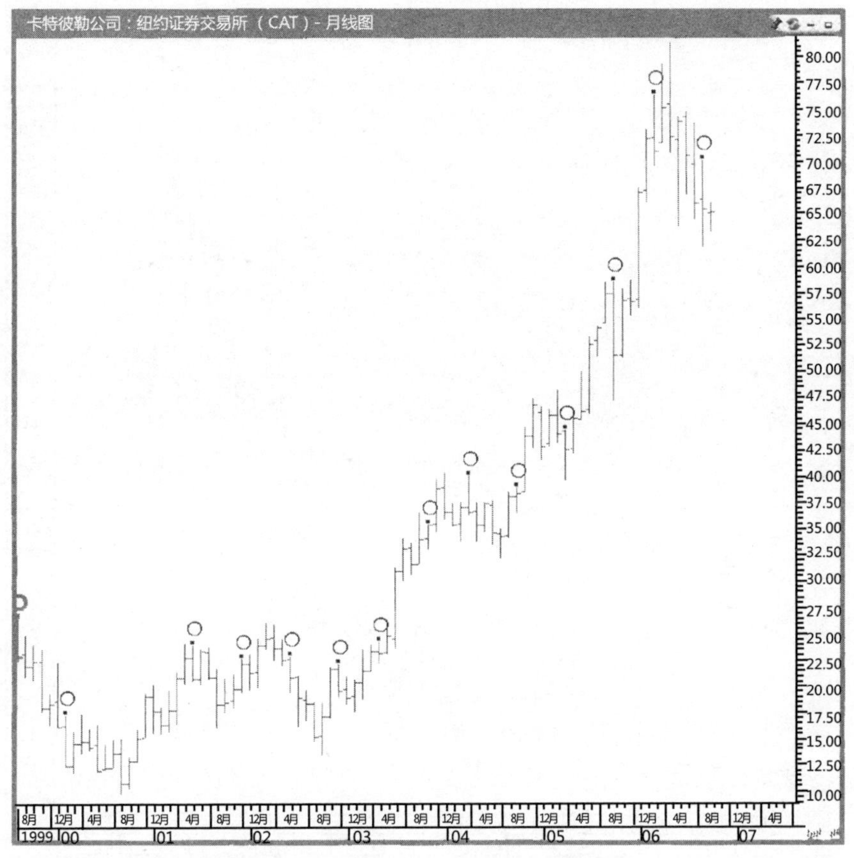

图6.5 卡特彼勒（CAT）月线图

> 1952年，他预言1959年8月左右将会出现磁暴，并且这场磁暴可能导致穿越北大西洋的无线电传播中断，这一预言震惊了纳尔逊的同事。纽约联合爱迪生公司（the Consolidated Edison Company of New York）记录了1959年8月17日发生的重大停电事件。

1967年11月9日，美国东北部将近80000平方英里的面积陷入黑暗之中。这一事件影响了8个州。照片表明太阳黑子发生后魁北克水电公司（Hydro Quebec）的设备遭受了X–耀斑磁暴的损伤。在报纸中找不到技术性的解释，但公司的关于重要电缆的分析报告中出现了这种解释。这一影响最先波及的是加拿大的多伦多，据其报道下午5:15开始变黑，紧接着罗切斯特在下午5:18开始变黑，然后波士顿

图6.6 桑达克斯公司（CTX）的两周柱线图

在下午5:21开始变黑，而纽约是在下午5:28停电的。该故障影响了纽约市区中400万人家和处于地铁中将近60万到80万的人。

让我震惊的是这次断电事故说明了一个事实，即地球周围磁场中可测量的变化确实影响气候学和无线电信号传播，可能还影响我了解却未探索的很多事情。因为图表很有用而且可以统计评估，所以我明白了磁场中的变化可以潜在的触发周期。然而，将磁暴当作一个检测周期，这就打开了问题的潘多拉盒子。

日食与交易

图6.5是卡特彼勒（CAT）的月线图。黑点上方的小圆圈标记出现日食的月份。这可确定市场波段时间。你可能不喜欢周期形成的

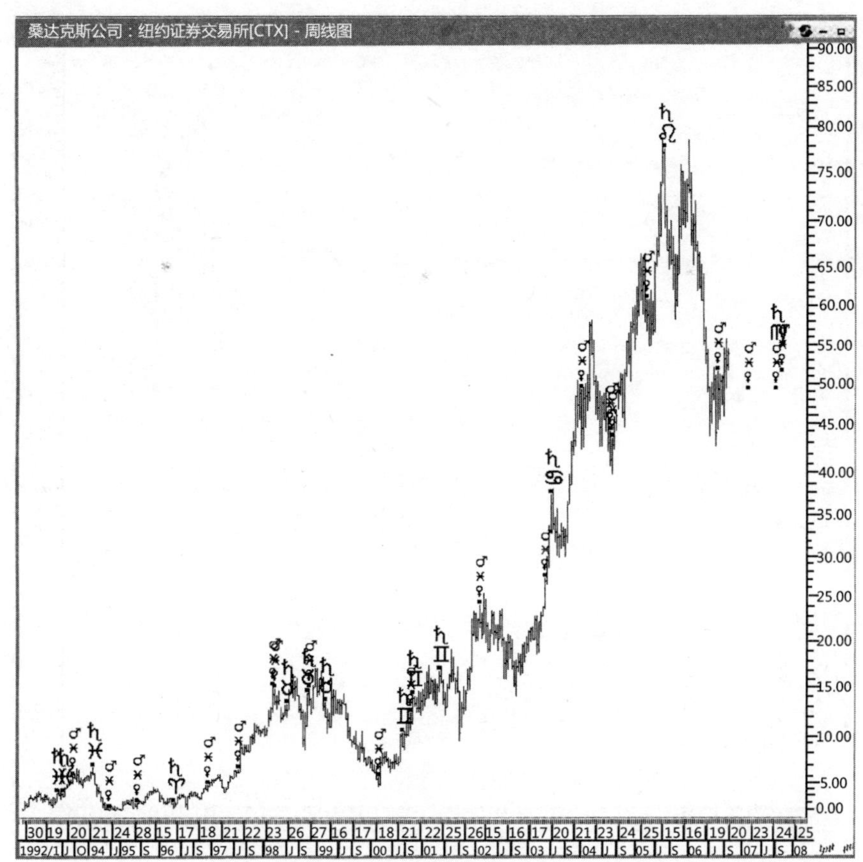

图6.7 具有多种周期的桑达克斯（CTX）线图

原因，但在它们出现时不要忽视这些图。该图中的黑点实际上符合被标记的月份中特定的一天。我将这些图画在最短时间框架内以试图确定我的目标价位、使用指标及确定市场转折点出现的时间。通过长期观察证明了我这样做是目前最有用的。

月食有什么作用？它们在亚洲市场中很重要，而在北美洲人们更关注太阳活动周期。我不知道为什么，但通过测试发现在相关的地方出现了相同的结果。有些股票板块更习惯使用一个周期而不是另一个。美国桑达克斯公司（CTX）的房地产股可以证明这一点，它也是图6.6的研究对象。

图6.6（第113页）显示了根据不同行星决定入场的研究。貌似“h”的字母是土星符号。每当土星在其顺行轨道中精确地移动30度时，在图中做一个标记。该周期是不固定的。根据将地球而非太阳

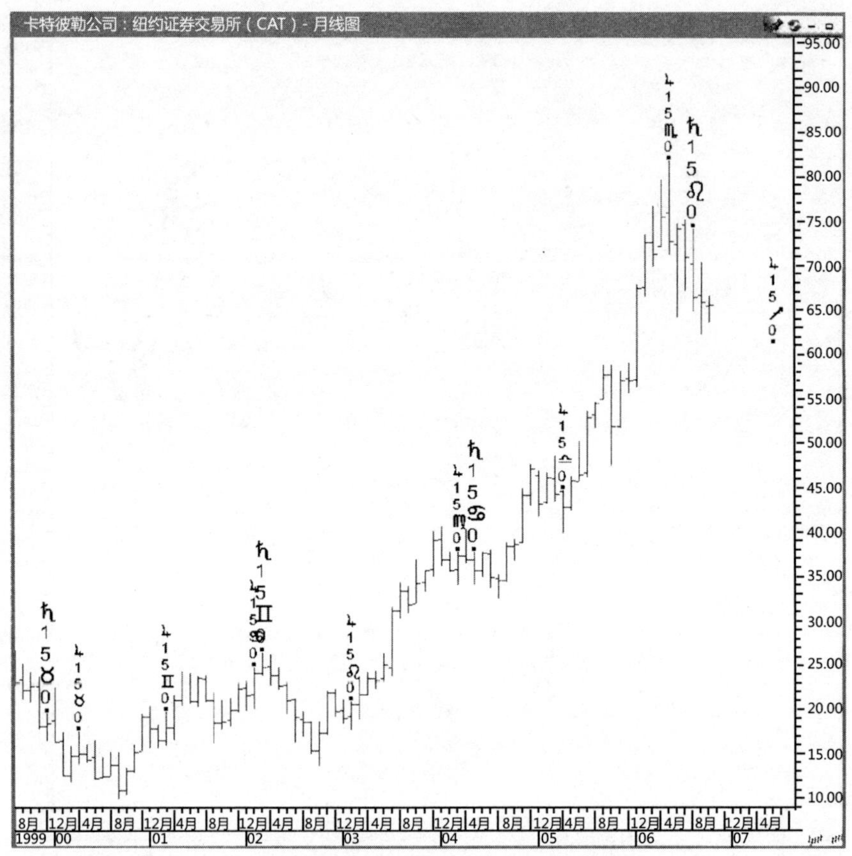

图6.8卡特彼勒（CAT）月线图

置于中心的地心关系研究，有时你会发现一串紧挨着的三个黑点，这是因为一种叫逆行的现象。如果你认为地球位于太阳系中间，从地球上观看行星时它们的椭圆形轨道就变得弯曲。

逆行就像两个同一方向超速行驶的火车，当速度较快的火车经过速度较慢的火车时，有一段时间速度较慢的火车似乎在向后移动，这与行星运行轨道的理念是一样的。该理念就是从地球上观看行星先是向后行走（逆行）一段时间然后再向前走（笔直）。经过一段时间，逆行产生了一小串的黑点。图6.8证明了图中的逆行周期，但先看一下图6.7，其中增加了桑达克斯（CTX）的另一个周期以获得更多的反转点波段。

图6.7是桑达克斯的两周柱线图，其显示了图6.6中绘制的相同的入场研究。注意2周柱线图揭露了更多的内情，因为当周期已经

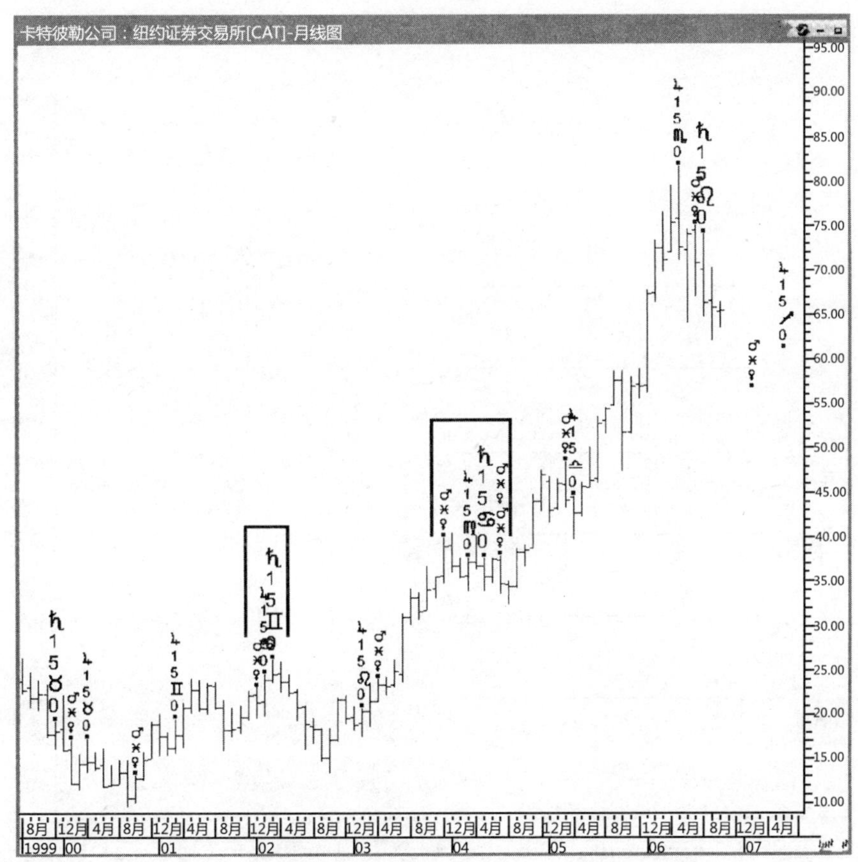

图6.9 具有60度角距周期的卡特彼勒（CAT）月线图

错过实际市场转折点时，该图显示的信息更加准确。如果你发现市场处于正负三条柱线误差内，这视为例外情况。这时我已经增加了两个行星间的数学角度关系。每当火星和金星在分开至多4度情况下存在一个精确的60度关系时，日期就标记在该图上，这是周期方面的一个例子，而60度关系称为60度角距。你应该研究的角度包括60、90、120、180和完整一周，即360度，或分开小于4度时的一个汇合点。

图6.8显示了卡特彼勒（CAT）月线图。在图6.5的相同的图中研究了日食周期。图6.8 对比了这两个日食周期。黑点标记的是月份，而在这两个月份中木星和土星顺行15度。木星的符号看起来像数字4。土星的符号是第一个下行程中带有水平线的“h”。木星离地球比较近，所以其周期更快并在该图中产生更多的记号。当这些周期

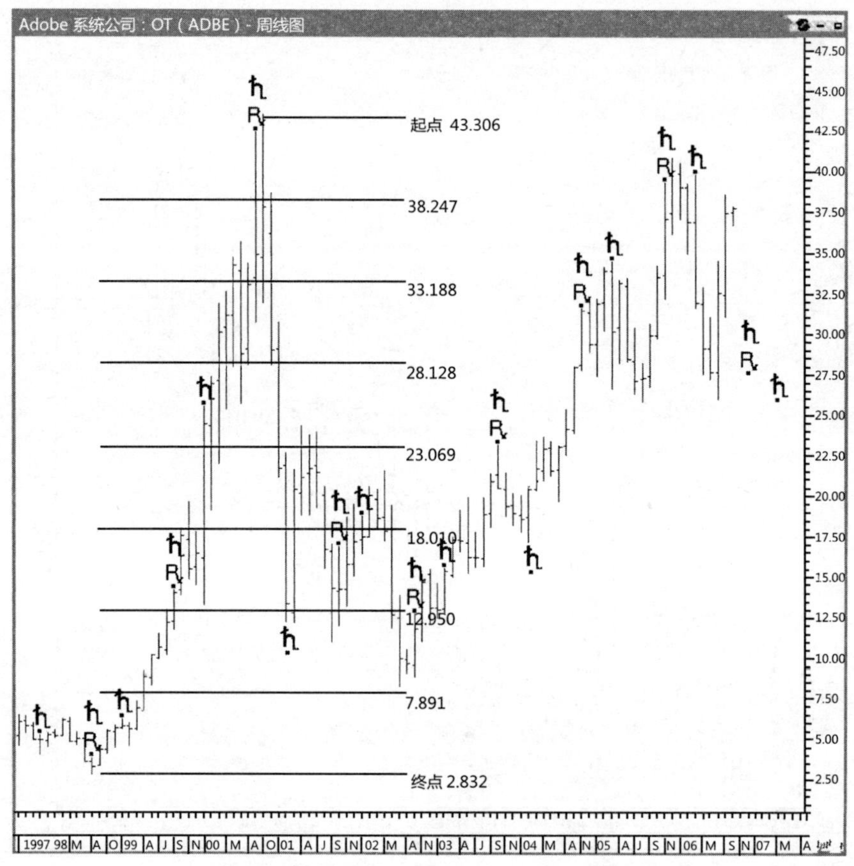

图6.10 带有土星逆行周期的Adobe系统五周图

在短时间内一起发生时具有最大的影响力，这与价格目标中的汇合理念相同。

图6.9显示了图6.8中标记的相同周期，但这个研究包括火星与金星之间的60度角距或火星与金星分开60度。该图中有两个大括号。特别窄的一个（左边的一个）标记了一个高点，其几乎使试探达到2002年的低点。

2004年的括号标记了其他技术方法和周期研究无法提供的另一个信号，这是在警告你不要进行市场交易，这就是我用这些方法的原因。一般在极好的市场趋势下存在大型交易，但你会发现有一段时间，你会损失一些钱，因为从市场的振荡中榨取不到任何东西。图6.9中，这些不同周期中许多黑点的混乱拥挤状态警告在这些黑点出现在你的日程表中之前你要旁观。如你在图中所见，2004年的大部分时间CAT都处在一种修正性振荡状态。

这就是使用天文周期的好处之一。了解何时进行交易与何时出场同样重要。一个最近的评论：当单一图中形成那些频繁的周期时段时，忽视你的动量信号。当你使用两个图来确定动量信号出现的时间时，这并不是问题，因为它们很可能是不一致的，从而不会为你提供进场信号。

图6.10中的图运用了图3.2和图3.3所讨论的概念以证明如何将一区间再分成8份来表明支撑位。然而，图6.10中已增加了一个土星逆行周期。2001年的关键反转低点接近8份中的一份。转向信号是一种铁路轨道形式，并且当土星返回笔直的轨道运动时，转向信号符合时间周期。当土星进入一个逆行周期时，市场高点出现；当从地球上看见土星返回笔直的轨道运动时，该周期完成。这也确定了价格数据波动趋势的持续时间。

周期这个话题会引起争论，却有助于你提高对市场可能受周期影响的意识，而这些周期以我们一直研究的方式影响着全部行星。

爱德华·R.杜威（Edward R.Dewey），非常著名的周期分析师，创立了周期研究基金会。他的作品至今还很受欢迎并一直被专家仔细研究。有一本已绝版很久但你应该查找的书——《周期：触发时间的神秘力量》，是在1971年由山楂图书（Hawthorn Books）公司出版，由爱德华·R.杜威创作的。这本书中的图表表明自然界具有可测量周期。他用固定间隔绘制平均高峰。因为周期间隔为我们提供周期变动存在的证据，在这个应用中固定间隔非常有用。周期显示了趋势中的波动。

他书中的一些图显示了广泛的研究以绘制有规律的发现结果。从1735年到1969年天猫座经常出现的周期是9.6年。

计时工具与甘氏分析 这是一种什么类型的分析？这就是先前给你介绍的甘氏分析中用的计时工具。如果你希望进一步研究该领域或在你的图中描绘相同的信息，有三种实施方式：

- 大多数占星学软件包允许你创建一个简单的表格来列举日月食、进场数据和本章所讨论的有趣的事情。绘制图的人就是市场分析师。

● 称为太阳火或开普勒环形山的产品可提供这些有用的列表。该软件为占星学分析而设计，但你可用它进行天文学计算。

● 你可以使用名为《21世纪：2000～2050年的美国人星历表》的一本书， 查阅表格中你需要的信息。

图6.11 显示了一份提供2006年10月份详细资料的星历表。该表格提供了占星事件的精确数据。该数据包括顺行和逆行方位的数据和时间。该表格列举了从木星到冥王星的外行星天文历的详细资料，其包括分离角度，如60度角距或60度。（该记号就是一个星号。） 所有的符号和记号都包含在该书的前页。随着日月食的出现列举行星进场时间。该页中在表示日食的记号旁边有一个“A”，其记录了2006年9月22日发生了日环食。（如果你在北美洲之外的其他市场进行交易，一定要使用瑞士人星历表。它是大多数计算和软件产品的标准，不过你需要调整你的时区。）

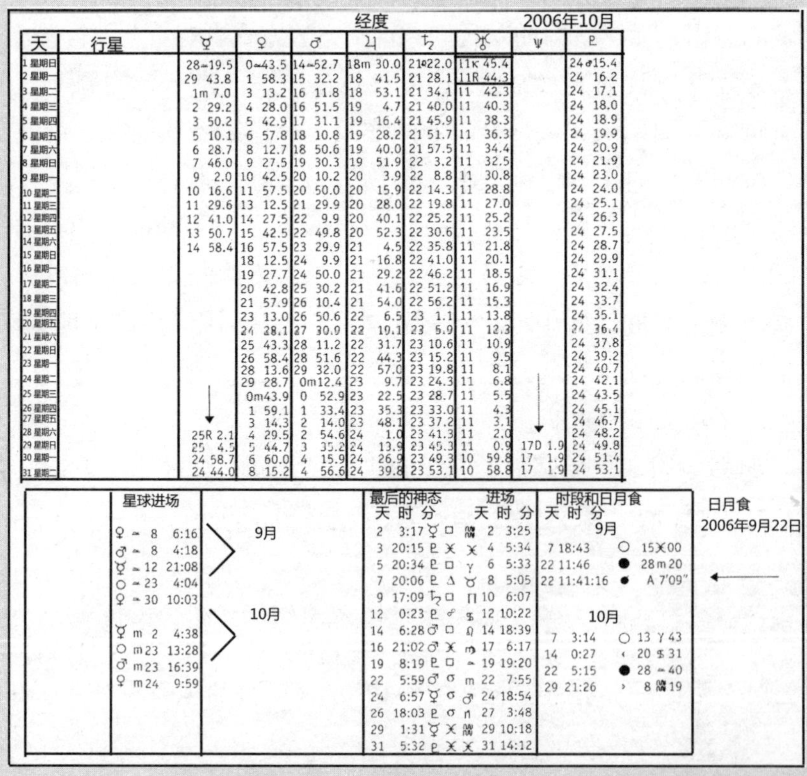

经度　2006年10月

天	行星	☿	♀	♂	♃	♄	♅	♆	♇
1 星期日		28≏19.5	0≏43.5	14≏52.7	18m 30.0	21♌22.0	11♓ 45.4		24♐15.4
2 星期一		29 43.8	1 58.3	15 32.2	18 41.5	21 28.1	11R 44.3		24 16.2
3 星期二		1m 7.0	3 13.2	16 11.8	18 53.1	21 34.1	11 42.3		24 17.1
4 星期三		2 29.2	4 28.0	16 51.5	19 4.7	21 40.0	11 40.3		24 18.0
5 星期四		3 50.2	5 42.9	17 31.1	19 16.4	21 45.9	11 38.3		24 18.9
6 星期五		5 10.1	6 57.8	18 10.8	19 28.2	21 51.7	11 36.3		24 19.9
7 星期六		6 28.7	8 12.7	18 50.6	19 40.0	21 57.5	11 34.4		24 20.9
8 星期日		7 46.0	9 27.5	19 30.3	19 51.9	22 3.2	11 32.5		24 21.9
9 星期一		9 2.0	10 42.5	20 10.2	20 3.9	22 8.8	11 30.8		24 23.0
10 星期二		10 16.6	11 57.5	20 50.0	20 15.9	22 14.3	11 28.8		24 24.0
11 星期三		11 29.6	13 12.5	21 29.9	20 28.0	22 19.8	11 27.0		24 25.1
12 星期四		12 41.0	14 27.5	22 9.9	20 40.1	22 25.2	11 25.2		24 26.3
13 星期五		13 50.7	15 42.5	22 49.8	20 52.3	22 30.6	11 23.5		24 27.5
14 星期六		14 58.4	16 57.5	23 29.9	21 4.5	22 35.8	11 21.8		24 28.7
15 星期日			18 12.5	24 9.9	21 16.8	22 41.0	11 20.1		24 29.9
16 星期一			19 27.7	24 50.0	21 29.2	22 46.2	11 18.5		24 31.1
17 星期二			20 42.8	25 30.2	21 41.6	22 51.2	11 16.9		24 32.4
18 星期三			21 57.9	26 10.4	21 54.0	22 56.2	11 15.3		24 33.7
19 星期四			23 13.0	26 50.6	22 6.5	23 1.1	11 13.8		24 35.1
20 星期五			24 28.1	27 30.9	22 19.1	23 5.9	11 12.3		24 36.4
21 星期六			25 43.3	28 11.2	22 31.7	23 10.6	11 10.9		24 37.8
22 星期日			26 58.4	28 51.6	22 44.3	23 15.2	11 9.5		24 39.2
23 星期一			28 13.6	29 32.0	22 57.0	23 19.8	11 8.1		24 40.7
24 星期二			29 28.7	0m12.4	23 9.7	23 24.3	11 6.8		24 42.1
25 星期三			0m43.9	0 52.9	23 22.5	23 28.7	11 5.5		24 43.5
26 星期四			1 59.1	1 33.4	23 35.3	23 33.0	11 4.3		24 45.1
27 星期五		↓	3 14.3	2 14.0	23 48.1	23 37.2	11 3.1	↓	24 46.7
28 星期六		25R 2.1	4 29.5	2 54.6	24 1.0	23 41.3	11 2.0		24 48.2
29 星期日		25 4.5	5 44.7	3 35.2	24 13.9	23 45.3	11 0.9	17D 1.9	24 49.8
30 星期一		24 58.7	6 60.0	4 15.9	24 26.9	23 49.3	10 59.8	17 1.9	24 51.4
31 星期二		24 44.0	8 15.2	4 56.6	24 39.8	23 53.1	10 58.8	17 1.9	24 53.1

星球进场	
♀ ≏ 8 6:16	9月
♂ ≏ 8 4:18	
☿ ≏ 12 21:08	
○ ≏ 23 4:04	
♀ ≏ 30 10:03	
☿ m 2 4:38	10月
○ m 23 13:28	
♂ m 23 16:39	
♀ m 24 9:59	

最后的神态 天 时 分			进场 天 时 分
2 3:17	☿ □	♒	2 3:25
3 20:15	♇ ⚹	♓	4 5:34
5 20:34	♇ □	♈	6 5:33
7 20:06	♇ △	♉	8 5:05
9 17:09	♄ □	♊	10 6:07
12 0:23	♇ ☍	♋	12 10:22
14 6:28	♂ □	♌	14 18:39
16 21:02	♂ ⚹	♍	17 6:17
19 8:19	♇ □	≏	19 19:20
22 5:59	♂ σ	m	22 7:55
24 6:57	☿ σ	♐	24 18:54
26 18:03	♇ σ	♑	27 3:48
29 1:31	☿ ⚹	♒	29 10:18
31 5:32	♇ ⚹	♓	31 14:12

时段和日月食 天 时 分		
9月		
7 18:43	○	15♓00
22 11:46	●	28m20
22 11:41:16	●	A 7'09"
10月		
7 3:14	○	13♈43
14 0:27	◐	20♋31
22 5:15	●	28≏40
29 21:26	◑	8♒19

图6.11 2006年10月的星历表

如1880～1956年的记录，大西洋鲑鱼的丰收周期是9.6年。杜威绘制了从公元前500年到公元1922年人类群体磁性中的重复周期图。它记录了从地理政治突变的周期到人类生产力增长的周期。杜威发现每个世纪都有9个波峰，其与占星周期有关。他在地图上标出了人类周期，如1869～1951年美国结婚率的周期是18.2年，而且，他还发现1824～1950年进入美国的移民18.2年的周期模式。

了解1885～1962年铝生产周期为6.4年可帮助我们观察工业周期并思考将来可能出现的影响因素。在美国，我听说每日的不动产价格都有下跌，但是杜威绘制了从1795～1958年不动产行为18.5年周期的图。现时暴跌按时发生。1874～1947年存在产钢过程中的6年周期。中国的发展促进产钢过程中的现时反弹，但这也是在历史周期内按时发生。触发和周期哪个先发生？其暗示我们会一直受到很大影响。

农业周期确实与太阳黑子活动及其导致的磁暴有关。磁耀斑会影响地球周围的磁场和气候情况吗？气候是影响农业周期的主要因素。杜威研究了1700～1968年年平均太阳黑子的活动，最长的活动周期将近22年。我们了解到生产高产作物与低产作物的农业周期是10.5～11年。人们会受这种地磁活动影响吗？一定会，因为1415～1930年的世界大战存在一个可绘制的22.5年周期。在美国有一个1760～1947年确定的11年的半周期。这使人类更进一步地了解可能影响行星和市场的事情。

杜威书中第122页指出股票价格存在41月频率以表明1868～1945年的这段时期。市场及交易者的历史很吸引人。尝试揭开洛克菲勒的市场时机秘密的人都崇拜他。他的秘密市场时机武器是什么？他知道股票中的40～42月周期并根据其进行交易以获得利润。

第6章 小测验

1.交易市场中形成牛市和熊市波段之间的数学比率，这与自然界中出现的生长和衰退比率相似。

a.错误

b.正确

2.定时周期太简单而不能提供一致的市场时机。

a.错误

b.正确

3.太阳耀斑造成的磁暴可解释一些历史停电事件。

a.错误

b.正确

4.约翰・D.洛克菲勒对在40～42月周期中进行交易非常感兴趣。

a.错误

b.正确

5.逆行是一种可引起市场交易者兴趣的天文学现象。

a.错误

b.正确

6.在市场反转前可确定高胜算市场转点日期。

a.错误

b.正确

7.历史表明后代忘记了过去的事情而导致市场泡沫的产生。

a.错误

b.正确

8.气候情况和农作物产量与22年太阳黑子活动周期密切相关。

a.错误

b.正确

9.应将随机指标周期设置为价格数据中确定的固定周期值的一半。

a.错误

b.正确

10.当两个或更多周期陷入汇合区或短的时间周期时，很可能使市场夸大修正。

a.错误

b.正确

第7章

进场理由

本章与大多数交易方面的书所说内容有所不同：本章主要讲述了进场信号。我会介绍哪类信号最为可靠并和大家讨论其他难以消化却众所周知的信号，然后学习并记录它们。以图文的形式记录自己的信号，以使其成为你行动的触发器和促使你建仓的理由。由于你的笔记会告诉你正确决策和可能已失去时机的原因，所以它们将会很有价值。交易会通过你的想法和你玩一些小把戏，当你决定建仓时，你的想法会让你相信任何事情，所以快速截屏并写下你入场的原因，不仅可以记录你要改变的操作，还可以强化你正确的操作。

你需要做的第一件事就是印一个写着“看到它前不要动”的小标牌，并将其贴在你的计算机屏幕的顶部。“它”指的是什么？这个短语来源于电影《王者之旅》。“它”就是市场中作为你交易工具的多种方法共同绘制出一张清晰的交易图的时刻。换句话说，你应该正确了解你正在做的操作的原因是什么。那个标牌将为你节省很多钱并教会你等待时机。

你想看到的它是什么？屏幕上开始一起出现的一系列活动将遵循一特定的逻辑树。首先你要使用第3章中提到的菲波纳奇比率测算目标价位。这样，只有这样，当你处在目标价位时，你要从你技术的指标中寻找“允许”。接下来要讨论的进场信号是允许你采取行动的信号。我将在本章的最后讨论如何进行止损以控制你的风险。

第一个买入仓位的时机信号包含在一个称为头肩形态的反转形态中。图7.1是亚马孙（AMZN）周线图，显示在阴暗方框中的即为头肩形态。当该方框所示形态的右肩或回撤形成时，分析师将非常兴奋。当该形态在图上所示箭头处形成趋势线突破时，交易者将会很感兴趣，其中趋势线称为反转形态的颈线。进行交易（在该例中，卖空AMZN）的时间就是市场试图突破颈线压力并失败时。这

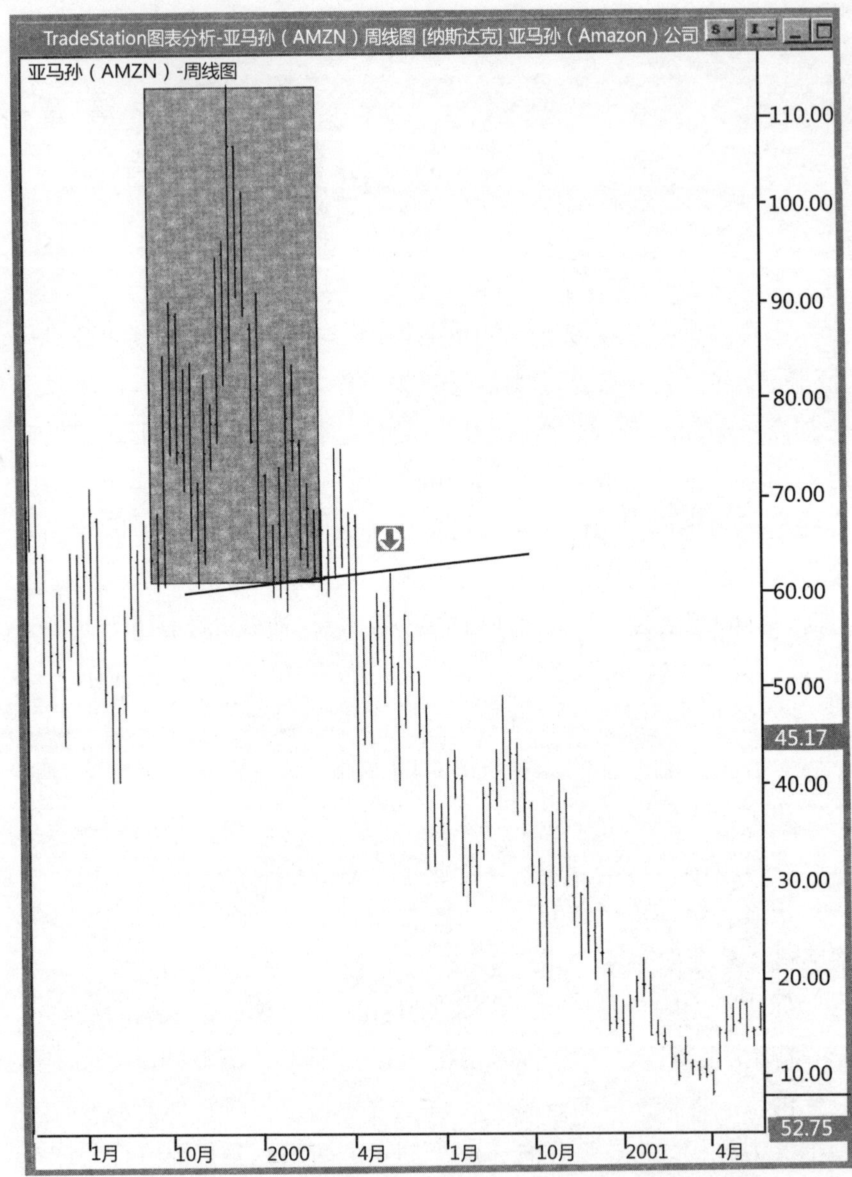

图7.1 显示头肩形态的亚马孙（AMZN）周线图

是一个直接的卖出信号。底部也形成了相同的形态，称为反转头肩形态。买入时间就是限定颈线的趋势线顶部被试探的时间。市场未跌破该趋势线，这是交易者最后的机会。

可以通过测量该灰色方框确定目标价位。知道方框中该区间的高度，然后从黑箭头开始测量相同的高度以形成相等的波动目标。

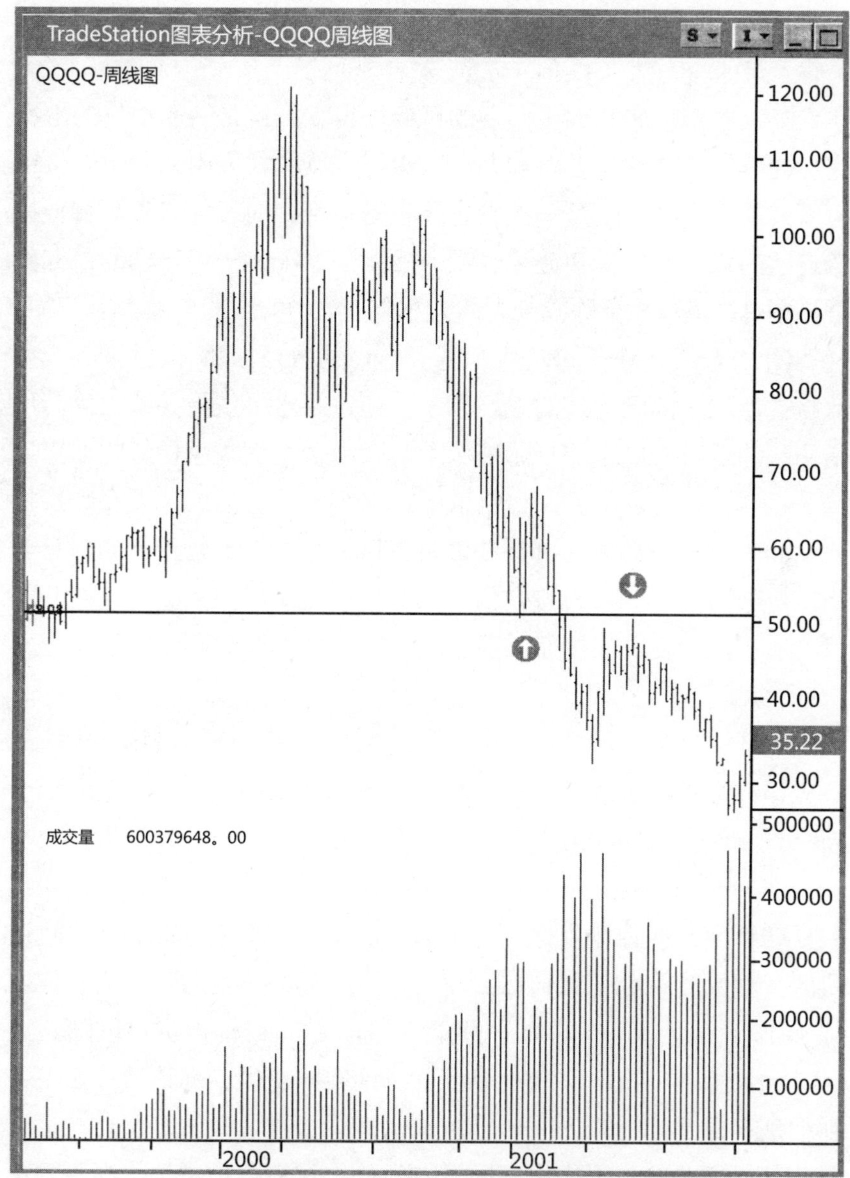

图7.2 显示阻力线的QQQQ周线图

这与用61.8%、50%或100%的菲波纳奇比率、138.2%的比率和161.8%比率预测一个新的高点以从反转点确定一个新目标的观点相同。这个例子中，讨论了一种等高测量，但你还应该计算其他比率。这个图中已实现最低目标价位。如果你达到了由黑箭头预测出的相等目标价，由于你拥有其他较低的目标价，你应该做什么呢？出场。如果你观察到一个很好的再次进场的反弹信号，很好；但这次却是一个有着其他交易信号的不同交易。

如果关键反转达到了回撤的目标价位，则这是一个很好的再次进场的机会。关键是要将利润存入银行，然后将表中的剩余仓位留给下一个人完成。这是一次没有终点的赛跑，而且你必须明智地挑选自己的点位，然后实施你最初的战略。这个例子中最初的目标价位是相对进场信号下跌幅度大约为灰色方框中的区间高度。

图7.2显示了下一个进场信号。该QQQQ周线图提供了一个如何将支撑线变成阻力线的最好例子。通过画水平线将关键的反转价格柱线的低点（向上的指示箭头）与图中最左侧收盘柱线的低点连接。这样，最左侧的实际价格低点虽然突破了这条线，而多数价格波动和所有的市场收盘价格都停留在该线上方，这是重要的信息。当市场随着关键的反转方向信号的出现试图反弹向上突破该线并失败时，资深的交易者将获悉这个交易信号，然后立即争先恐后地卖空QQQQ。

为什么交易者们会因这些信号而感到兴奋？由于市场不可能或不应该完全按关键的反转折回然后在向下指示箭头的柱线上方创出新高点，但是这些信号提供了一个低风险的进场点位，结果，交易者们在它们的支持下拥有一个出场策略。但是假设市场正好按关键的反转折回并使你抛出你的仓位，然后反转并下跌，形成铁路轨道式的关键反转，你该做什么？立即卖空。你的风险有限，而且你的损失不会多于你资产的3%。机会形成时你的目标价位可以随意波动。如果上述情况再次发生而且不得不回补仓位，你该做什么呢？那就是不要进行任何交易。

如果铁路轨道形态出现后没有任何信号指示你进场，则不要再次进场。你必须使用你的第三种交易策略。为什么是第三种？因为你可以买入、卖空或旁观。旁观然后等待，密切观察下一个信号，然后准备预测目标价位。

有一种提高你的胜算率的方式。图7.3通过两个日内图说明这项技术，该图显示了日元/美元的外汇（FOREX）市场。只要与计划有关，数据的作用在任何市场都是一样。你可以以4:1的时间比对比

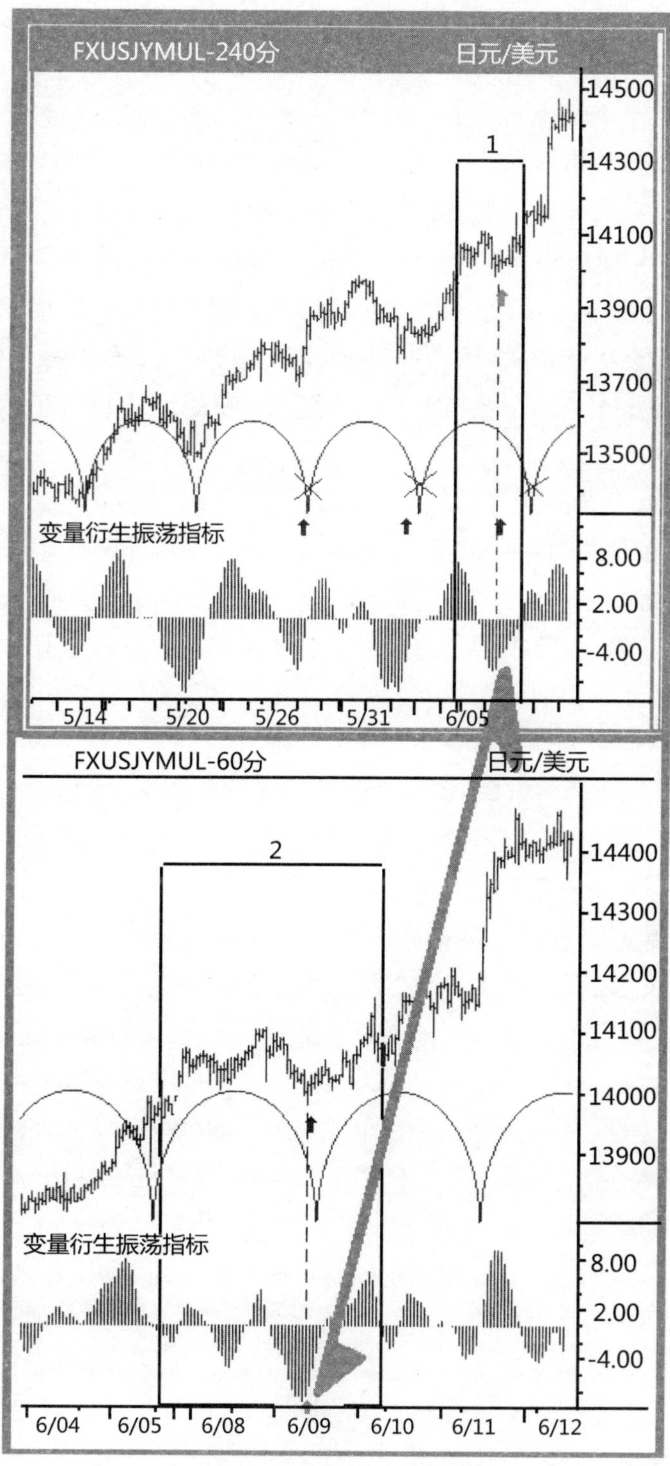

图7.3 日元/美元的当天线图

两个图。这个图显示了240分钟和60分钟时间间隔的当天数据。（如果你的制图软件不允许你绘制240分钟图，买个新软件。你需要专门的工具来做出正确的决策。如果你的软件不符合条件，就买一些好用的软件。）

由于4：1的大致比率符合月–周线图和周–日线图，所以它比较准确。差别足以帮助你过滤你的决策树的不良信号。

图7.3中，两图中的价格数据下方均为振荡指标。你可以在我的《专业交易人士技术分析》一书中找到相应公式，任一振荡指标都是有用的。在这两个图当中，振荡指标反映的是其上方两个移动平均线间的价差，其波动比较平缓。

在240分钟图的方框1中标明了时间对比，而在60分钟图的方框2中标出了相同的时间间隔。当这两个图中的振荡指标在动量低点后向上波动时，这两个图中仅有一个周期。两个图中都正确规定了固定周期，而240分钟图周期超出了对比临界点的界限。振荡指标相互确认并暗示你需要立即买入。如果你在支撑点或目标价位处，两时期的确认信号为你进行交易提供了支持。由于缺乏耐心或因为你未使用两个图，这些方框中的其他所有的东西都会使你赔钱。

图7.4显示了美元指数期货价格走势。（我没有违背让你不要参与期货交易的劝告。这些图是我通过自己的进场信号进行的屏幕捕捉。你会发现我的网站www.aeroinvest.com中的图库。）

周线图在这个图的左侧，而日线图在右侧，二者使用了同一个振荡指标，同时在指标下添加了成交量。美元指数周线图上还显示了菲波纳奇比例，用来确定反弹支撑位。日线图还具有阻力位，计算阻力位是为了确定顶点。标记“卖出”的高点是目标区，但这些线使图太复杂而无法出版。问题是：既然市场已达到目标价，允许我卖出了吗?

在这两个图中，你会看到振荡指标已从最高点回落。在日线图中，方框内价格下的成交量在下降。由于你正在收集绘制同一图片的材料，这就是所有需注意的好素材。振荡指标相互确认，市场处在阻力区，而成交量在下降。这表明买入订单越来越少。当然还有其他根据，如“卖出”标签内的修正性反弹是一个特定的艾略特波

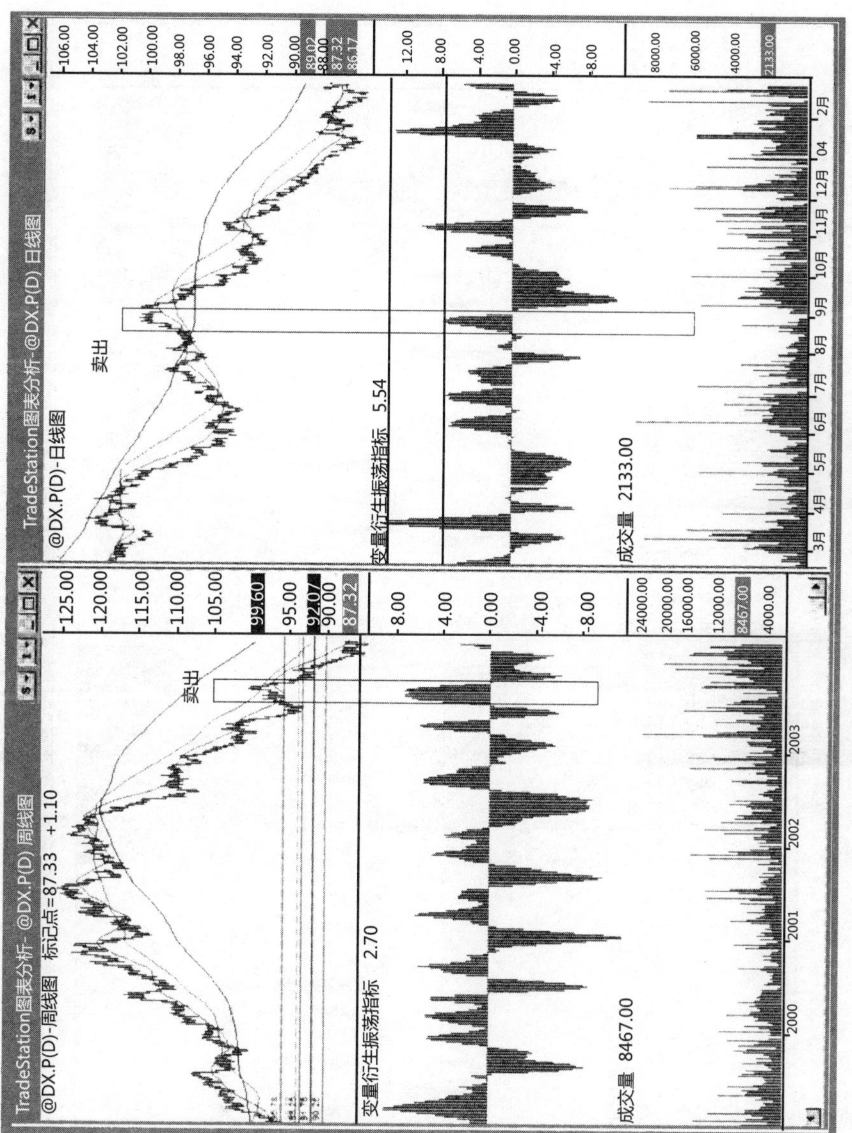

图7.4 每周和每日的美元指数

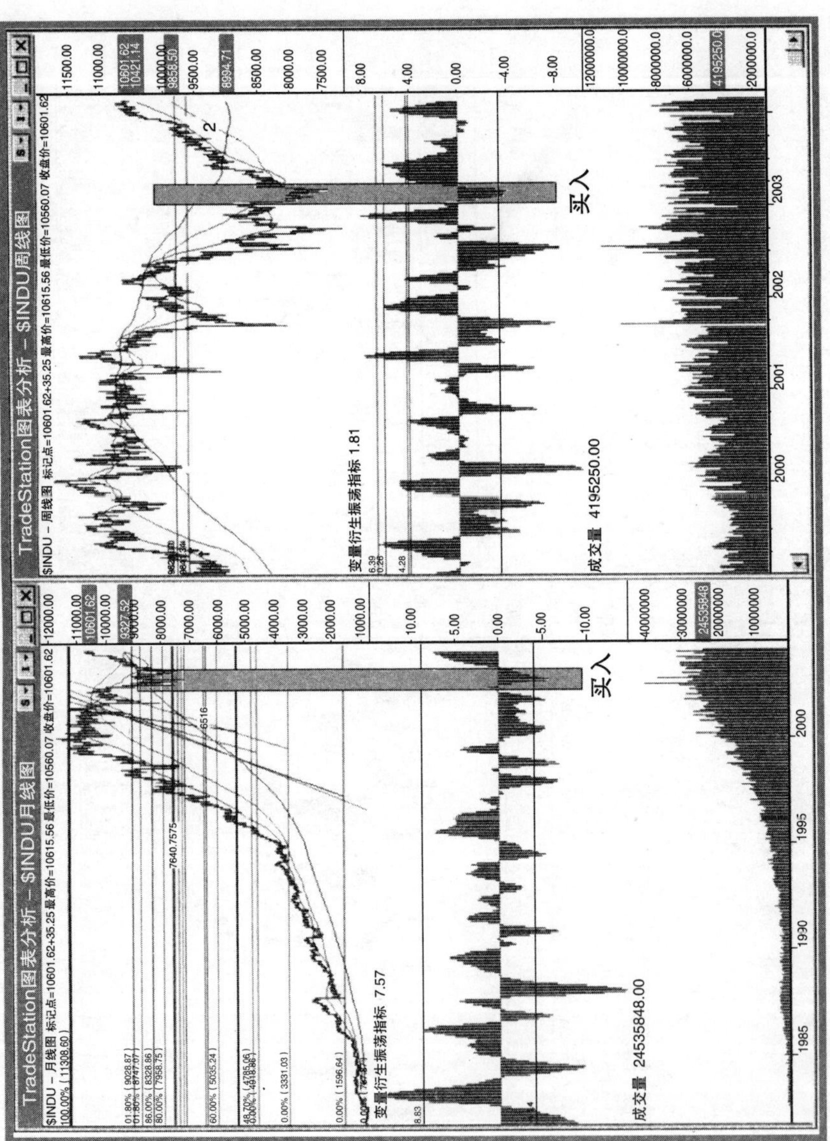

图7.5 每月和每周道琼斯工业平均指数

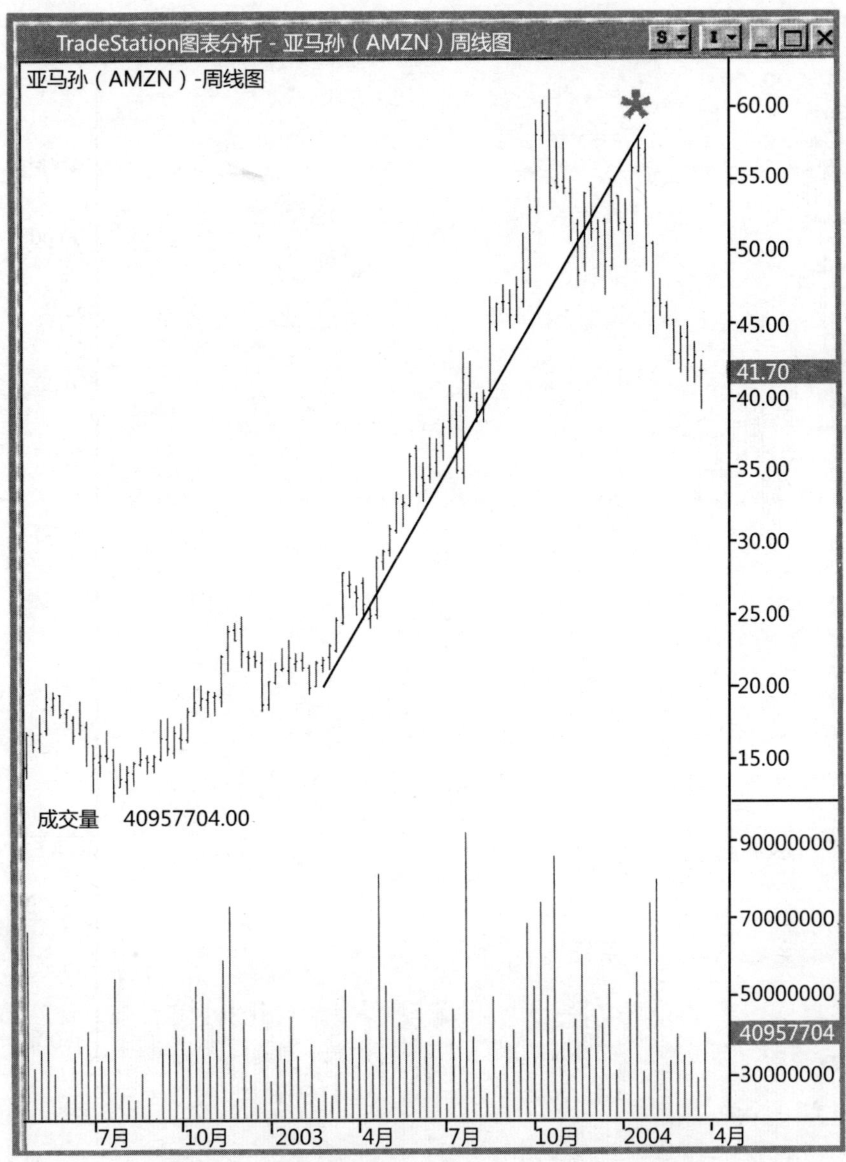

图7.6 显示趋势线的亚马孙公司（Amazon）周线图

形态。如果其他可疑信号的话，你可以在该市场中卖出。由于这个图表说明了如何增加或减少你的重要评价，所以该图很重要，使用太多大同小异的指标反而更容易让你混乱。注意在这个图中我只有一个动量指标。有时候我通过第二个动量指标来警告自己我的指标钝化或错过了最好的时机，而再也没有比这更好的了。

这个方法对于那些具有长期打算的投资者有效吗？图7.5左侧

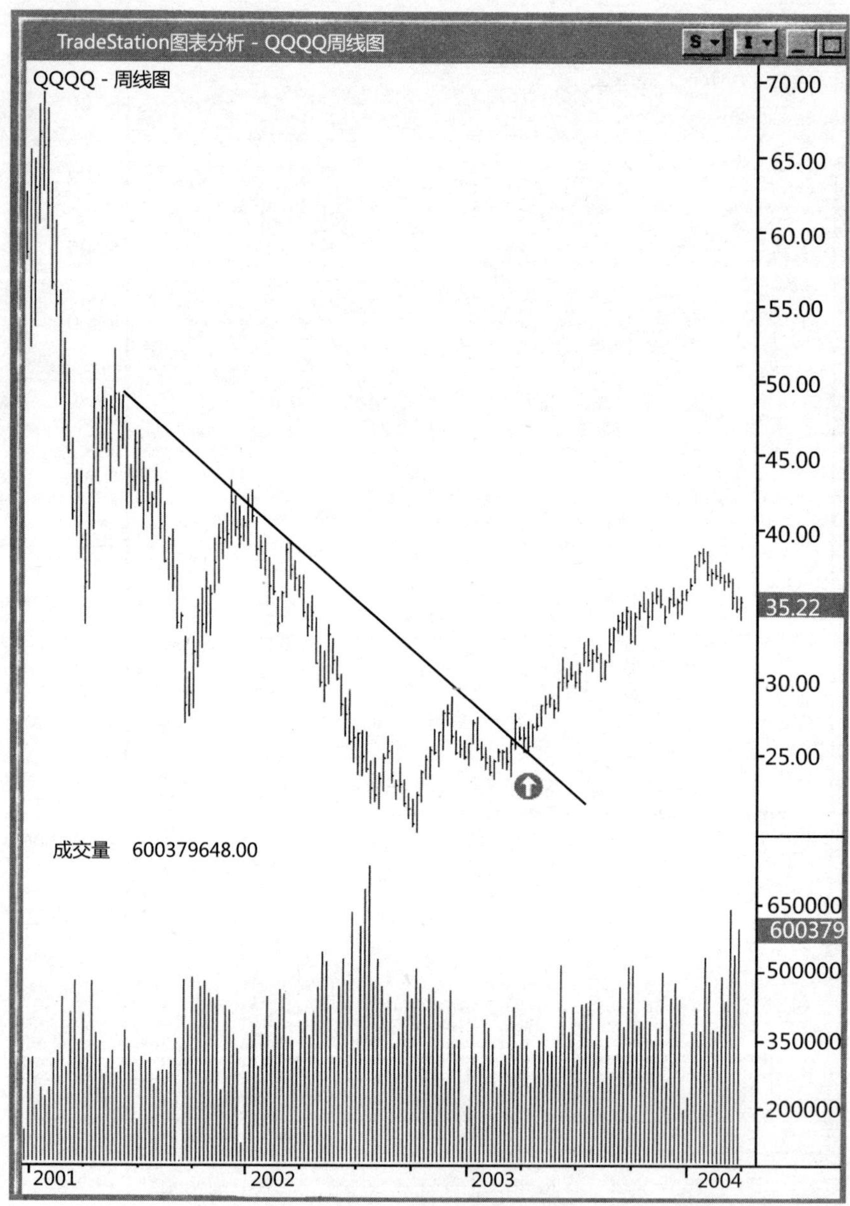

图7.7 QQQQ周线图

显示的是道琼斯工业平均指数（DJIA）月线图，而右侧显示是周线图。由目标价位紧密地聚集在一起而形成的支撑区已在月线图中用灰色标出。当DJIA达到该支撑区时，振荡指标允许你买入。

在周线图中很容易看到另一个买入信号。价格形态如果呈双V形称为W底形态。第二个V底在周线图的灰色方框内而且比第一个

图7.8 迪斯尼（DIS）周线图

高。随机振荡指标的创始人乔治·莱恩过去常常从后面出示一张某人骑自行车的图片以使人们记住这一图形结构。而灰色方框的下面是你的价格数据成交量。这时，第二个V底的成交量比在初期价格低点的成交量少。注意周线图中实际价格低点后的钉形。价格低点降至灰色方框的左侧。现在向左边波动一个钉形。成交量显示出抛售

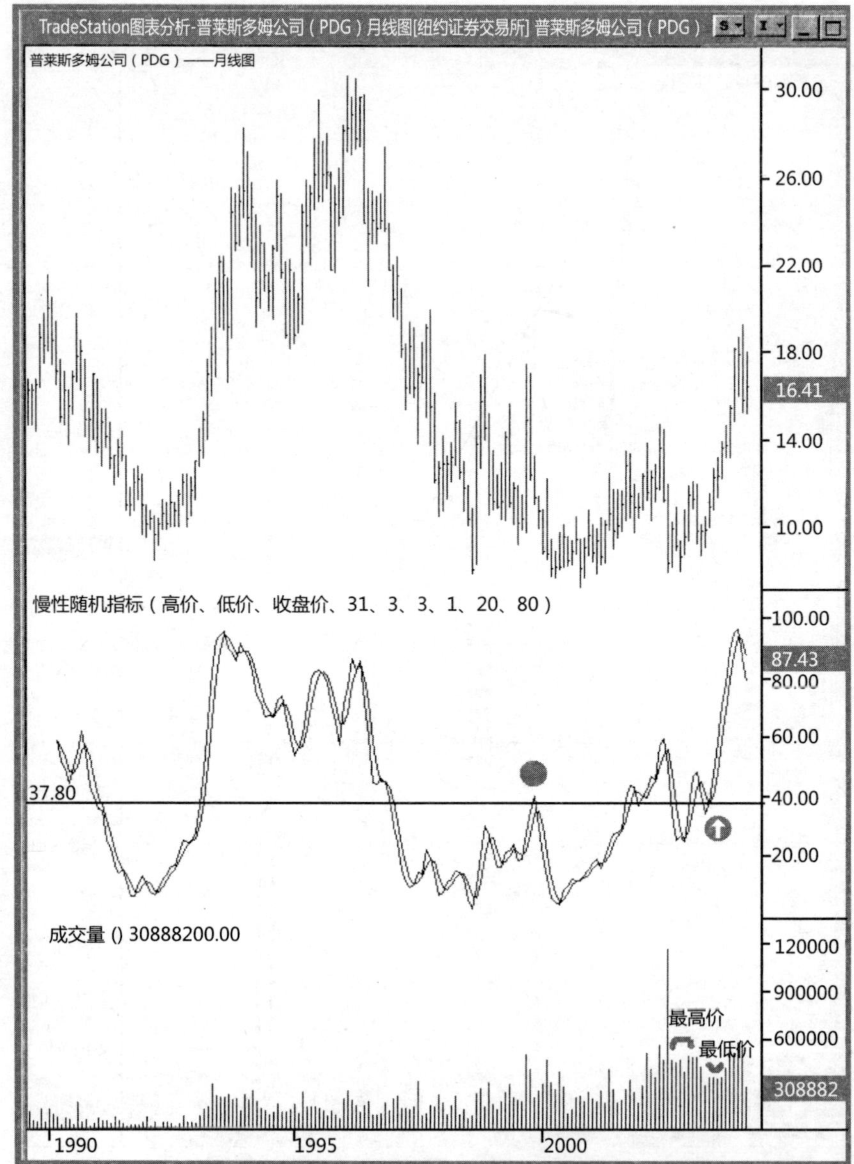

图7.9A 普莱斯多姆公司（PDG）的周期分析

高潮。灰色方框内的下降点是在试探显示抛售高潮的钉形低点。成交量比同一低点处暗示抛售高潮的两个钉形成交量要少得多。

图7.6表明了一个非常简单而很可靠的进场信号，其是亚马孙（AMZN）的周线图。理解这个图的关键就是知道在哪绘制趋势线，注意不连接价格低点。这个趋势线连接多个柱线低点，其起始于第二个回撤点而不是实际价格底部，然后经过一个连接多个柱线

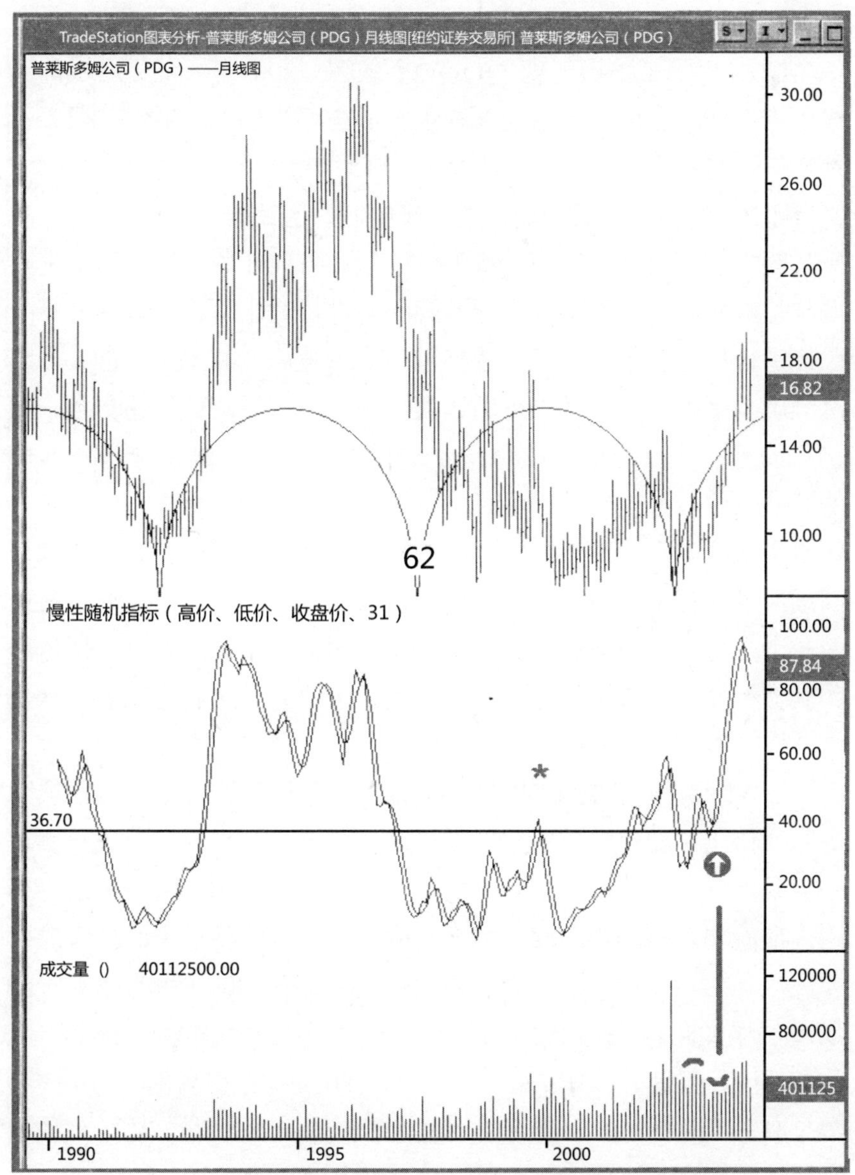

图7.9B 普莱斯多姆公司（PDG）的随机指标的内部计划

起点或最强柱线向上波动的起点。这是经常需要了解的关键转折点。该图表表明AMZN试图回到高点，但正好在该趋势线处失败了。（大多数时间，你需要使用自己的聪明才智才能画出关键性的趋势线。）一种新趋势下前期修正的第二起始点是非常重要的，这是甘氏理论的要点之一。如果你具有关于艾略特波浪理论的知识，你可以抓住第二修正波的终点。

图7.7显示了纳斯达克 QQQQ周线图。2003年，市场的底部形成了类似修正。成交量中向上的小钉形在那个信号后出现。很多人都知道价格向上跳动然后在成交量增加的时候买入。该趋势线的成交量比2002年在价格低点时的成交量要低。这是确认信号。

图7.8显示了迪斯尼（DIS）周线图。当我开始将最近的一次回调与那些从最近的价格低点开始的回调进行对比时，一些读者可能已经进行思想斗争了。这个图将进一步突破他们的想法。在该图中已画出水平细线。通过一突出该点的灰色小箭头测试该趋势线，用稍短的垂直线下方的成交量来引导你的注意，这次试探是不准确的。箭头下较长柱线的黑色箭头引导你至较低的成交量，仔细研究该水平线。向左跟踪至2001年的低点，其在成交量中还有一个抛售高潮形成的钉形。现在看一下单一价格柱线，它是这个最低点右边的一个，这个线出现在2001年关键反转的第二个回撤处。在黑色箭头处进行的测试确实处在同一水平上。主要活动之后的回撤经常是支撑位或阻力位的重要价位。

图7.9A是普莱斯多姆公司（PDG）黄金股票的月线图。该图中，我使用了随机振荡指标以便可以解释该指标的正确组成。确定一个固定周期，然后将其划分成两半。结果将是用于随机振荡指标的周期间隔。该图中的固定周期是62，也就是价格低点间柱线的价差或数字。然而，该图中没有周期标记，那该如何了解行情呢？仔细看“慢性随机指标”后的描述，该“慢性随机指标”包括“高价、低价、收盘价、31、3、3、1、20、80”。这个列表中的第一个数是31，因此在31的可变周期处建立了称为%D的变量。由于你使用了挑选的固定周期的一半，你知道该市场中的周期是62。在图7.9B中可看到产生的周期。

由于随机振荡指标能够非常容易地来回波动，所以为指标设置周期非常重要，因此振荡指标不得不跟随其适用的市场节奏。图7.9B中已画了一条线来引起你的注意。其表明随机振荡指标在图7.9A 的实心黑点处产生了阻力位。用带箭头的黑点试探同一条线。这种情况下，可以说阻力位正在变成支撑位。这时，成交量随着随

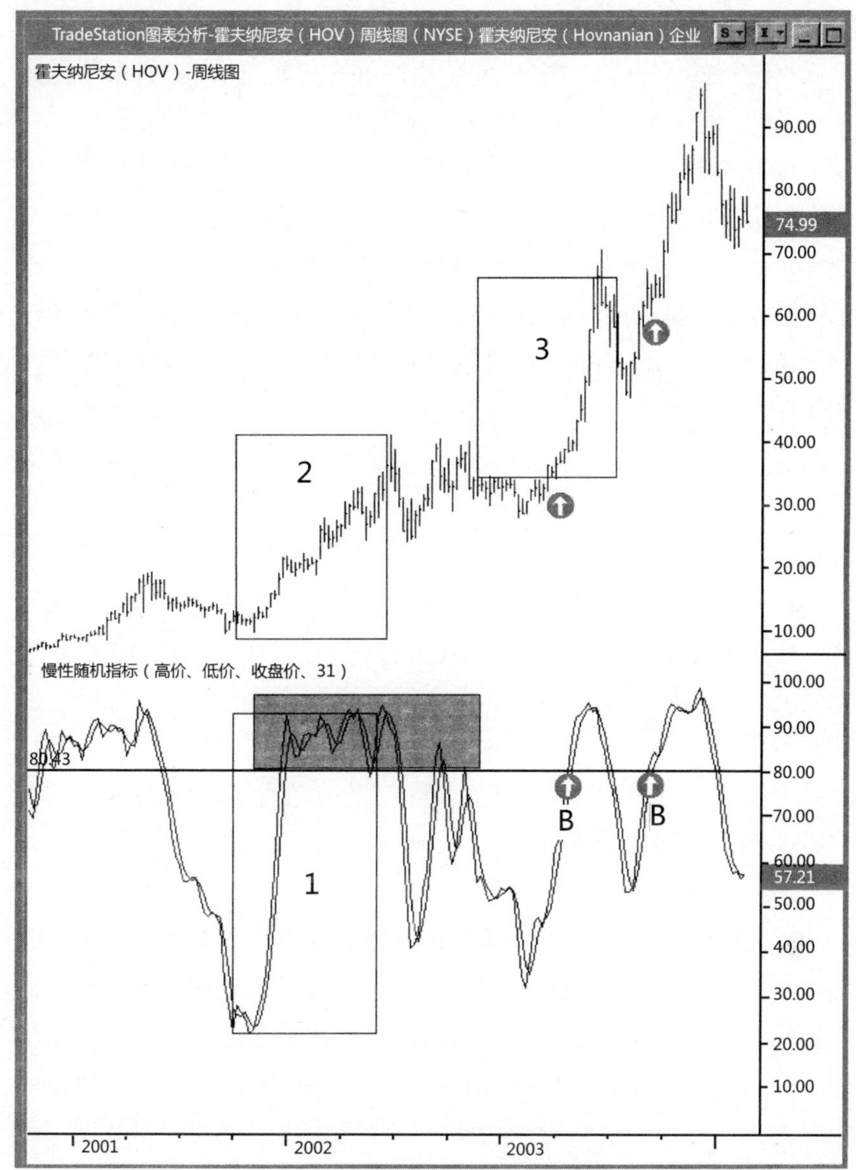

图7.10 霍夫纳尼安（HOV）的周线图

机振荡指标的波动而波动。记住，它是你试图确定的相对成交量。因此，我标记了与低成交量相对的高成交量。较低的成交量提供了以上试探允许你买入这个黄金股票的证据。

为阐明将随机振荡指标用作一种价格目标工具和进场信号，看一下图7.10，其显示了每周的房地产股霍夫纳尼安（HOV）。随机振荡指标之上的灰色区域是摆动形态，当这个指标用于强烈的趋势时就会产生该形态。摆动下的区域是方框1，其规定了指标从其动量最低点运行的区间。方框2内的价格区间在方框1内的随机振荡指标被跟踪期间已被标记了展开的那部分。

在此引用乔治·莱恩的操作指南："摆动信号出现后随机振荡指标突破80时不要在市场中卖出，而当指标再次突破80价位时买入。"将仓位2处的同一个方框移动一下以创建方框3。我们正在这里讨论的是方框的高度而不是表示时间的宽度，第一个黑色箭头B标出了再次进场的价位，另一个信号则出现在第二个箭头处。然而，如果你在第一个买入信号出现时买入，注意目标价位已经实现了。我没有在第二个买入信号处画一个新方框4。如果你观察第二个信号，你会看到当价格目标从第二个黑色箭头的进场价位上涨时也实现了目标价位。然而，在出现该形态后你应该仅仅在第一个信号出现时使用该方法。绘制的方框显示了正在使用几何学的内部比例。如果你测量方框2的起点到方框3中点的距离，然后从方框3中点画该相同的区间，你将发现市场高点达到了这次测量的目标。几何比例非常重要，而且由于长期价格目标已实现，该股票HOV在不久的将来就可能出现严重的困境。在较短时期图中随机指标形成其他所有信号，例如直到振荡指标可超越2001年形成的历史振荡指标极值，每日才可能出现背离并形成卖出信号。

图7.11表明在随机振荡指标跌破20价位的情况下该何时卖空股票。卖空信号以一种不同于上个例子的方式产生。在该图中随机振荡指标并未显示摆动形态。然而，该随机振荡指标逐渐地升至随机窗口处的20价位，而黑色箭头和表示"卖空"的大S位于该随机窗口中。为什么应该在这个时候卖出呢？因为该信号证实价格数据中正发生什么。通过穿越该页的双边界研究该水平线。我在这条线下画了小箭头以表明如何选择该区域。

向下指示的第一个黑色箭头（在最右侧）标记了该区域内的关键反转，同时用前期支撑区域作为阻力位。该特殊的随机振荡指标信号加深了对这种形式的理解。这需要一些经验来选出该随机振荡指标。除了指标明确地向下突破20而不是超越它，随机振荡指标中的第二个S与第一个相似。根据两个小的向上指示箭头，已设置价格

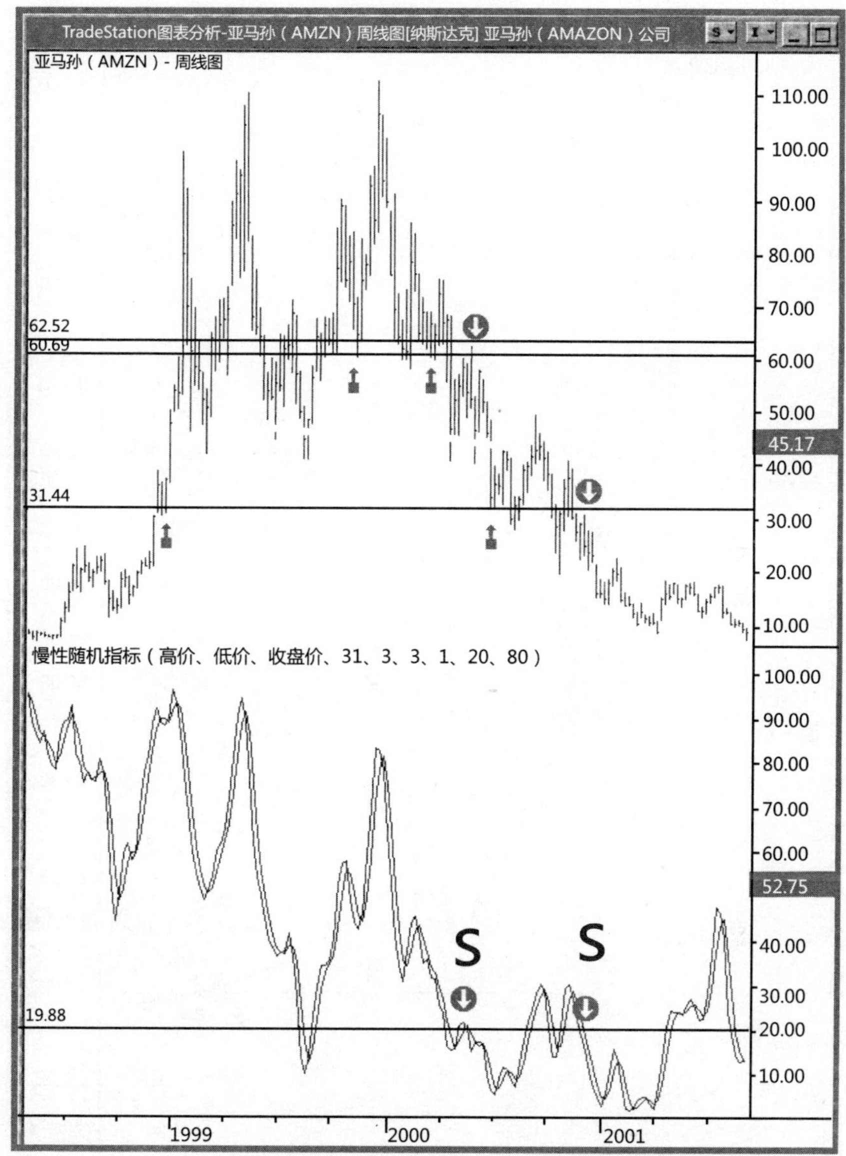

图7.11 显示何时卖空的亚马孙（AMZN）周线图

31.44（标签在水平线的最左侧）的水平线。技术分析确实是一种微妙艺术，其要求注意这个图中的稍小区域。

图7.12为纳斯达克 QQQQ周线图，其说明了几何进场信号的设置。市场产生了似乎无关紧要的回调。然而，该图中的线表明该回调是非常重要的。三条几何线汇集在一点。你已经理解该水平线和趋势线。该图中弧线或椭圆线是新产生的。从高点看，已绘制一个

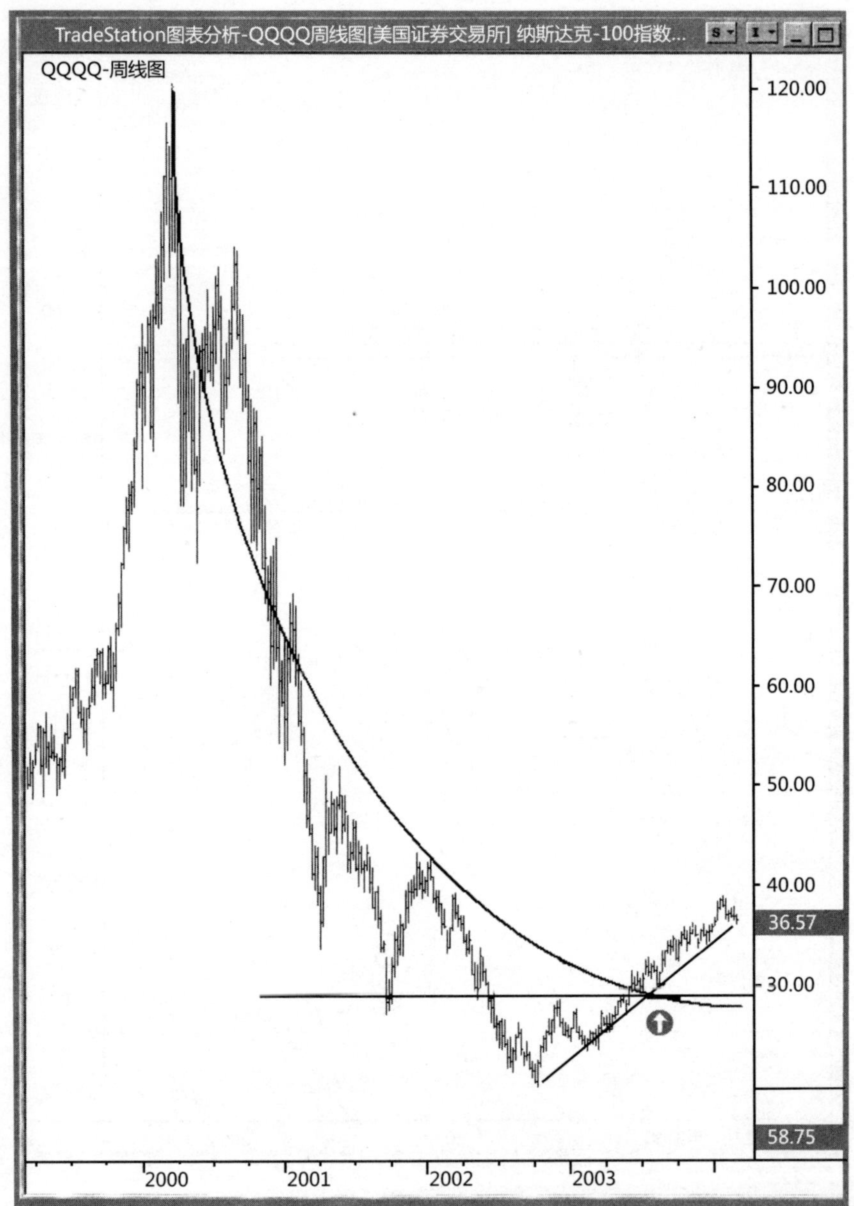

图7.12 显示几何进场信号的QQQQ周线图

椭圆线以连接价格低点和价格回撤高点。但2001年的高点未能包括进去。绘制的这条带有坡度或速率的几何线可作为市场的阻力线。当市场能突破这个弧线时，下降趋势的特性就已改变。这个方法不能用于预测目标价位。

图7.13显示了由随机振荡指标产生的另一种进场信号，而图7.13

图7.13 霍夫纳尼安企业（HOV）的日线图

是房地产板块股票霍夫纳尼安企业（HOV）的日线图。该指标上的摆动形态以灰色区域标出。在激烈的市场中，如2003年的反弹，随机振荡指标摆动将通过任何逆趋势价格动态结束。市场可在紧密的价格区间修正振荡的波动并利用时间以缓解过盛的超买压力或过盛的超卖压力。该图中有两个例子，而且两个例子中都有一个随机振

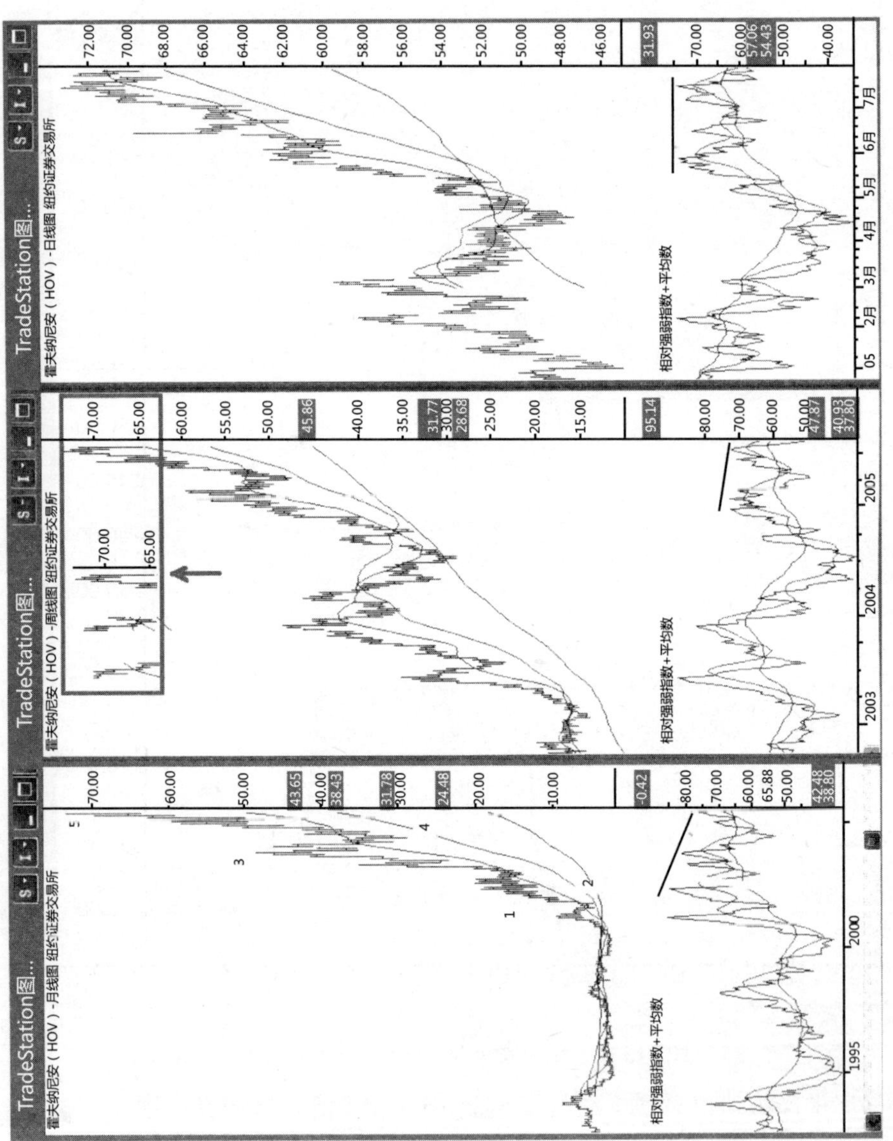

图7.14 霍夫纳尼安（HOV）产生的多种卖出信号

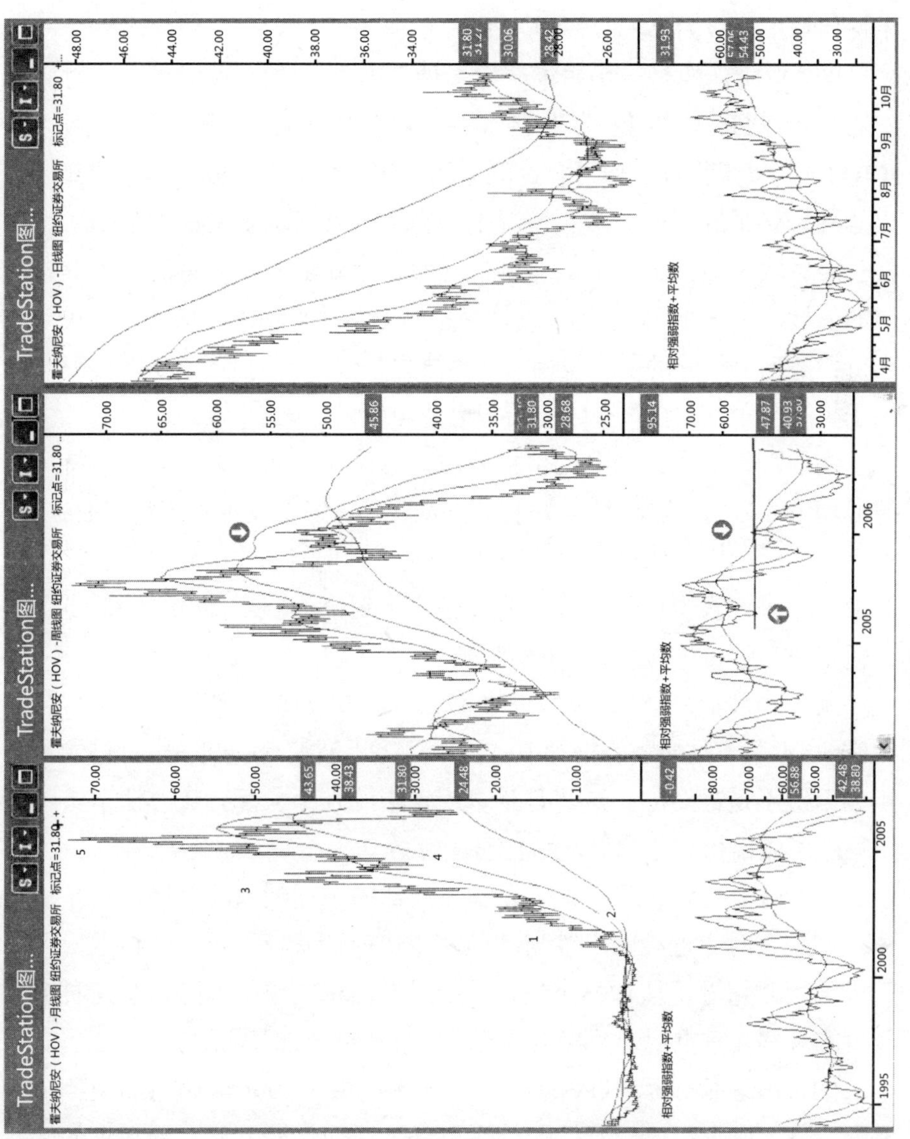

图7.15 2006年10月霍夫纳尼安（HOV）企业的股市走势图

荡指标达到图边框的底部。当指标中产生小的W形态时，形成第一个信号。信号看起来与价格中形成的形态相似，这是动量指标中的W底。反弹重新开始，确认后再次探底。然而这时指标形成顶背离信号。当修正达到你事先确定的目标价位时你便可以进场。单独的指标信号不能成为买入股票的理由。

图7.14所示的是于2005年产生多种卖出信号的HOV股票。从左到右显示了HOV的月、周和日线图。这时使用称为相对强弱指数（RSI）的动量指标。你可将这三个图看作一个一字棋板。三个图都显示并确认了底背离。这种情况下，当三个时间水平线都表示同一信息时，卖出股票。当形成这种信号时，也就形成了罕见而令人信服的信号。标记在RSI指标上的是两条简单移动平均线，其计算方式与价格数据上的移动平均线相同，用法也类似，但为考察RSI指标提供了另一个角度，在本章的后面将更全面地讨论该指标。

月线图显示了从1到5的价格波浪，这是在引入一种称为艾略特波浪理论的方法。当市场向五浪形态发展时，经常发生回调到波浪4的下跌。标记1、3和5的波浪称为推动浪。标记2和4的中间浪是调整波浪。如果你看得仔细，推动浪可进一步划分为5浪。标记2的低点到标记3的高点间的波浪可清晰地划出五个子浪。

此外，波浪4下跌的最低点决不可超过波浪1的顶部。另一个规则波浪3永远不是最短的推动浪。波段可等于波浪1或波浪5中行进的距离但绝不是最短的。这些是基本因素中的几个，而且该方法事实上反映了该市场买方和卖方的心理。

图7.14中的周线图显示了复制在顶部的小插图内的最后价格柱线。这是在对比近期的下跌与其他两个快速调整。这是一个信号，近来的下跌超过了从1995年低点反弹以来最低的单一下降点。这种类型的观察非常重要，而其次重要的是具有更多细节的图。

图7.15继续显示HOV的行情。该图提供了2006年10月的数据并显示图7.14中由信号所得的价格下跌迅速而频繁。显示周数据的中间图有突出反弹的黑箭头。这是一个以两种方式在市场中卖出的信号。相对强弱指数（RSI）仅折回标有向上指示箭头的动量低点下面。这时支撑位已变成指标中的阻力位。同时，因为价格数据在

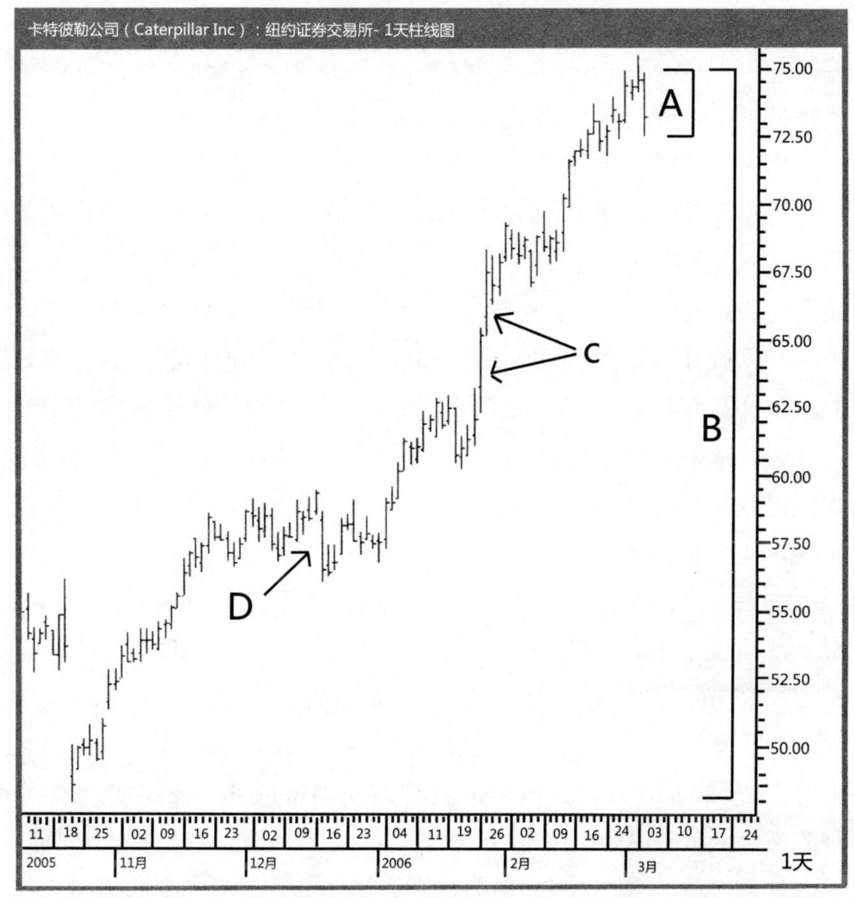

图7.16 卡特彼勒公司（CAT）的日线图

价格动态之上标记箭头的点位处未达到移动平均线，所以证实了该信号。通过预测我们初期讨论的转向信号，价格数据形成另一个信号：指示价格高点的箭头之下的关键反转。

当你在观看三个时间水平线并研究该图中RSI指标所处区域时，你会发现月线图RSI指标显示超卖，周线图返回了同一图中产生第二个大价格间断的高风险的趋势线，而日数据形成底背离。在市场下跌不完全时你所看到的都是正常现象。一次适当的反弹已产生，但其不可能是下跌过程的底部。另一个低点和周线图也可显示该顶背离会在月线图中得到进一步证明。通过同类板块组或通过如DJIA、德国DAX、日本Nikkei等指标，在你评估的每个市场中一起观察三个图一段时间。

图7.16是卡特彼勒公司（CAT）日线图。这次反弹的交易区间需要进一步讨论。标记B的区间为所考虑的反弹区间。标记C的两条柱线是整个反弹过程中最激烈的两天。由于这些剧烈的波动经常地反弹到中部区域，所以要寻找这些波动。这种情况下，你要辨别最强势的柱线以获取从标记D的柱线到C的中点的区间，然后你应该预测从C处开始的同等波动所能达到的目标价位。这种情况下，65美元大约加10美元产生了目标价75美元。应更进一步地研究标记C的两条柱线以确知每条线确切的高价和低价。你应知道单独一天内的最大涨幅和跌幅。通过扫一眼数据你可知道标记D的柱线是波动中最大的当日跌幅。你需了解这个以便可察觉趋势反转信号。当日内下跌超过波段内的最大单日下跌幅度或上涨幅度，你将知道可能已经发生一些重要的事。

图7.14中，与左边的图相比，插图显示出这个周线图中最后一次下跌超过了下跌最快的两个星期，这是非常重要的信号。当你看到图7.15中的连续下跌时，事实确实已改变。

当市场跌破前期调整阶段价格的低点而收盘未能收在该低点之上时，提供另一个信号。例如，将图7.16中的卡特彼勒作为一个直观的参考对象，如果价格跌破71美元而没能以高于72美元的价格收盘，这就被看作是一个市场可能出现更大向下调整幅度的信号。在研究图7.15时你将知道这是一次相当早的警告。当然，长期下跌形成后反转是真的，而且市场在警告你其准备反转。

图7.17，即股票BSX的周线图，显示了非常简单的信号。2003年价格试探历史高点三次。场内交易者认为如果价格三次测试阻力区（或支撑区），可能意味着突破即将形成。在该周线图中，1999年的历史高点在第三次被挑战成功，市场创新高，这就叫市场突破，如果突破是有效的，其不会向下跌破历史前高点，而该高点也成了阻力位。即有可能下破历史前高但收盘不会收在该价位之下。

一群称为海龟交易者的交易员们试图寻找这种特定形态。但是仅当市场呈现趋势性发展时该策略是比较有效的，当市场处于震荡整理时期，采用该策略会使海龟交易者们会受到严重的双重损失然后变成海龟羹。在没有采取行动的其他理由的情况下不要单独利用

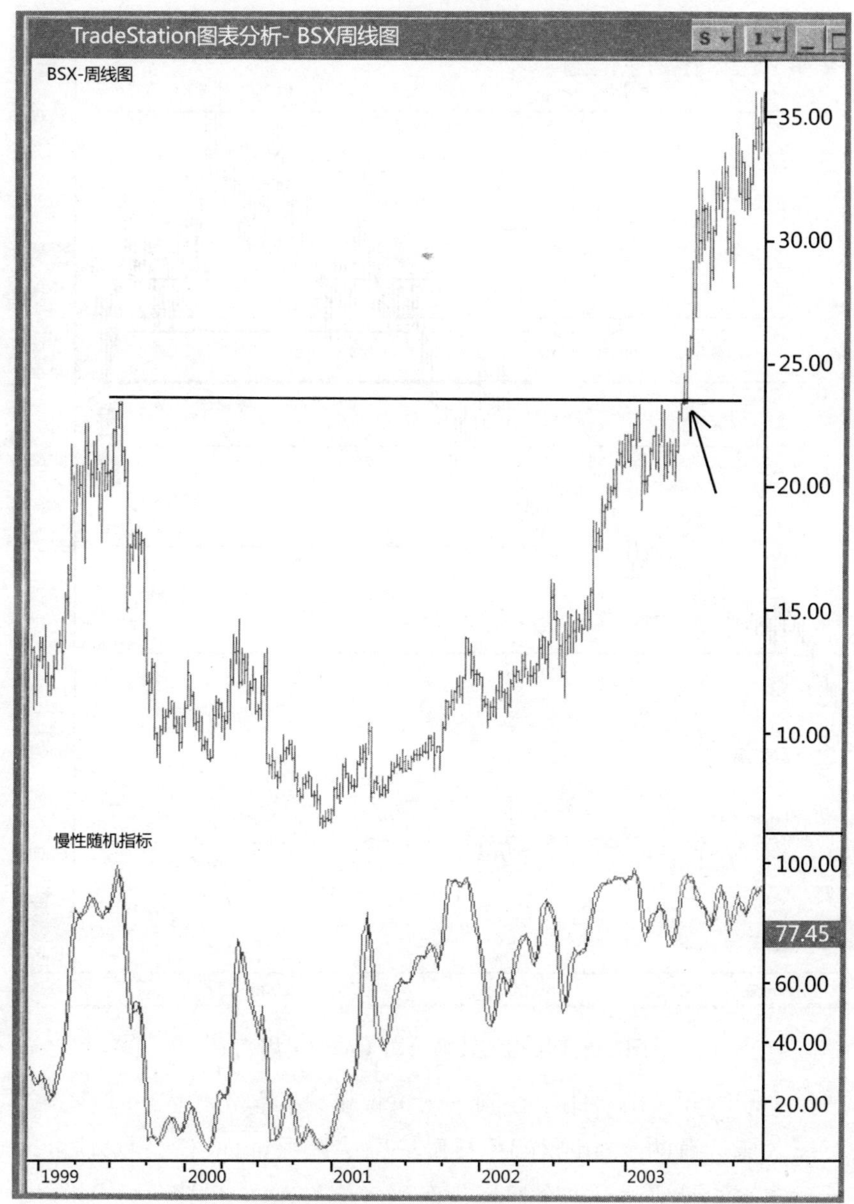

图7.17 BSX的周线图

任何信号。

图7.18中显示了美国电力转换公司（APC）能源股票周线图，这是一个用于复习几个概念的好图。40美元处的价格低点标记有一个大B和一个向上指示的箭头。这是菲波纳奇区域内的买入信号，而该菲波纳奇区域包含源于两个不同区间的两个菲波纳奇比率。由于

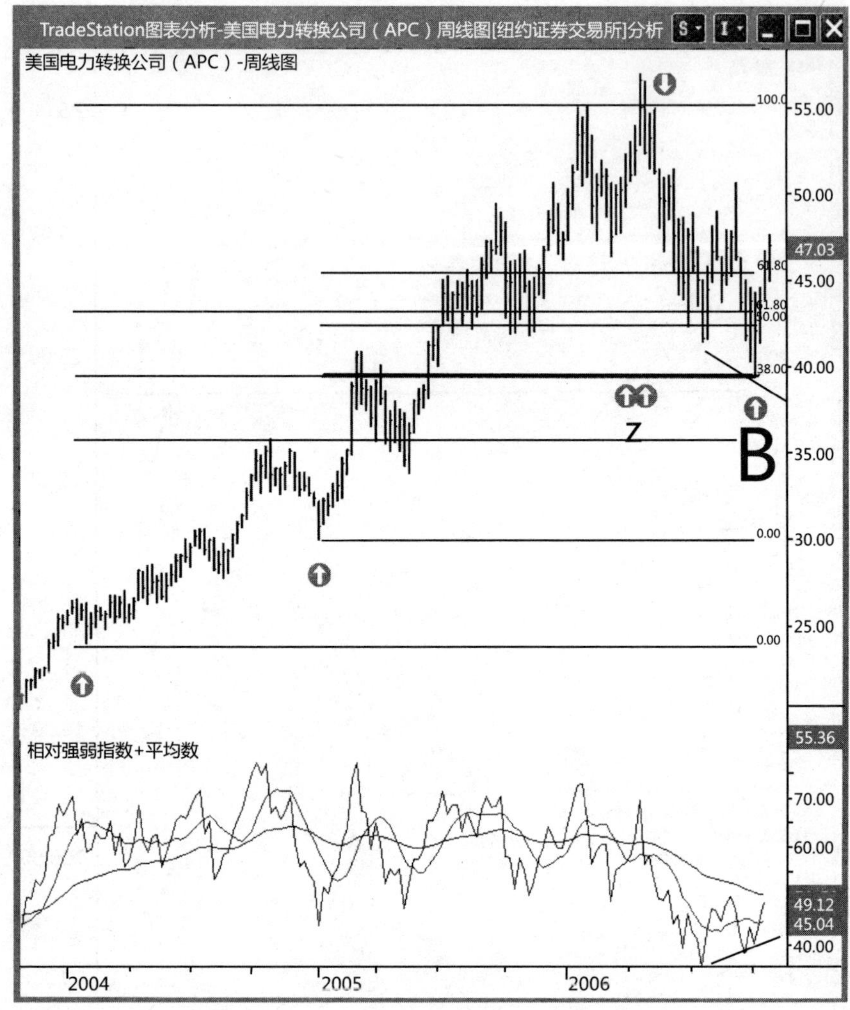

图7.18 美国电力转换公司（APC）周线图

两个不同的菲波纳奇比率在同一个价位重合，该价位是一个主要的支撑区域。有两个标记Z的相接触的箭头以保证你可看到形成的区域。该APC股票跌至这个目标，而买入信号在该区域形成。由于与标记新低点的价格相比顶背离出现了，所有该RSI可以指示你买入。这种反弹将发展到何种程度？通过观看这个图你不能回答这个问题，但是仔细看一下RSI上的简单移动平均线。由于RSI的快速或短期的平均线位于慢速或长期的平均线之下，所以认为价差是负数。当价差为负数时，说明反弹可能只是逆趋势的上升。至少回调至42的另一个下跌将试探标记B的低点后的低点。

图7.19 显示如何推进移动止损点的卡特彼勒（CAT）周线图

为增加你的信心和在长期图中的市场意识，你还需要分析石油市场，然后仅依靠石油股票证明你的分析。你想知道石油下跌是否完全，你还想知道股票反转是引领石油市场还是滞后石油市场。你会发现股票经常引领商品。这是许多需要学习的知识，但你正通过正确对比了解价格预测的基本因素。

还需要知道哪些信息？你要知道你对美国电力转换公司（APC）估计的什么价位是错误的，而且该价位并不会按你的期望有所反弹。图表显示了正好在35美元之上的菲波纳奇线。如果将这条线向左水平延伸，你将发现这条线恰好经过2004年的历史价格高点。事实上，它是2004年的价格高点。因此，市场不会一直在这条线以下运行，只是在其下短暂地波动。可考虑在这个区域下方设置止损点，而这些止损点保护你免受严重的亏损。它们还按风险回报率限定与回报相对的风险承担。如果你在40美元附近买入，将止损位设在35美元下方并期望价格反弹至仅在55美元之上的历史高点，你正以1:3的风险回报率交易。这就意味着这样的风险回报率，1美元有可能赚到3美元，在比这更少的情况下不要进场交易。以1美元的风险再去赚1美元是没有意义的。以1美元的风险再去赚2美元同样是没有意义的。在你进行交易前，要经常限定证明你对市场的看法是错误的东西，所以你要有个计划然后必须依照计划去操作。如果你知道风险回报率，你还可计算你能冒风险的金钱数量。不要为交易想法拿出多于你账户3%的资金冒险，在你学习的任何时候不要拿多于账户10%的资金去冒险，你可能在想这个账户很小，但却是一种专业的风险管理方法。当你在学习或对亏损感到情绪焦虑时，也不要使用账户内剩余的资金。这是一种心理健康游戏，重要的是通过实力进行交易。那些未学习该课程的人为了不亏损进行交易，但他们确实亏损了。你必须知道如何进行交易才能获利，这是一种与众不同的思维方式。

当市场在买入信号出现后开始强势反弹时，通过减少你承担的风险保护你的收益是很重要的。有些人使用一种称为跟踪止损的技术。

图7.19显示了一种在市场处于调整阶段进行跟踪止损的方式。其他方式可能包括使用短期移动平均线，这种情况下可隐藏止损。有些人使用称为波幅通道的技术，这是一种使用标准偏差的方法定义出一个上通道和一个下通道。以我之见，所有的这些方法都是比较低劣的风险管理技术，因为在你退场前你不得不回吐大部分利润。当菲波纳奇区域从每一个新波段开始发展时我喜欢用菲波纳奇

区域。在主要的重叠区域下设置止损点，如图7.18中的进场信号所示，可以让你损失更少的钱，因为这比使用跟踪止损技术反应更快。每个人都能找到他自己合适的区域，而且一些交易者使用较短时期中的相似指标以退出市场。我不会犹豫不决等待确认。如果市场看起来处于超买或超卖状态而且你非常接近目标区域，要获利出场！

第7章 小测验

1.如果一个上升趋势中的反转形态表现为反弹、修正、再反弹创新高、修正以及第三次反弹，并且第三次反弹没有达到第一个上升波段的高点，则该反转形态称为：

a.转反向形态

b.头肩形态

c.价格钝化

d.分配顶

e.多面手反向形态

2.在问题1描述的形态中，三个反弹波动间进行了两次修正。为连接修正的低点而画的趋势线是：

a.称为颈线的特定趋势线

b.阻力线

c.双波谷

d.称为反转线的特定趋势线

e.双V形态

3. 拓展的菲波纳奇比率主要涉及的三个比率是：

a.38.2%、61.8%和75%

b.61.8%、75%和100%

c.38.2%、61.8%和100%

d.61.8%、100%和161.8%

e.100%、138.2%和161.8%

4.熊市中最常用三个拓展的菲波纳奇比率是：

a.38.2%、61.8%和75%

b.61.8%、100%和161.8%

c.61.8%、75%和100%

d.38.2%、61.8%和100%

e.100%、138.2%和161.8%

5.市场下跌反弹回阻力线的下边并形成关键反转。为什么交易者对这种发展非常感兴趣?

a.它是阻力位下的一种反转形态

b.它是被证实的阻力位下的反转形态

c.它是提供低风险进场信号的阻力位下反转形态

d.它是提供低风险进场信号的反转形态

e.它是受支撑的证实的反转形态

6.增加到图底部的价格数据下的成交量将：

a.在市场顶部始终是有价值的

b.当主要的市场冲失发展时始终是钉形的

c.市场反转前与价格分开

d.a和c

e.b和c

7.当你在比较不同时期的两个图时，最有用的比率是：

a.88分钟图对22分钟图（4:1）

b.60分钟图对10分钟图（6:1）

c.88分钟图对11分钟图（8:1）

d.30分钟图对15分钟图（2:1）

e.60分钟图对5分钟图（12:1）

8.趋势线应始终：

a.连接价格低点和价格高点

b.连接多数柱线低点

c.连接上升趋势内精确的价格低点

d.连接上升趋势内精确的价格高点

e.连接显示关键反转的多数柱线

9.当成交量在第二次下跌时较低而且价格未出现新低，这被称为：

a.成交量背离

b.价格背离

c.确认

d.顶背离

e.底背离

10.用于设置随机振荡指标用的周期区间的正确方法应：

a.在你学到更多之前使用报价小贩的计划

b.在价格低点处确定定期区间并使用指标中区间的一半

c.在所有随机振荡指标图中使用14-周期区间

d.在价格低点处确定定期间隔并使用指标中的区间

e.使用18是由于乔治·莱恩喜欢在其所有制图作业中运用这种方法

第8章 “魔镜魔镜告诉我”

前波士顿凯尔特人队主教练即NBA的“红衣主教”奥尔巴赫（Auerbach）在他的书——《MBA：奥尔巴赫的管理学》中写道：“只能为吉佩尔（Gi pper）赢一次……仅此一次。”他参考了罗纳德·里根（Ronald Reagan）出演的一部老电影，电影讲述了一名足球运动员乔治·吉佩（George Gipp）临终前托付诺特丹队（Notre Dame）传奇教练克努特·洛克那（Knute Rockne）转告整个球队要“为吉佩尔”大赢一场。

在他的书中，奥尔巴赫表达了他对这一方法的观点。他认为一个人为了一个特殊的目标只能奋斗一次，因此留下这样一个疑问：“下一次我该做些什么？”奥尔巴赫只能要求他的队员为吉佩尔赢一次，然后他不得不寻找其他能够激发每名队员斗志的因素。奥尔巴赫坚信不可能同时激发整个球队或团体，关键是要了解球队中每名队员的动力在哪。

了解你的动力

你知道自己进场的动力吗？如果你单纯地认为动力就是钱，你早晚会面临和一些专业运动员相同的问题：很难日复一日地坚持下去。追求金钱会耗尽你的动力源。一旦看透了表面现象，你的需求常常会让你明白钱只是一个次要的动力。

成为一名优秀交易者的秘密是要了解自己。你知道在有压力的情况下你的优势和劣势是什么吗？交易将显现出你最好和最差的品质，因为在交易过程中你没有藏身之处。交易和投资不是成就你，就是毁灭你。积极投身于市场迫使每位交易者窥探“魔镜”并审视自己的品质。使这种行为变得如此困难的原因是在面对赌注增加时多数人的经验行为会有所改变。简单地说，进行交易和旁观时，你处理事情的方式将截然不同。

个人动力皆源自个人爱好。一些人似乎乐于探寻完善的系统。系统跳房子规则就是从事调查研究的一种标志。这种方式存在的问题是需要找到一种方法以了解何时该继续使用行之有效并只因已经发现了新东西而阻止改变的工具。通过用你的方法创造交易历史，你会进一步了解交易。没有特定的改变原因，只因看起来似乎更有效就“跳”入新方法必将带来毁灭性的结果。在你遇到相互矛盾的事情时，你永远也不会知道如何自信地做出决断。

另有东西吸引你进行交易吗？其是需要解决的全球难题不断发展的规律吗？其是智力的挑战吗？是智力挑战外加“赢得比赛”的需要吗？在我开始我的职业生涯时，有一种说法是这样的：我的公司中没有人愿意进行标准普尔（S&P）期货交易，因为那是整个行业中最难啃下的骨头。而对我来说，这一点已经足以让我对S&P期货交易跃跃欲试。如果它确实非常难做，那么我想要征服它，然后向人们证明我可以幸存下来。

也许你有更基本的需求，例如安全需求。有些人为了满足受人尊敬的需要而进行交易。“你的动力是什么？”这是一个难以回答的问题。

交易责任

优秀的交易者都有某些共同点。其中一个共同点是：他们对自己的行为负责——不是部分行为，而是全部行为。你需要在时机选择、决策方法、进场时机、确定何时进场和出场的方法、人际往来和人际控制等方面做出抉择。你在家里进行交易时孩子们一直吵吵闹闹，你的经纪人怂恿你做出一些违背你较佳判断的事，你签订了一份很糟的成交订单，或者你感冒了导致身体状况不佳——这些借口都会得到相同的回应：坚强点儿、忍耐一下、改变事实或者这样的日子不要进行交易。

这是一个必须经历的过程，而且每位交易者都必须学习相同的课程。责备是使人们告诫自己他们不负任何责任的一种逃避。对于交易者成功至关重要的是要认识到每个人都会有签订糟糕的成交订单的时候，每个人都有身体不适的时候，每个人都必须对自己的行为负责，因为即使你不承认，事实也无法改变。

如果在家做交易时总受到干扰，你必须制定一些规则并划定一个私人空间，而且只有在着火或死亡事件发生时这个空间才可以被打扰。专业交易者经常肩并肩地坐在不大于清洁间的空间内开始交易。你要相当坚定而不注意旁边的交易者在做什么。交易者必须形成一种称为入境的思想境界。

“入境”是一种在运动员间广为流传的思想状态，是一种精力高度集中的状态。当一个人精力高度集中时，一切似乎都变得尖锐，并且时间的感知也变得迟钝下来。除集中在电脑屏幕上的全部注意力以及需要注意的多种市场因素之外，“境界”里什么都没有。如果你是一个投资者而未24小时一直积极地关注着仓位，说明你并没有集中精力。当制订计划并选择市场时机或股票选择用系统时，你需要拿出必胜的信心和全部的注意力。如果你无法从工作时间表和家庭琐事中挤出“私人交易时间”，就不要进行交易。

交易压力

当你对手中的仓位感觉不好时，你怎么办？当你不得不尽快到外地出差而持有走势极好的仓位时，你怎么办？旅行或疾病会导致巨大损失。生病时，你的判断力会很差，而且似乎最坏的事情在人们旅行时也会发生，因为他们对出现的问题无能为力。其实我们不值得为这样的事感到有压力。当你旅行或生病时，抛掉这些仓位。如果你持有长期仓位，至少可以提高止损点以保护自己。

交易表现

交易中经历的情绪波动很少像日常生活中经历的那样高或低，所以投资者喜欢把自我价值建立在交易表现上。这么做并非完全是他们的错，因为人们从小就习惯了根据他们在追求完美过程中的表现来评价自己。

人们从小就被告知不要犯错误。在学校，一切事情都要求达到完美。然而，完美是不存在的，因此，从小开始的训练就成了人们走向软弱无力的通道。如果人们不够完美，他们就感觉自己必须更加努力地工作以达到目标。当人们面对市场时，以上的情况会困扰他们，因为市场总是正确并可用的。成功的交易者学会如何参加一场没有终点的比赛及如何在没有记分牌的角斗场里获得成就感。

心态平衡

心态平衡是交易者分析市场时最大的财富。如果你自己的生活很和谐，你就能集中精力并聆听内心的声音。你最大的朋友或敌人就是你自己。第11章包含一些可能会帮助你理解人的本性和提高交易能力的观点。

了解你内心的意志力

当处于平衡的情感状态时，我们既不极端消极也不过分积极。我们只需跟随生命之流而行。我们内心的意志力同样适用于我们的市场直觉。有些图将提高你内心积极的意志力，而有些图增加你内心消极的意志力。意志力没有好坏之分，它们都是客观存在的。当积极的意志力非常极端而使你不再有任何感觉时，你会购买某些东西；而当消极的意志力到达极端时，你会卖出某些东西。我曾经问那些听我演讲的技巧高超的交易者："当我们所知的和我们从市场经验获取的一切导致我们什么也感觉不到时会发生什么？"有经验的交易者知道何时应该静观其变，因为他们内心的意志力已经互相抵消了。

很多方法都能毁坏人们内心的意志力。对于我来说，2001年9月11日是我个人的悲剧，因为我曾经在纽约世贸中心北塔第104层工作，而且像许多业内人士一样，我失去了朋友、同事以及脑海中的记忆之所。我们都需要不同程度地疗伤，但是比起失去父母或孩子的痛苦，"9·11"所带来的创伤可能会逊色很多。经济责任的增加、工作调动以及伤痛或病痛，所有这些日常的压力会破坏一个人内心的平衡。如果你说这些不算什么并继续前进，事实上你已经建立了内阻。这些事情会改变你对市场的反应速度以及屏幕上出现混乱时你采取的方式。优秀的交易者总是试图寻找一个可以作为内心平衡点的安静之处。他们知道自己需要一个进场的安全起点。

一次，我与一名当地的马语者布鲁斯·安德森（Bruce Anderson）共事，他用卷好的套索证明一个观点。他要求我向14英尺外的一根柱子投掷绳子。当然，我要确保绳子到达柱子，但是结果绳子却超过了柱子大约10英尺。布鲁斯问："你经常超过目标才觉得自己达到了目标吗？" 呀，他还真说对了！然后，为了完成任务，或者像他说的那样"想象"，布鲁斯让我把绳子重新卷成他刚才递给我的样子。我需要加把劲儿，因为套索上有固定绳圈的树脂。绳子加了捻然后有了张力。我用力控制着绳子，然后将它缠在肘部和手上。但是绳子太黏了，将我粘住了。于是我把缠好的绳子分开，然后缓慢地缠绕绳子，使每一圈都释放出内部的张力。最后，整条绳子均匀地绕成一圈。布鲁斯叫我再投掷一次绳子。这次绳子中央打了一个大大的节，虽然偏离椅子一英尺，但是它被我抛到了正确的方向。布鲁斯问："现在感觉如何？""郁闷和尴尬。"我回答道。布鲁斯问："为什么？""因为我没碰到柱子。""啊，但是任务不就是向柱子投掷绳子吗？因为你期望碰到柱子，所以又为自己增加了难度。这样对你有什么用啊？"

不要等待完美

你发现这个故事与交易的相似之处了吗？执行这样一个简单的任务可以帮助所有交易者发现他们在市场中自己施加给自己的压力。交易者不仅希望市场按照他们的方向发展，还期望在他们意识到将利润存入银行前市场正好达到目标。事实是，在第二次投掷时，绳索中间打了一个大结也增加了压力。当市场盘整时，交易者也看到了市场压力在增加，尽管他们并不期望盘整。但是如果市场从不挑战个人的止损点而且不向目标靠近，那么创造的利润会有所减少吗？

如果你感觉自己失败了，当你发现目标偏差为0.75美元——仅仅75美分时，这种感觉会影响你对市场的反应。当市场下跌时，你不会采取任何行动，因为你可能需要下一个实现目标的推动力来证明自己是正确的。所以，在这种情况下，你可以原地不动。我们是这样一群人：总是超额完成任务，并且我们需要确认任务已经远远超过规定指标完成，才会感到满意。我们严于律己，并且表现为三种可供选择的反应行为：原地不动、逃跑或斗争。当市场非常接近你的目标时，平仓出场！不要等待完美。不幸的是，人们从小就受到这样的教育——期待完美，而且它使每个人面对交易市场时不知所措。

交易心理学魅力无穷，它是决定交易者成败的主要原因，因此第11章将从另一个角度探讨这一方面。

成功交易者的特征

成功的交易者具备某些共同的个性特征。按照下面的10个描述，你如何评价自己？

1.他们相当的独立。

2.他们决心坚持一项任务或解决一个问题的时间要比大多数人可能认为的时间长。

3.他们训练自己不受痛苦的束缚。由于执行重复的任务时不掺杂情感和压力，时间过得很快。

4.他们对自己的行为负责。

5.他们从错误中学习。

6.他们能够释放压力。

7.他们具有谦卑感。这似乎有些不恰当，但是随着时间的流逝，你会发现市场是非常谦卑的。最优秀的交易者知道不要让自我失去控制。

8.他们拥有现实的期望。

9.他们知道有些时候不该进行交易，因为市场振荡时，你得不到任何东西。

10.他们能按照自己所看到的行动。认识到机遇是不够的，还必须抓住机遇， 以便将机遇转化为利润。

第8章 小测验

1.金钱激发每个人从事市场交易。

a.正确

b.错误

2.使用五个动量振荡指标比使用两个动量振荡指标更容易确认市场、建立高胜算率以及发生冲突时更容易找出解决方法。

a.正确

b.错误

3.如果你在家中进行交易，孩子吵闹是你交易不顺利的原因。

a.正确

b.错误

4.你的经纪人推荐XYZ股票，然后你按照他的推荐而行动。它没按计划发展，但是没关系，因为它不完全是你的交易。

a.正确

b.错误

5.短语“入境”是体育术语，其描写运动员在比赛的最激烈时刻精力完全集中的状态。

a.正确

b.错误

6.当日数据仅为对持有仓位几周感兴趣的投资者提供充分的资料。

a.正确

b.错误

7.在市场变动时在敞口仓位上可能遭受最大损失，而并非生病或旅游时。

a.正确

b.错误

8.交易者不应将自我价值建立在他们的交易表现的基础上。

a.正确

b.错误

9.优秀的交易者经常：

a.相当独立

b.能够在一段时间内冷静地解决问题而不受任何干扰

c.从错误中学习经验

d.有幽默感

e.以上所有选项

10.优秀的交易者经常：

a.承担自己的损失

b.每天锻炼以改善身体状况

c.仅依靠他们的市场技能工作

d.严格记录正确的事情以及通过进一步研究可以改善的地方

e.以上所有选项

第9章

如何建立自己的体系

前面的章节论述了预测价格、确定支撑位和阻力位以及使用指标来推断市场处于临界价位时将如何运行，在这个阶段你会问：将采取什么措施来建立自己系统的方法来分析市场？没有指导你将遇到麻烦。有很多方法可以考虑，如几何学分析、动量分析、情绪分析和振幅分析，这些只是众多方法中的几种。为了防止你陷入困境，此处有几点忠告。

投资者倾向于像收集棒球卡那样收集动量指标及行为或情绪指标。一个交易者在收集170多个振荡指标后向我寻求帮助，他对所有的振荡指标了如指掌，为此他感到很自豪。只有一个问题：他不知道何时进行交易。因为要筛选的信息太多，他积极和消极的意志力已经超负荷了。真正的问题在于他从来没有足够的信心进行交易，因为他的指标太多以至于对做出的任何决定都有怀疑的理由。如果你不想交易失败，你就会怀疑自己的决定。你必须抱着成功的信念进场。在交易行业中，当一个人不断地试图寻找其他方法增加自信心时，这种现象就称为分析瘫痪。缺少自信和犹豫不决会付出昂贵的代价。如果你既不知道如何遵循指数研究的计划，又没有建立起与自身性格相匹配的交易策略，你所有的努力会变得多余而无效。

市场分析方法

为了进行分析，你需要研究三个不相关的市场分析方法。使用两个振荡指标［如一个快速随机指标和一个慢速指数平滑异同移动平均线（MACD）指标］仅提供一种市场分析方法而不是两种。如果使用正确，两个指标的研究一起用于产生一个市场信号。我的方法分为几部分。我使用相对强弱指数（RSI）和在第4章中提到的平均数间的价差。当这些指标与第3章涵盖的非波纳奇价格分析一起用于确定支撑位及阻力位时，这些指标产生一个信号。

我使用的第二种方法叫艾略特波浪理论。这是一种映射市场情绪的方法，其有助于识别大部分参与者目前正处于卖出或买入周期的哪个阶段。有如商业周期，市场也具有各个阶段，获得过MBA的任何人都可以看出。有早期市场参与者、早期和晚期多数参与者及后来者。随着市场的成熟，商业周期中表现的各种买入行为在不断重复的市场形态中也以类似的方式出现。在此提到的这个方法只是技术分析的几个不相关方法中的一个例子，该方法单独使用时不包含动量振荡指标。使用波浪理论需要几何学设计技能，因为它涉及分析市场波段以理解波段平衡及波段比例。

我的第三种方法称为甘氏分析，此方法在第6章末涉及周期的部分曾做过简单介绍，其帮助我回答这个问题：“某事将何时发生？”它还包括一个比较先进的价格分析技术，其帮助我确定几个目标价位中哪一个最有可能成为动态开始前的最终目标价位。第二种和第三种方法可能不是你的最佳选择，但是这三种方法都大不相同，而且很明显它们互不相关。

每种方法可能都有几个组成部分，但是我总是敏锐地感觉这些组成部分只是增加了我喜欢的分析方法所提供的三个最终信号的概率而已。你应该掌握三个不相关的市场信号或观点，不用更多。当三种不同的方法达成一致时，它们就能一起提供有力的市场观点。（这一计划将帮助你避免建立170个功能基本相同的振荡指标的缺陷。）

有可能把指标调整为一点，在这一点指标就变成了其他东西。例如，一个人改变RSI的公式，从而使RSI的形式及功能都很像随机振荡指标。 如果你想使自己的动量振荡指标具有其该有的振荡灵敏性，只需使用随机振荡指标。最重要的是坚持使用一种方法，从而你可以学习此方法在各种市场条件下的特征。不要四处探索不同的方法。不要仅仅使用历史数据进行检验，一定要在看到一种新方法在实时市场环境的应用效果之后再慢慢做出改变。

除非你有大量需要跟踪的市场并将自动化信号作为达到某些指

标时警示你开始自己的工作的旗帜，否则自动信号是一个严重的错误。前几章建议你通过研究图的内部结构了解市场如何运行以及市场如何按照技术指标运行。当市场离开强劲的趋势时，忽略这些变量也许是“系统”交易者不断地被市场淘汰的首要原因。

动量、振幅和情绪的分析方法

接下来的章节描述一些研究市场动量、振幅和情绪的方法。建立了动量分析然后又增加了振幅或情绪指标的交易者会得到两种互不相关的方法。关键是要了解在价格、成交量和情绪等因素的基础上数据的潜在来源是什么。此处列举的所有方法都用来表明市场是否具有足够的动力穿过阻力区或支撑区，或者市场是否处于超买状态并即将反转。

以下是几种跟踪市场极值和市场行为的方法。

腾落比率。一种股票分析师和证券经纪人广泛使用的分析方法，是一定时期内标记的上涨股与下跌股的比率。将它看作是一种分析工具而不是市场时机选择工具。

建议的情绪指数。一种分析方法，其用来显示有多少分析师建议买入及有多少分析师建议卖出。此方法表明市场相对大多数交易者的买卖方向。

平均动向指标（ADX）和平均动向指数均线（ADXR）。这一指标是趋势振荡指标。不管市场的运行趋势是上涨还是下跌，这一指标一直增长。（有些人喜欢使用它，我却很讨厌它，因为它减缓市场到达极值的速度。）

布林通道。在市场之上和之下绘制的一组线以确定市场极值。在强劲趋势下布林通道允许价格高于或低于通道波幅。

交易者持仓报告指数。由期货交易所编制的情绪指标，用于衡量专业人士以及持少量公开仓位的交易者的买卖行为。当散户对极值的观点与专业人士相反时，认为专业人士是正确的。（这是正确的，但是有时也很难把握时机，因为极值保持数个月不变。）

动向指标。你将使用作为独立指标的这一工具，但是需要用它来计算ADX和ADXR指标，这两个指标是动向指标中使用的平均数。

内部人士买卖比率。一种基于内部股票交易的情绪比率。其认为内部人士通过不为公众所知的资料进行交易。（不要在这些资料上浪费时间，该指数过去的应用结果表明甚至内部人士也一无所知。）

肯特纳通道。这些通道属于波幅通道的另外一种类型，用来限定市场之上和之下的区间。这种方法很受那些没有价格预测技术的交易者的欢迎。

大宗交易比率。一种股票晴雨表，用于衡量大宗交易中的行为。当你进行大宗交易时，你是在交易一支上千股的大宗股票。记录下这些交易，然后进行总体分析以确定专业行为。

市场轮廓。由彼得·史泰美亚（Peter Steidlmayer）创立的一种独特的展示图，其显示在一特定价格点的买入量和卖出量。它是为期货交易而创立的，能够实时显示资料。

麦克莱伦（McClellan）振荡指标及麦克莱伦总和指标。两个指标都是情绪衡量工具。

零股平衡指数、零股买入/卖出指标、零股卖空比率及零股卖空。零股是指股票数量不到100股的股票订单。因此，64股的交易是一个可能源于公共板块的零股交易。零股统计数字常与大宗交易统计数字相对比。（这是股票交易者对未来交易者的持仓报告数据的反应。）

偏移移动平均线。当使用正常移动平均线进行交易具有一定的滞后性，会损失很多利润时，该方法提供了一种设置跟踪止损点的方式。通过人为地前移平均线来改变时机选择。

抛物线或止损和反转。这是一种用于警告交易者趋势反转情况的方法。（其是一种可怕的交易工具，因为它可以将你的账户分成若干块。）

上升/下降行业板块百分比。指个股或相似股票群数据。它通过显示大幅板块在上涨还是在下跌以及精选组在股票指数内的波动情况表明市场振幅。

百分比波段。你可以在当前交易价格基础上增加或减少某固定百分比创建一个区间。你还可以灵活地使用收盘价、低价或高价进行计算。

反转点通道。一种期货交易者感兴趣的方法，因为过去经常广泛用于交易所交易场内。（由于电子交易已经取代传统交易方式，我也不确定该方法的目标效力如何。）

保证金比率。期货分析基于现金制市场。有时现金和期货市场会引发套利失衡，使专注小波动性投资的交易者从中获利。只有在期货交易和日内交易时，你才会遇到这种比率。

看涨–看跌比率。来源于期权交易的作为振荡指标标记的比率。标准普尔（S&P）100 OEX 指数的看涨–看跌比率也许是最常用的。

美国证券交易所（AMEX）成交量与纽约证券交易所（NYSE）成交量的比率。可以对比不同交易所间的交易活动。美国证券交易所拥有中等资金股票，而纽约证券交易所拥有大资本公司。这一比率能够表明市场哪一部分是领先的或滞后的。（我发现绘制某一特定规模的公司的前八互惠基金更加有效。）

相对强弱对比。普通分析方法用于对比某支股票与某个板块的表现或者对比一个板块与另一个板块或指数。这一过程可以确定哪一板块将优于其他板块及哪一板块将不如其他板块。

波动性。日复一日地保持持续上涨的市场是低波动性市场，高波动性市场是来回波动的“市场”，它们经常形成急剧反转。

成交量振荡指标。显示成交量数据的指标。

以上这些当然不是衡量动量、振幅或情绪的所有指标和方法。然而，这份列表具有代表性。

这些研究的基本要点是：动量和情绪极端能够告诉你何时市场发生反转的概率会很高，但是列表中的某一种方法或指标并不能告诉你市场方向改变时市场运行到何种程度。

为什么自找麻烦学习所有这些方法呢？有必要知道市场是如何回应关键目标价位以及由这些方法所确定的市场支撑位和市场阻力位的。你的价格预测方法会告诉你市场可能运行到何种程度。因此，这些研究和价格预测方法是相辅相成的。单独使用价格预测方法就好比只看见火车站而不知道火车将停止还是将继续开往下一站。动量、振幅及情绪指标会告诉你这不仅是停车站而且是旅行终点，并且火车将由此返回。

三种思想学派

将要论述的三种学派中的第一种学派是以数学方式研究相关的开盘价与收盘价。前提是在图中标出的时期内疲软市场的收盘价将低于开盘价，而同期内坚挺市场的收盘价将高于开盘价。作为一个体系的动量指标便是基于这种思想。可以添加到图中的各种动量公式及其结果符号都使用这一潜在前提来衡量市场强弱。

第二种思想学派认为：不管采用哪种指标研究价格，单凭价格数据不能说明整个行情。使用此方法的技术人员遵循被认为是市场振幅指标的方法。他们依靠用于研究成交量和市场行为的各种公式，而不单单依靠价格数据。例如，他们需要知道同一时期有多少纽约证券交易所的股票在上涨或下跌。（市场振幅指标适用于股票，但是它们最好用于分析而不是提供及时的交易信号。）

分析期货市场包括持仓量和成交量。持仓量可以提供另一层次的透明度。例如，期货市场中，单独的高成交量并不一定是件好事。持仓量是一个数量，它表明在合约履约之前有多少新的期货合约已经签订且未平仓。规定持有者交割或购买潜在商品的合同日期是指交割日期。例如，每一建仓合约必须在交货日期前平仓，这样你就不必接收20车厢畜牛，然后再把这群牛赶入你在曼哈顿的公寓大厦的车库中。如果到了交割日期你仍然是空头，你必须买入20车厢畜牛并将其运到交易所指定的地点。

实际交易的所有期货中仅有不到3%的期货合约以实物交割方式履约。所以，如果你不知道期货合约是如何在法律上约束你接受协议，你最好不要进行期货交易。

如果交易的不是畜牛，也可以是其他任何商品。关键是要知道伴随持仓量减少的高成交量是在警告你资金正在从市场中流失；当这种情况发生时，分析师就开始关心趋势反转。相反，当持仓量随成交量一起增加时，表明有新的期货合约正在签订，而且这也证明市场有新增资金流入。要保持现有趋势，必须有新的资金流入市场。

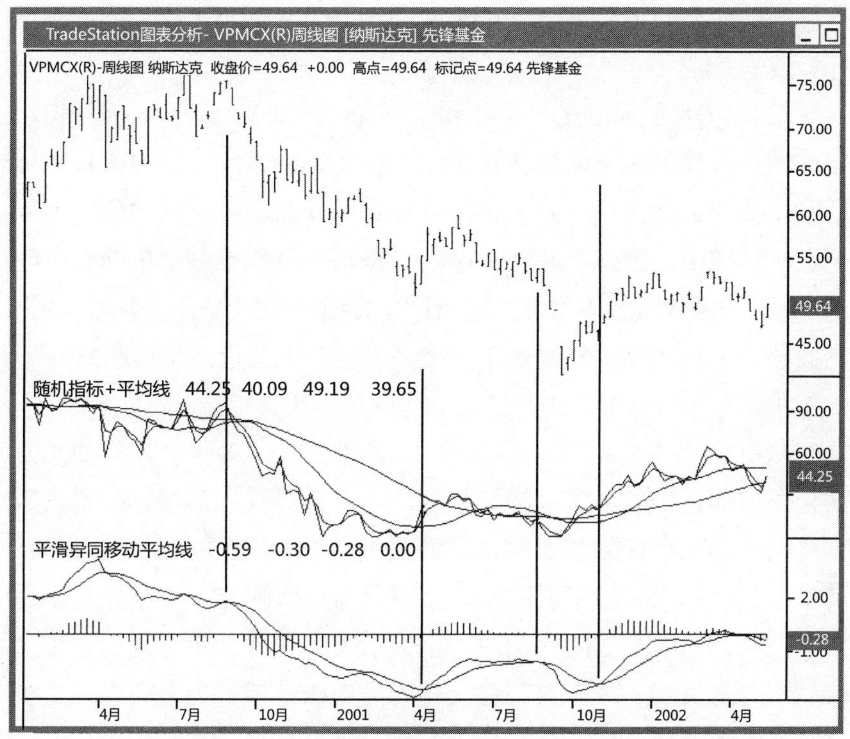

图9.1 先锋基金周线图

第三种思想学派是市场行为主义者的本家方法。这些技术人员研究一些公式以监测在熊市和牛市中交易者们的买卖行为。他们也分析商业交易者及大众交易者的行为。这种方法的潜在前提是公用事业板块或零售板块通常是错误的，而盈利资本通常握在知情人，即专业交易者或商业交易者手中。这些技术人员还认为如果大多数市场参与者过度地向市场的一方倾斜，无论是看多一方还是看空一方，市场将找到损害大多数参与者的利益的方式。这种分析方法被称为情绪分析。

价格数据的研究

第4章中已简单地论述了被称为MACD的振荡指标。看一看图9.1中在“随机指标+平均线”下面标记出的MACD，图9.1是先锋基金的周线图。基金于2002年10月触底，因此，采用这个指标的分析师将经历另一下降波段达到接近33.49的新低。然而，注意MACD未穿过零线而后回调。因此，市场在触底之前又一次下跌，这不是指标导致的。

第4章描述的MACD是显示移动平均线之间关系的另一个指标。当你使用软件供应商的默认设置，这个关系就是26天与12天指数移动平均线的差值。这一差值经过计算之后作为与零点间的位移量标记在柱状图中。因此，柱状图中的数据与以实线绘制于价格之下的两条移动平均线之间标注的差值相似。通过利用第一条平均线的9天指数移动平均线形成“信号”（或“触发”）线进一步提高MACD的作用，而在MACD的顶部绘制该线以显示买卖机会。

MACD由杰拉尔德·阿佩尔（Gerald Appel）创立，其使用方法与之前描述的其他振荡指标相同。你应该寻找振荡指标与价格数据之间的背离以探索超卖和超买情况。你可以接受的三个组合是：阿佩尔组合13-26-9（很快你就会明白为什么阿佩尔使用13而不是12）、5-24-8和5-34-5。不考虑你所使用的三个周期，这一指标远滞后于趋势反转，或者对趋势反转的反应极其慢。为了有助于减少这种滞后问题，阿佩尔设置了两个完全不同的MACD窗口。

阿佩尔的MACD组合 因为多数市场下跌比上涨快，所以明智的选择是采用快速组合（较短期移动平均线配对）跟踪下跌市场。我采用13天和26天指数平均线配对产生买入信号并采用19天和39天配对产生卖出信号。用50天移动平均线确定趋势。如果平均线急剧上升，则表明上升趋势强烈，这时可以采用相对快速的MACD配对（6天、19天）产生买入信号，并且即使违反MACD卖出信号线，直到反向背离出现才可以延迟卖出。

以上注解是关于坚挺牛市的。在较大趋势的熊市中，需要采用较快组合与原组合相配合进行时机优化。所以，当你建立两个MACD窗口时，就使用一个较短或较慢的指标组合来探查较短时期内的极值，以便你在较大趋势下可以建仓或增加现有仓位。虽然MACD中的一个背离可能是充分的，但是由于这种方法显效缓慢，所以随机振荡指标经常与MACD配合使用，因为随机振荡指标本质

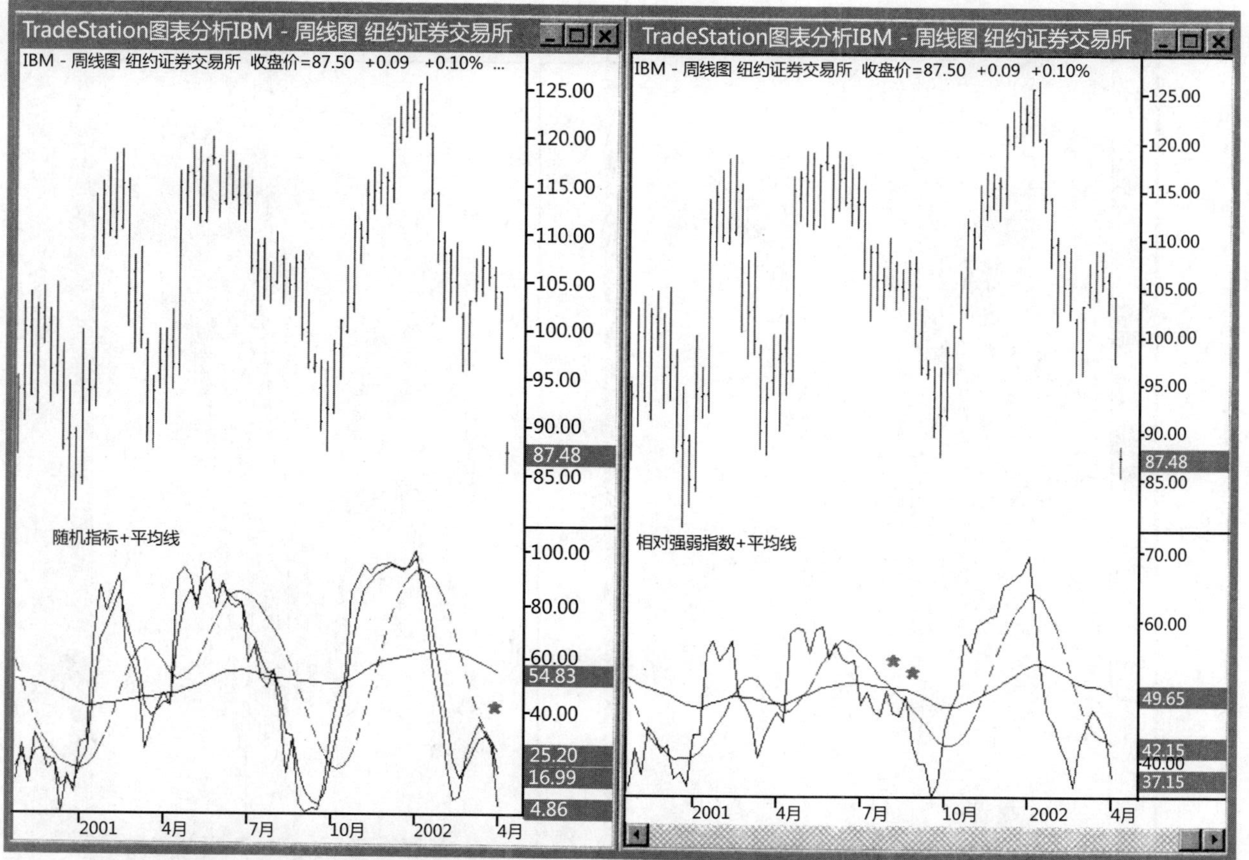

图9.2 具有随机指标和相对强弱指数（RSI）指标的IBM周线图

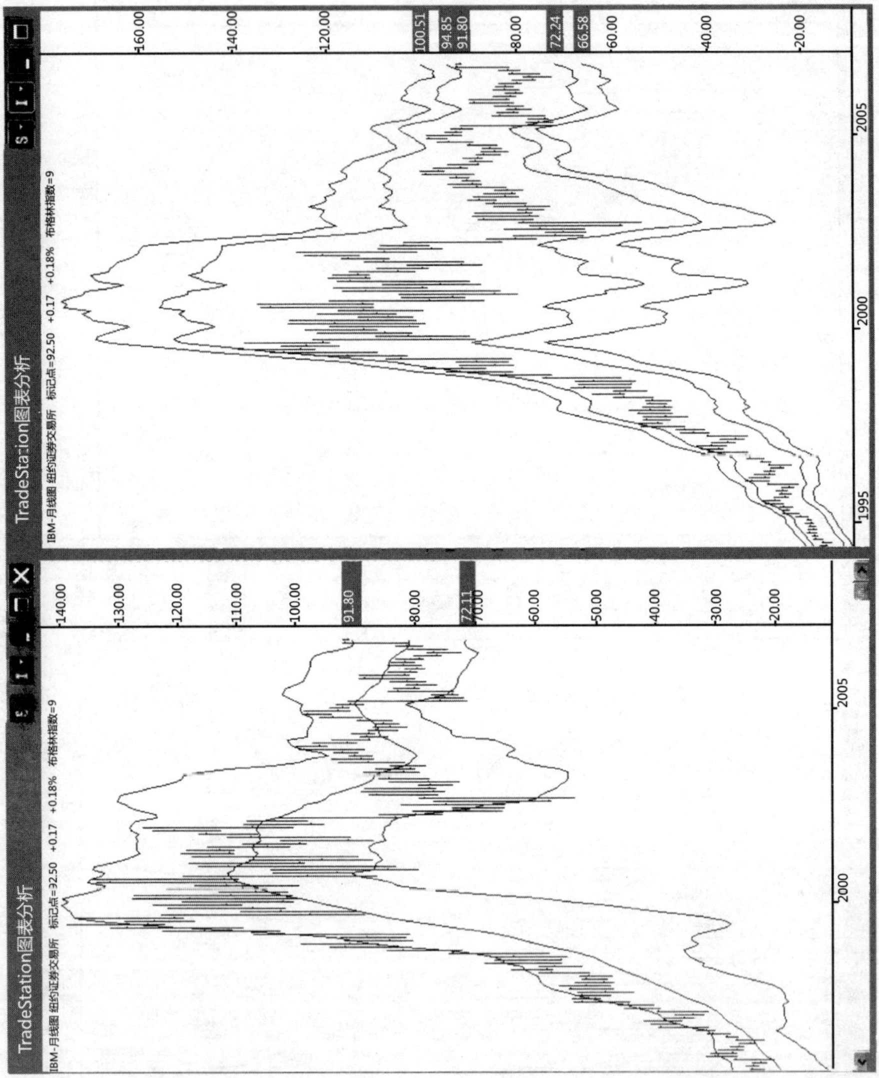
TradeStation图表分析
IBM-月线图 纽约证券交易所 标记点=92.50 +0.17 +0.18% 布格林指数=9
TradeStation图表分析
IBM-月线图 纽约证券交易所 标记点=92.50 +0.17 +0.18% 布格林指数=9
1995
2000
2005

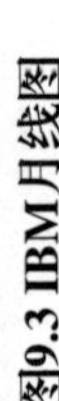

图9.3 IBM月线图

就是更快指标，并且应该随着每次背离形成两个或三个低量背离。

一个人喜欢哪种指标完全是个人的事情并取决于个人的交易风格。一个通常的误解就是可以使用随机振荡指标或者RSI确认MACD的信号。不要犯这个错误。这些指标在一起形成单一的时机选择信号，但是他们之间不能相互确认，因为三种研究都是源于价格数据的各种平均数。你需要用一种不相关的方法获得确认。确认仅仅意味着预期结果即将产生的可能性较大。因此，通过不相关对比，例如艾略特波型与MACD信号的对比，能够进行确认。动量信号可能会与情绪指标或源于成交量的指标无关。

图9.2显示了包含随机振荡指标和RSI振荡指标的IBM周线图。移动平均线直接显示在振荡指标的顶部。当振荡指标试探平均线时寻找支撑位和阻力位。当平均线与价格或振荡指标一起使用时，需要重点关注两条平均线产生交叉或振荡指标何时向平均线靠拢。图9.2中的星号有助于阐明这些重要的结构。

这些指标表现形式不同，但是它们说明了同一行情，只是说明的方式略有不同。方式取决于个人爱好，但不要两种方式都用。

该周线图阐明了移动平均线的另一个用途。这仍然是一种思想学派的一部分，即价格能够说明一切，但是这次你要用略微不同的方式研读该方法。

图9.3的两侧各显示了IBM月线图，而以此对比两个不同的波幅通道计算公式比较重要。采用两条平均线作为包络线与图9.3中显示的通道存在差别，其中，平均线中的波段以高于或低于收盘价平均值的固定百分比显示。此处的意思是当交易者迫使市场达到通道边界时，存在将发生市场反转的高风险。包络线与通道可用于任一时间范围。

图9.3中的通道比固定百分比略微复杂一些。为了理解用于建立显示在左侧的通道的公式，你需要理解标准差的概念，即统计学上对波动性的一种测量方式，可将标准差应用到移动平均线上进而得出通道。左图中的通道是布林通道，它们都是采用这种方式计算的。这些通道标记了高于或低于移动平均线的标准差，并且可以自动地适应变化的市场波动。（这些通道是由约翰·布林格（John

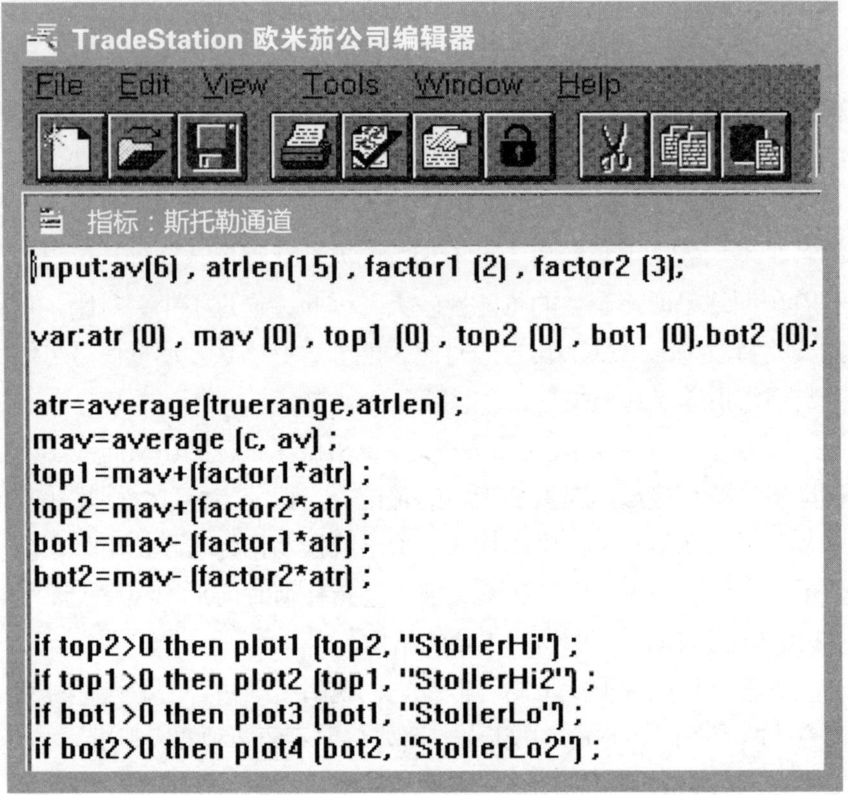

图9.4 Starc通道公式

Bollinger）研究出来的，而且在财经消息网，即现在的消费者消息与商业频道上播放后很受欢迎。）

从该月线图中可以发现布林通道的一个弱点。在市场剧烈波动的情况下，价格数据可能会在一段时间内处在通道之外。我倾向于将通道看成即刻反应之前的最大的市场位移，因此，我更喜欢图9.3右侧显示的公式。当你增加或减少你所选择的方法时，在实时环境中一起检验这些方法很重要。这两种方法在不同的时间范围内一起显示了几个月后，我才删除其中的一种方法。我从不使用左侧的方法而只使用右侧的方法观察畸零期货币交叉盘。在之前的一个例子中，当市场完全崩盘时我建议仅使用源于平均线间价差的振荡指标而非标准化指标。这种应用方法称为消除长期趋势。

使用什么公式要依据个人爱好而定。我使用图9.3右侧的通道发现第二次试探过程中的价格钝化；换句话说，价格触及通道一次，

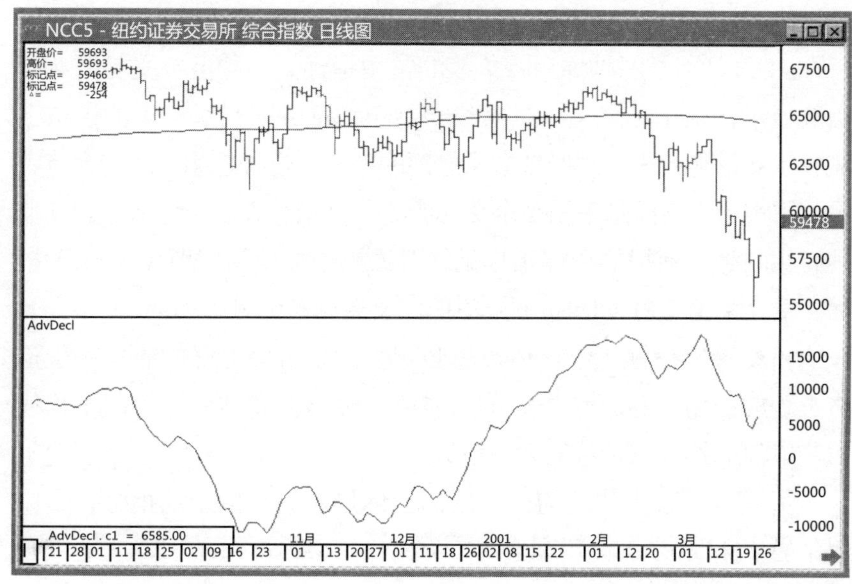

图9.5 腾落线

再反弹，然后尝试再次触及通道，但这次却失败了。这一失败成为市场时机选择信号以提醒交易者采取行动。盘整顺利进行。这些只是我在通道里寻找的信号。

右首边的图中显示了通道的另一个用途。IBM的股价在近期处于一个较高的价位。然而，价格达不到通道就不会触顶。因此，现在大家都知道了价格行为将延续，而且上述形态将有助于把握市场时机。公式的格式适用于TradeStation（见图9.4）的任一版本。如果使用不同的系统，你需要与软件供应商一起共事。

两个通道计算公式具有相同的特征，即当市场变得稳定而宁静时，通道明显收窄。这段时期过后通常会有一次剧烈的市场波动。

成交量与市场行为研究

一些投资者认为市场振幅是确定市场方向的最佳方式。这一思想强调对成交量的研究，因为无论这些交易者多么喜欢价格分析方法，他们也知道仅仅进行价格分析是不够的。市场振幅分析师使用这些指标和方法跟踪所谓的市场内部结构，如成交量、上涨股票数量及下跌股票数量。市场振幅分析师一般对股票感兴趣，而且这也是为什么几乎所有的方法都采用股票行为的对比。

图9.5显示了一种称为腾落线的常用指标。纽约证券交易所综合指数显示在该指标之上。腾落线表示纽约证券交易所上市的价格上涨股票数量与价格下跌股票数量之间的差额。这种思想学派的支持者不采用实际价格而是采用整个交易所的价格相关表现作为前导。其他具有相同潜在前提的振幅指标是绝对振幅指标、阿姆斯（Arms）指标、麦克莱伦（McClellan）振荡指标及麦克莱伦总和指标。

市场振幅指标用于评估市场强弱。如果价格上涨的股票多于价格下跌的股票，这就是一个市场强势的标志。通常通过绘制平均线而非单独地绘制原始数值来平滑数据。

另一个比较受欢迎的市场振幅指标是麦克莱伦振荡指标，是由谢尔曼（Sherman）和玛利亚·麦克莱伦（Marian McClellan）研究出来的。在发展良好的牛市中，大量股票价格稳步上涨。而萎靡的牛市特点在于只有少量股票价格大幅上涨，并会表现出一种所有股票价格都上涨的假象。这种背离被看做是股票即将终止的警告信号。市场底线是指当几乎没有股票下跌时市场指数继续下降。麦克莱伦振荡指标的极值被看做是高风险趋势的反转点。

阿姆斯指标广泛用于振幅分析。为计算阿姆斯指标，用价格上涨的股票数量除以价格下跌的股票数量以确定上涨/下跌比率。然后用上涨股票的成交量除以下跌股票的成交量以确定上涨量/下跌量比率。最后，用上涨/下跌比率除以上涨量/下跌量比率。如果你对这些感兴趣，我建议你阅读阿姆斯指标的创始人理查德·阿姆斯（Richard Arms）的书。（当所有的振幅指标都经历价格达到极值时的慢市反应并且能够保持在极值条件下时，我把这些指标看做是分析工具而不是进场/出场的交易信号。）

市场参与者研究

第三种思想学派包括几种创新的方法，这些方法受到业内市场行为分析师的喜爱。通常，市场心理学用于监测特定的市场参与者并解读他们的行为，以此预示价格走势。为了获得数据你可能需要做很多工作，但是因特网的普及使每个人的生活变得更加容易，例

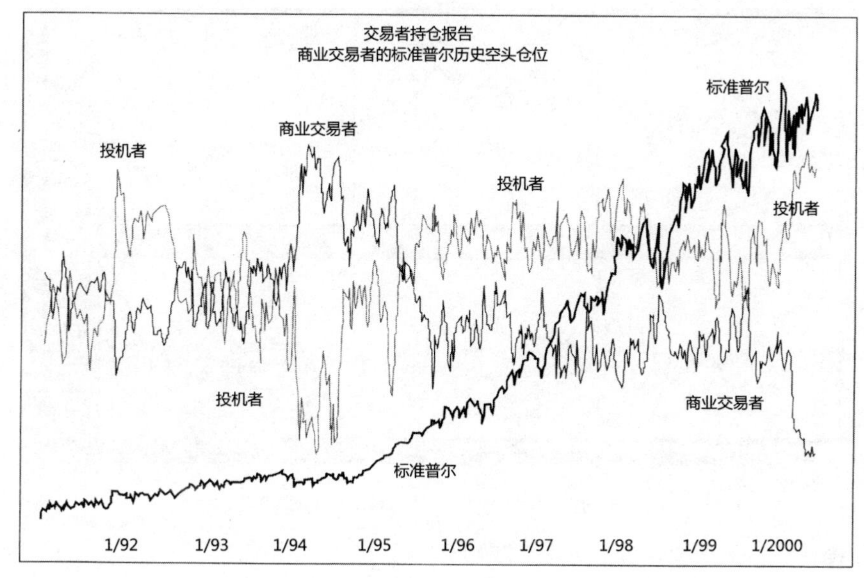

图9.6 交易者持仓报告数据的Excel图

如图可以直接地在网页中看到。因为有些原始数据公众很难获得，所以没有几个投资者知道如何研读交易者持仓报告。

图9.6是一张微软公司（Microsoft ）Excel表，是我从涉及期货交易者活动的交易者持仓报告的数据中得到的；这张表可以从单独一周的交易数据中获得或者以历史文件的形式从各种供应商那里购买到。每个期货市场都有投机的购买者和售卖者，而他们从来不愿意接受或交付潜在商品。而一些套期保值交易者确实想完成交易然后交付或取得商品。套期保值者具有不同于投机者的保证金要求并要求向交易所汇报敞口仓位。因此，就有了一个反映商业套期保值交易者行为与投机交易者行为的相对公开的报告。

一般认为的观点是商业交易者经常比投机者判断准确。图9.6中的图显示了标准普尔500期货交易中商业交易者与投机者的行为。商业交易者在2000年初持有的空头比历史上任何时期都多。相反投机者们却握有5年间最大数量的净多头。虽然商业交易者通常较早，但是他们使市场沿着正确的方向产生了大幅波动，而且投机公众失去了重要的赌博时机。这就是股票交易者使用这一信息的原因。

情绪研究人员注重对期权交易者行为的观察。看跌/看涨期权比率（P/C比率）是一个市场情绪指标，它能够显示在芝加哥期权交

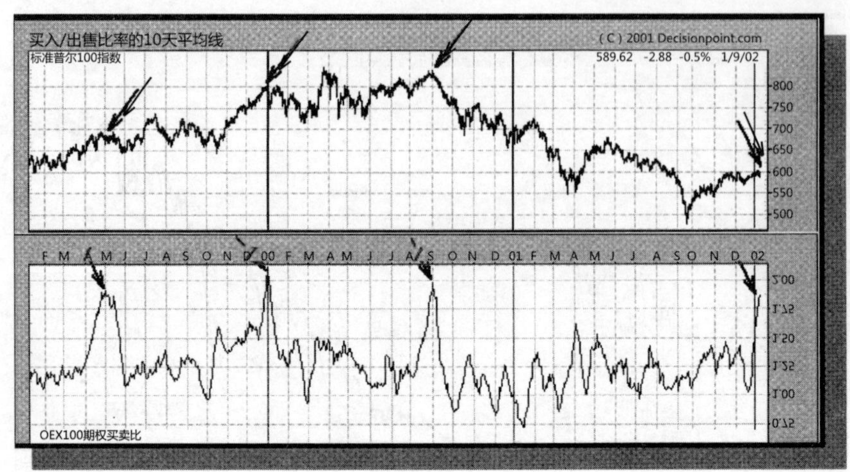

图9.7 买入/出售比率的10天平均线

易所交易的看跌期权与看涨期权成交量的关系。

看涨期权给予投资者以预定价格购买100股股票的权利。购买看涨期权的投资者期望股票价格在即将到来的月份上涨。相反，看跌期权给予投资者以预定的价格卖出100股股票的权利。因为购买看涨期权的投资者期望市场价格上涨而购买看跌期权的投资者期望市场下跌，所以买入数量与卖出数量的关系说明了这些投资者的做多与做空期望。

期权市场中多数成交量由投机大众产生。因此，正如交易者持仓报告数据所表明的，当一般公众中的大多数投机者开始支持市场一方时，市场将通过反向运转证明他们是错误的。看跌/看涨期权比率是一个反向指标，这意味着该比率越高，市场上将有越多的卖空投资者。 相反，较低的看跌/看涨比率表明买入成交量高，因此产生做多期望。所以，“超高的”价位会警告投资者由于情绪的过分影响市场可能会改变趋势。

图9.7来源于一张由www.DecisionPoint.com绘制的图。顶部显示了标准普尔100指数， 而底部是反映看跌-看涨期权成交量的指标。这些原始数据有些凌乱并需要整理。为解决这个问题，要绘制一条简单的数据移动平均线而非原始数据移动平均线。DecisionPoint.com已使用常用的看跌/看涨期权比率的10日移动平均线。

通常，OEX指数的看跌/看涨比率与标准普尔100价格数据以相

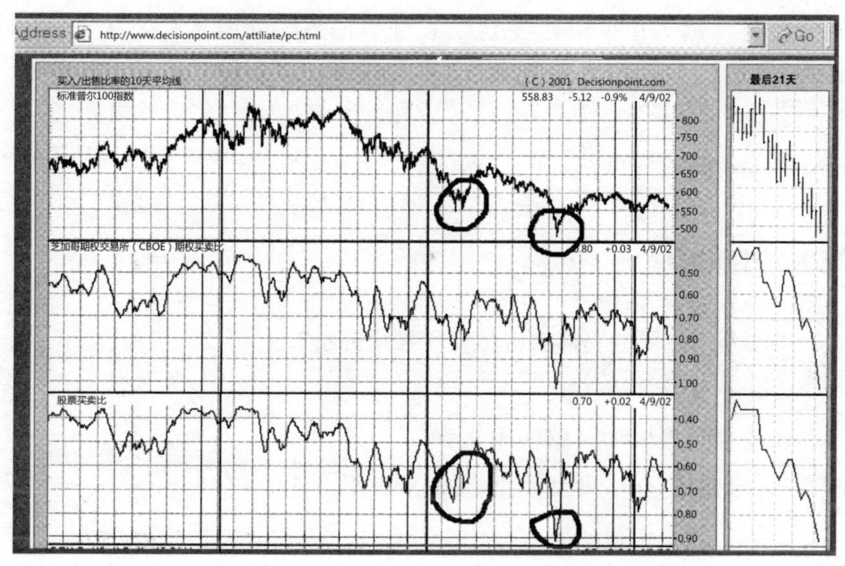

图9.8 芝加哥期权交易所（CBOE）期权买卖比及股票买卖比率

反关系显示。然而，反比关系很难对比。如果看一下图9.7的底部右侧及y轴上的标记，你会发现我已经抓住该指标并将其颠倒过来了。使用所有微软操作系统都带有的免费微软画图工具去描绘你想使其颠倒的部分。我将指标颠倒后，所有图标记也都颠倒。通常，这不会造成什么问题，因为我刚刚看了一下图的视觉效果。然而，对于这本书，我已经把底部左侧的标记及图中间的月份颠倒，以便你能够研读它们。这也就说明了为什么与波峰相对应的箭头是间断的。

期权交易中还存在其他的期权比率。同样来源于DecisionPoint.com的图9.8显示了芝加哥期权交易所（CBOE）期权买卖比及股票买卖比的例子。它们不是相反关系，而且指标标记显示图仍然保持首次在因特网站上出现的样子，未曾改变。

涉及期权的市场情绪隐含的理念会为你提供你可能想要探索的其他情绪指标。例如，会员空头比率衡量纽约证券交易所会员的卖空行为。会员在交易所场内进行交易，而且场内卖空的股票被看做是盈利资本，这与公众空头比率正相反。因此，在不同的市场参与者的行为之间进行对比，就像交易者持仓报告图（图9.6）中所做的那样。源数据可能不同，但理念是一样的。

当你建立自己的体系时，要清楚自己在研究这三种思想学派中的哪一种。最为重要的是要建立三种不相关联的信号并关注它们何时同时给出买入或卖出信号。

第9章 小测验

1.哪两个主要的交易者群体使用技术分析?

a.投资者及经济学家

b.基本面分析师及感伤主义者

c.有计划的交易者及凭直觉的交易者

d.散户及机构投资者

e.几何学交易者及情绪交易者

2.技术指标属于下列四类研究组的哪一类?

a.空头持仓量、空头比率、多头持仓量及多头比率

b.几何学、动量、情绪及振幅

c.柱线、蜡烛线、线及点图

d.柱形图、分布图、动量及方向

e.买入、卖出、多方（买入一方）及空方（卖出一方）

3.三种不相关市场分析方法是：

a.随机振荡指标、 RSI、动量

b.随机振荡指标、指数平滑异同移动平均线（MACD）、非趋势平均数

c.趋势、动量、价格通道

d.RSI、逆行时机分析、艾略特波浪理论

e.看跌/看涨比率、平均方向指数评估（ADXR）、密歇根（Michigan）消费者信心指数

4.通过90年代的历史数据测试指标：

a.是一种用于在一段时间内曲线拟合指标的方法

b.提供充分的历史数量，因为它包括一个牛市周期及一个熊市周期

c.给出虚假执行结果，因而不适用

d.b和c

e.a，而且当波动超出原来的时间回溯窗口时是有风险的

5.肯特纳（Keltner）通道及布林通道都是：

a.价格动态极值的衡量工具

b.市场情绪极端的衡量工具

c.市场波动性的衡量工具

d.价格达到极值区间时的即时转向信号

e.获利或出场的即时信号

6.当报道交易者进行“大宗”交易时，他们正在：

a.进行1000股的大宗股票交易

b.以每10大宗交易为单位进行期货交易

c.进行上百万美元的外汇现金交易

d.进行大型纳斯达克期货交易而非电子迷你型交易

e.进行大型基金交易

7.下述哪项是关于动量指标和情绪指标的?

a.它们能够表明何时大多数市场参与者将被卷入熊市或牛市陷阱

b.它们无法确定反转后市场将运行到何种程度

c.它们无法警告投资者市场何时处于高风险反转点

d.它们可以在没有其他不相关指标的情况下用于建立高胜算率体系

e.它们不能用来绘制日内价格数据

8.研究相对的开盘价及收盘价可以

a.确定市场强弱

b.确定市场趋势

c.a和b

d.确定收盘强弱

e.确定开盘强弱

9.下列哪项是市场振幅指标的例子?

a.当日上涨股票数量

b.威廉姆斯（Williams）振荡指标

c.MACD指标内的柱状图

d.纽约证券交易所腾落线

e.OEX

10.行为主义者研究公式用于下列哪项?

a.研究大众群体的买卖形态

b.研究散户与机构投资者买卖行为

c.研究做空人群及做多人群的买卖行为

d.研究掌握做空时事资讯和做多时事资讯的分析师人数

e.以上所有选项

第10章

实时交易的详细讲解

交易并不只是需要学习本书中描述的众多方法，还要通过坐在交易者旁边然后观察他们的一举一动学习应用这些方法的最佳途径。此处的问题是：交易需要单独进行，而且交易者在“前线打仗”时不希望被学生所问的问题干扰。另一个最佳选择是：能有一个交易者带着你理清两次交易背后的思路，以分析出投资计划以及如何做出决定。

能源板块中的股票交易

图10.1显示原油期货月线图。然而，在这个例子中，交易者只是股票交易者，所以你需要找出一些在不能直接进行交易的时候可以使用的市场投资方法。由于活跃期货以高价交易至某一特定的月份，然后转入新的月份，因此显示的图被称为永久图。有很多方法可以链接到不同的活跃期货合同，以便历史数据显示多年。

图10.1显示石油急剧下跌至菲波纳奇目标价位，该目标价位越过精确价位，在该价位处的简单移动平均线下降到50美元。在2007年1月实现了这个目标。《突破技术分析：世界顶级思想家的新思想》中详细介绍了这个目标是如何得到的。我建议你读读这本书，从而发现从全世界收集的全新分析方法。

石油市场特别有趣，因为它有助于阐明关键点：在没有相关市场可以依靠的情况下，不要进行股票交易或进场。例如，如果进行石油股票交易，你要研究能源期货。如果进行银行股票交易，你需要对财政债券及3个月欧洲美元的市场行情有所了解。因为目前日本财政债券引领美国财政债券，所以了解日本财政债券也是非常有用的。如果研究石油，你将对糖类感兴趣。为什么呢？因为在南美

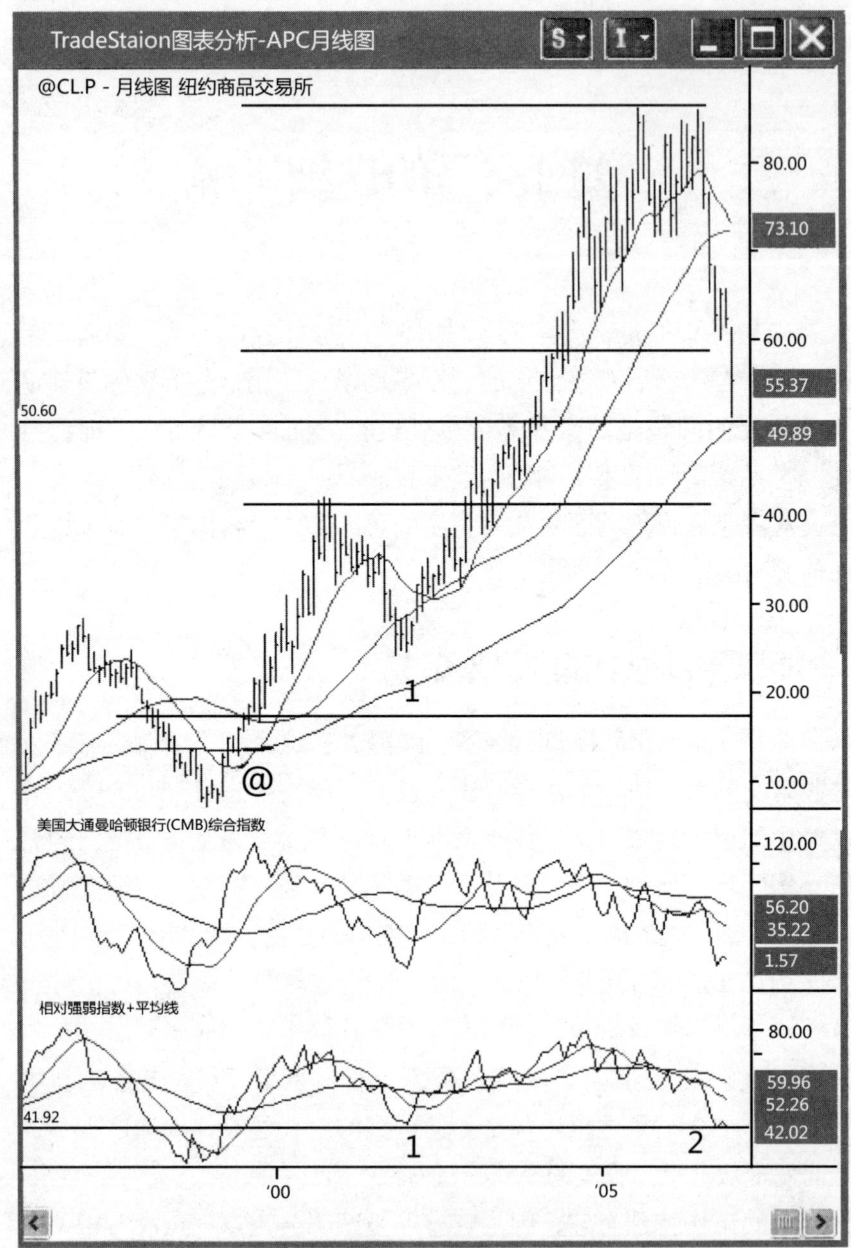

图10.1原油期货月线图

洲，糖广泛用于制造乙醇，因此所有图都与石油有关。关键是要知道在时机选择上它们略有不同。当你发现一个市场领先于另一个市场时，你就拥有了很大的优势。

绘制一张具有月周期内反向原油覆盖图的3个月欧洲美元图。你会发现这个逆反相关图在每个市场中都很接近。然而，相对石油市场，3个月欧洲美元稍微领先。因此，一个市场转变时，也是在警告你另一个市场也要转变。这被称为跨市场分析。当原油图归纳入图10.1中时，3个月欧洲美元已经转变。

在图10.1中，原油月线图显示市场急剧下跌至目标区域，这不仅是一个菲波纳奇目标价位，而且50美元区域在指向同一区域的下降范围内具有特定的几何形态，这一形态形成了50美元汇合目标区域。当市场达到这些临界区域时，交易者依靠他们的指标判断是否可以采取行动。在图10.1中，RSI处于靠近点2的价位支撑区。如果你通过跟踪到左侧进一步研究RSI，你会发现点1处的动量低点处于同一水平线上。（已将A1置于符合该RSI位置的价格数据之下。）很明显大幅回升从这一点开始。我们没有发现背离，但是一个也不需要。

看一下点1和点2处RSI的位置。RSI回调到点1，并且石油价格从点1开始出现了一个25美元的大幅反弹。然而，RSI到达点2时，石油价格在50美元处得到了支撑。这表明市场在更高价格处找到支撑位，并且可以认为指标正在形成一个正向反转信号。

如果你不做石油交易，在持有股票仓位时你如何才能利用未来期货市场的转变获利？你必须研究能源板块的图。有几个板块把股票与商品生产、商品服务或供应类似商品的公司一起分组。有时很难知道一支股票属于哪一组。标准普尔指数已研究具有相似税收额度的公司或集团公司的税收。在石油股票的例子中，有几个股票组需要考虑：石油钻探、石油设备、油气勘探、石油冶炼、油井钻塔服务公司及国际石油集团公司。

当我关注石油冶炼时，SUN与ASH股票走势图相互矛盾。如果一组中存在相互矛盾的趋势，我建议看看其他组。我浏览了一个特定组中的股票页面，其中有一个板块特别突出，即石油与天然气勘探板块，因为这个板块中的所有股票都不完全反弹，而是在修正。落在此板块内的股票是EOG、APA、APC及DVN。因为此股票板块提供一致的信息，所以我选择了最吸引我进一步研究的股票，即APC。

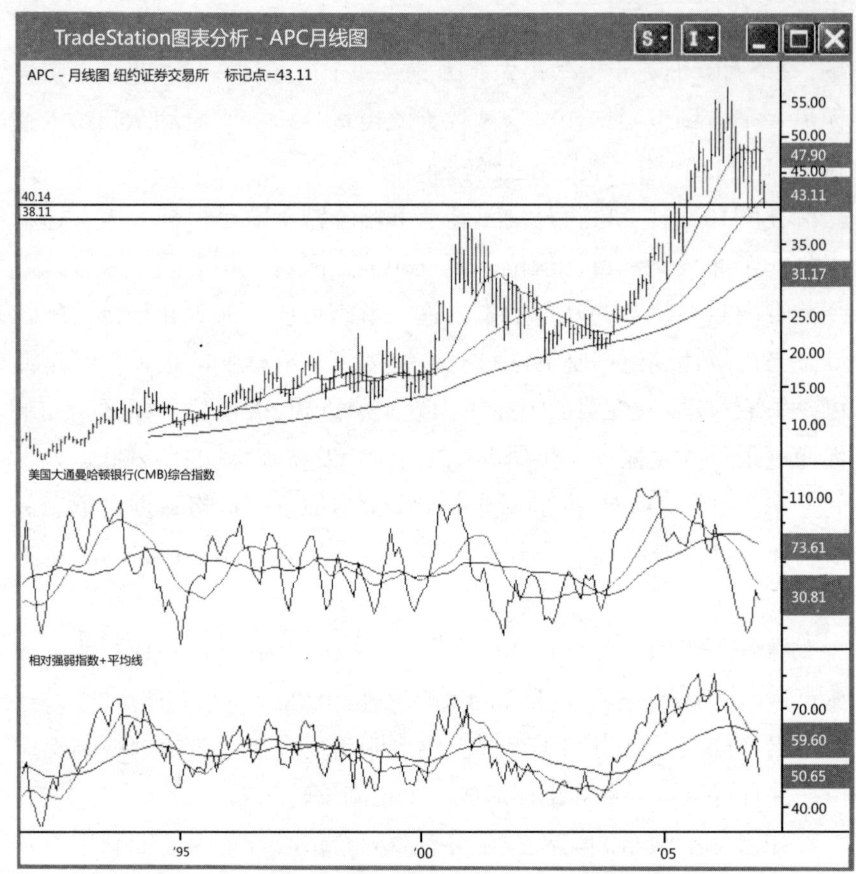

图10.2 美国电力转换翁（APC）月线图

图10.2是一张APC月线图，它显示了股票价格已经下跌至目标区域，该目标区域已用横穿该图的两条平行水平线进行标记。几个菲波纳奇回撤位落在目标区域内。图中只剩下由斐波纳契回撤位聚集在一起形成的区域，而放在此处为了看得清楚。你可以一直看到左侧。支撑带恰好下降到2000年12月形成的历史价格高点之上。市场经过5年的时间返回到这些水平。历史价格高点非常重要，而且APC股票总是不断试图突破前期高点。我在这一区域也发现了由2006年5月创造的高点所形成的支撑区。如果你单独研究价格数据，你会发现这是该股票第二次下跌到这一支撑位。关键支撑区的双重试探被称为W底转向信号。

从技术上来看，指标没有显示超买，而与RSI相比，综合指数可能显示出背离的迹象。很明显RSI在趋势重新开始前多次探底，这是

图10.3 支撑区双重测试

在提醒交易者注意，因为这可能是一个反转点，但是这种现象可能非常短暂，反弹之后即进行另一次试探。价格上的移动平均线显示正差值，而指标上的平均线显示是负差值。（这是对长期图保持警惕的另一个理由。）

图10.3更加清楚地显示了支撑区的双重试探。综合指数和RSI均显示超卖。然而，RSI在同一振荡价位上试图第三次触底。这是一个强烈的交易信号，以考虑购买止损点正好在支撑区下方的股票。周动量指标与月动量指标一致，这就增加了信号的重要性，而且你会发现周线图与月线图不总是一致的。当周线图显示超卖而月线图显示超买时，周线图将向上波动，然后，当两个图一致时，将会出现大幅下跌。当市场即将达到底线时，周线图可以显示超买，而月线图可以显示超卖。周线图可能会警告在真实底线产生之前会出现另

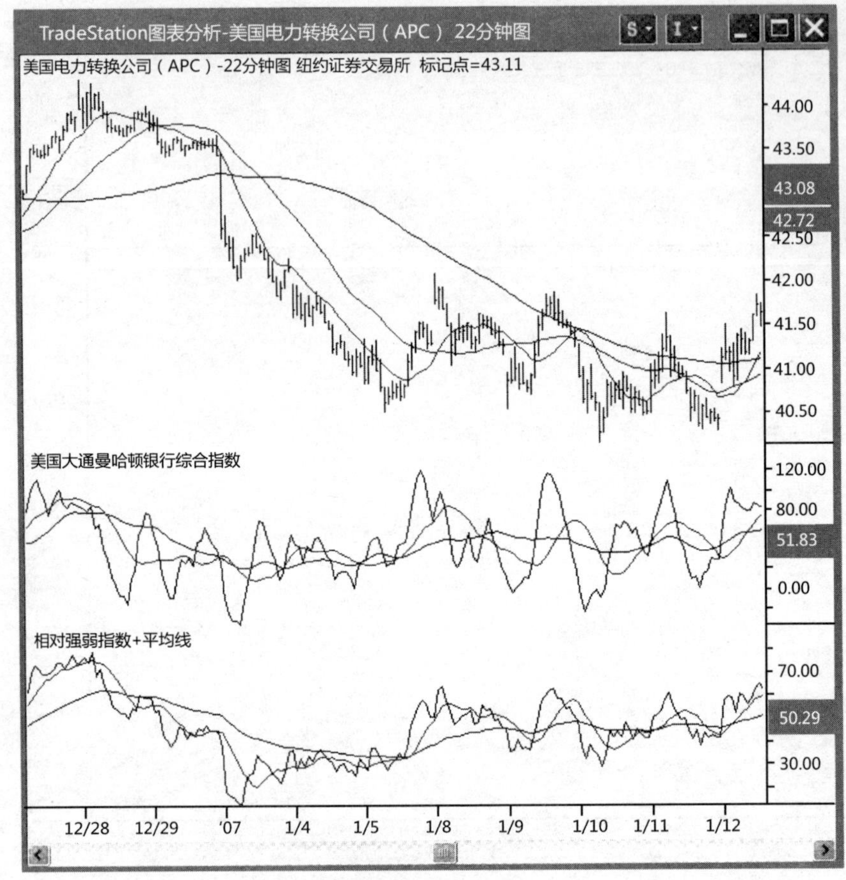

图10.4美国电力转换公司（APC）日线图

一次大幅下跌。注意月线图与周线图是冲突还是一致非常重要。当我研究日线图时，它也试图形成底部。

如果在前一天晚上你就完成了长期图上的工作，你就可以等待第二天市场开盘了。但是，APC的市场开盘非常有趣。图10.4是APC的日内图，这是一个22分钟图。回忆一下前面的章节，出现4:1的比率时建议你观察图。股票交易中我发现88分钟图比60分钟图更有价值。这就意味着我需要一个22分钟图来进行对比。（你不想局限于只能为你提供时间周期的固定菜单的供应商。如果你是一个长期交易者，你还需要当日的数据。你必须能详细了解市场，而不仅只是大的交易图。）

APC市场开盘很有趣，因为它与前一天之间有一个开盘价之上的缺口。图10.4中画出了所讨论的开盘之后的11条柱线。我们过多地

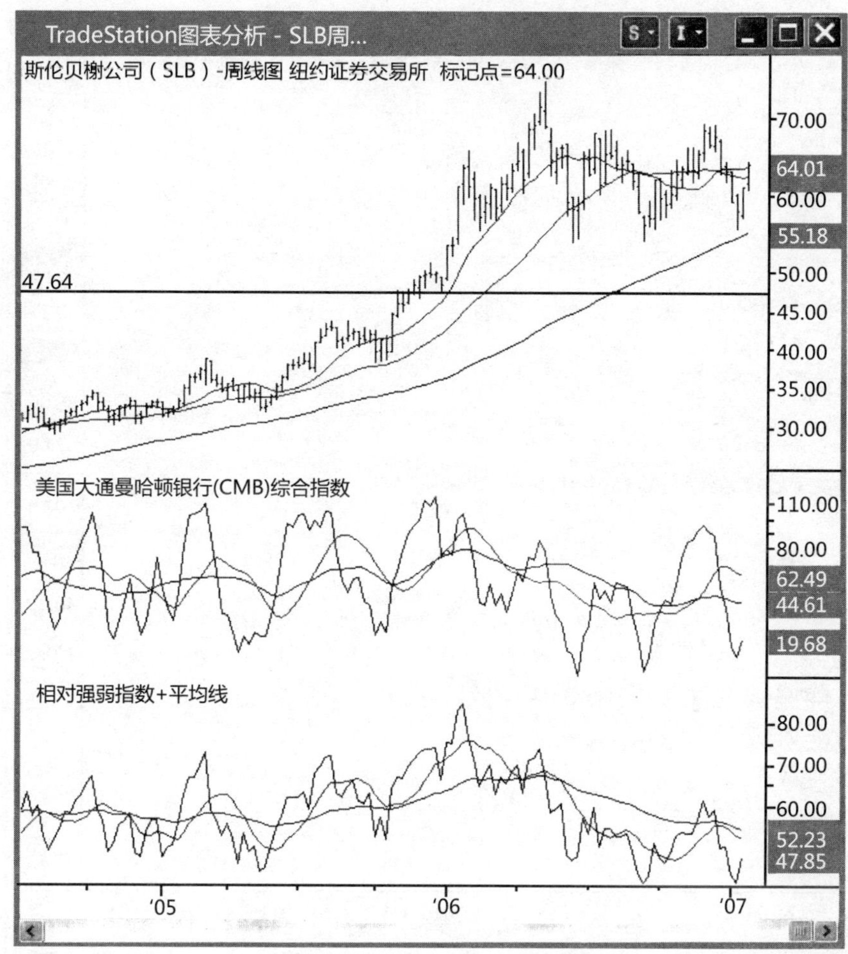

图10.5 斯伦贝谢（SLB）周线图

买入导致延期。工作已经做完，而且现在市场向我们展示了开盘价之上的缺口。这是非常重要的，因为有经验的交易者知道接近潜在底线的开盘价之上的缺口就是突破缺口，而且如果完成探底，市场不该也不能下跌以完全填补此缺口。因此，在缺口存在的情况下，我们迅速设置止损指令。开盘之后的最初一小时内，小的回调紧跟图中显示的移动平均线。图还显示了市场强弱，而且你可以在近期的柱线中看到掀起的另一个波浪上移到当日的新高点。（无论你是短期交易者还是长期交易者，你都需要了解这类信息。每个交易者都必须掌握日内数据）

最初目标价位只需达到43.50，但是止损点如此接近进场价格，

图10.6 斯伦贝谢公司（SLB）图表分析

所以盈利/损失比率达到 3:1。当盈利/损失比率低于3:1时，你不想进行交易。没必要为了赚取2美元而花1美元冒险，或者更糟糕的是为赚取1美元而花1美元去冒险。你的风险资金应该占总交易资金的一定比例。在你的止损仓位及进场价格基础上，风险资金不要超过交易资金的3%。你可以使用多于3%的资金但只能承担3%的风险。如果你犯了错误，减少资金总规模以计算下一个百分率。如果你的盈利/损失比率为3:1，你有3%的风险但有9%的潜在收益。你会发现交易时机非常重要，因为好时机可以使交易者以相同的风险获得较大仓位。这被称为杠杆作用。

能源板块不稳定并具有风险性。你可以通过在同一板块内进行两种股票交易进一步降低风险。如果你在同一板块内进行两种股票交易，可以只通过在每个仓位上使用资本的1.5%来分摊风险。

图10.5是斯伦贝谢（SLB）的周线图，SLB与APC属于同一能源板块。该周线图也显示看涨行情。综合指数与RSI相背离。RSI即将形成双底，因为综合指数在摆动指标中形成上升趋势线。周数据跌破价格数据上的移动平均线。

我们已提及的一种方法称为艾略特波浪理论，这种方法用于研读价格数据波段内的情绪形态。从市场高点到低点形成移动平均线，从而我们拥有一个完整的整理形态。（你可以另找时间研究一下该形态，但是对于我来说，通过整理形态更容易看出大幅反弹还不彻底。）不相关方法经常帮助交易者增加信心及胜算率，因此，我们能够分散风险并购买股票。我们的目标价位返回至70美元区间，这使我们可以持有长期仓位。如果一直对APC缺乏信心，我们就会在最初目标时放弃APC并认为这样可以在SLB的主要交易中降低风险。

你会发现学会如何研读图并不能使一个人成为交易者。执行及风险评估需要更高水平的专门技能。当你开始交易时，风险评估非常重要，因为它会为你赢得获取经验的时间。

你可以通过电脑了解SLB交易如何结束。如果价格达到70美元，我们可以在获利了结至少一半仓位以将一些利润存入银行后重新进行评估。应该在保证相对初次交易有150%的信心的基础上，才考虑趁市场回调满仓，但是进场价格一定要低于出场价格，并且在最初进场计算结果的基础上，止损点设置的风险可以高于1.5%。

在我们论述APC的那个市场开盘中，在图10.6中你会看到SLB也有一个开盘之上的缺口。现在同一板块内有两支股票显示市场强弱，这将增加个人的交易信心，但是不要改变自己愿意承担的风险大小。

标准普尔500指数中的大盘股交易

2007年2月27日，道琼斯工业平均指数（DJIA）在一个交易时间段内下跌了500点。新闻媒体及很多美国交易者对此发展趋势感到惊

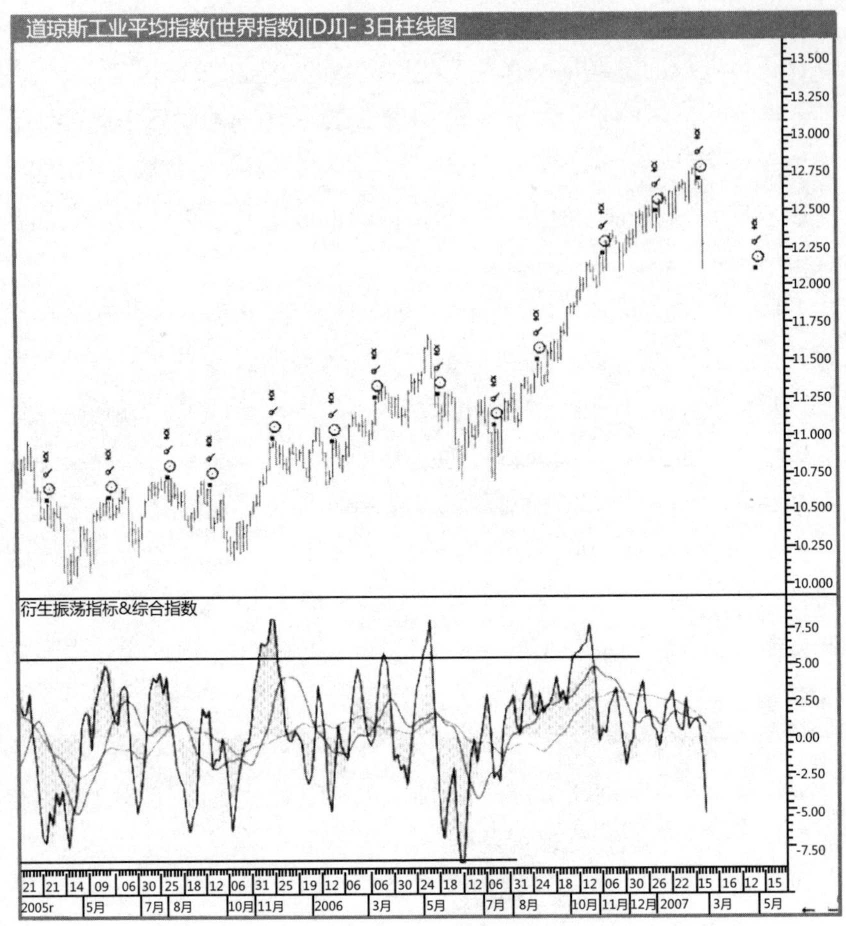

图10.7 道琼斯工业平均指数3日柱线图

讶，因为他们感觉这是一条消息的负面影响，该消息指中国建议资本利得税收应该用于本国的抛物线状反弹股票市场中。图10.7显示的图是在实时交易情况下获得的。更资深的全球股票指数分析师对DJIA的下跌并不感到惊讶。

图10.7所示的DJIA3日线图显示了随着被称为综合指数（加粗的黑线）的动量振荡指标的损益差额，移动平均线之间的距离变小了。随着价格试图维持反弹以达到新的高点，综合指数动量高点变得越来越低。这就是经典的底背离，其警告交易者市场已经失去动力。

综合指数后面有一个柱状图。它是另外一个被称为衍生振荡指标的分析工具。（可以在我的书《专业交易人士技术分析》中找到有关振荡指标的资料。） 2007年的前8个星期中的衍生振荡指标低

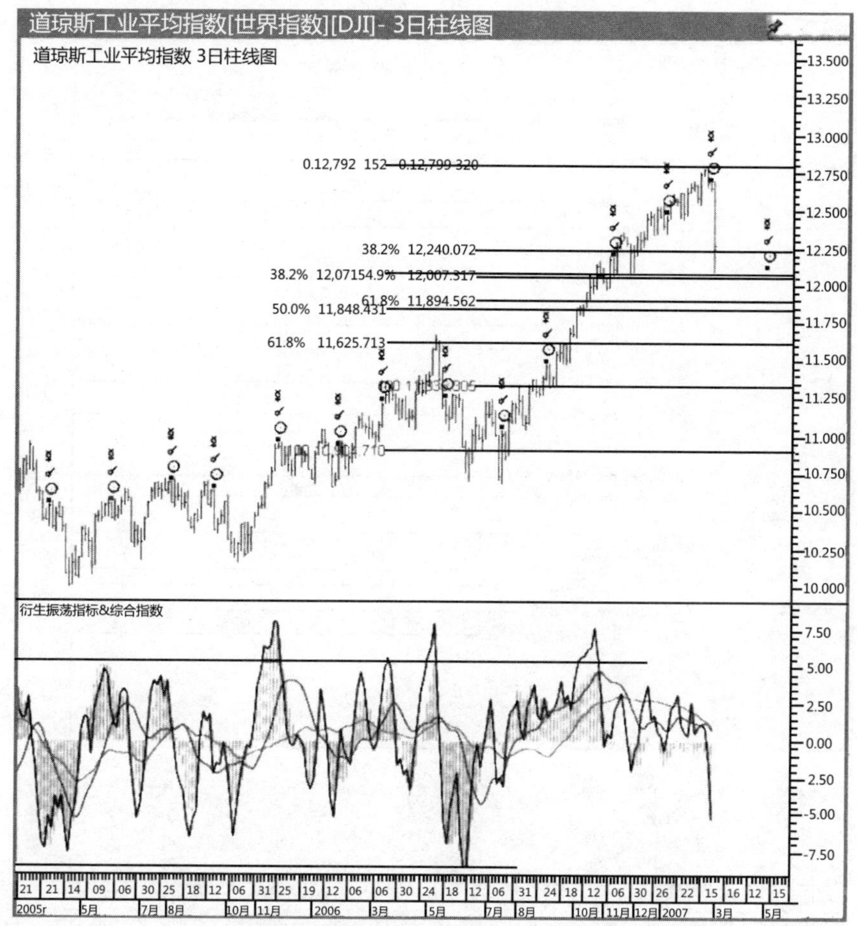

图10.8 道琼斯工业平均指数菲波纳奇回撤计算结果

于零。这仅表示DJIA不堪一击。

图10.8显示了第3章中详细描述的菲波纳奇回撤计算结果。两个菲波纳奇投影重叠的第一个区域称为汇合区域，其恰好是市场下跌的区域。当你查看自己的图时，你会发现市场继续处于低点状态并且反弹到汇合目标区域上方画出的次级支撑位。该指标表明市场常常需要一个更复杂的底部，而且综合指数当前价位无法形成长期底部支撑。因此，市场反弹受阻后，出现再一次大幅下跌至较低支撑区的情况。该图仅显示了菲波纳奇回撤位。我们还计算出甘氏目标价位，然后发现11909实际上在11848至11894之间标记该图支撑区的顶部。DJIA将此区域顶部作为触底位置。

我们一周前就知道DJIA处于非常高的风险反转点。我们也知

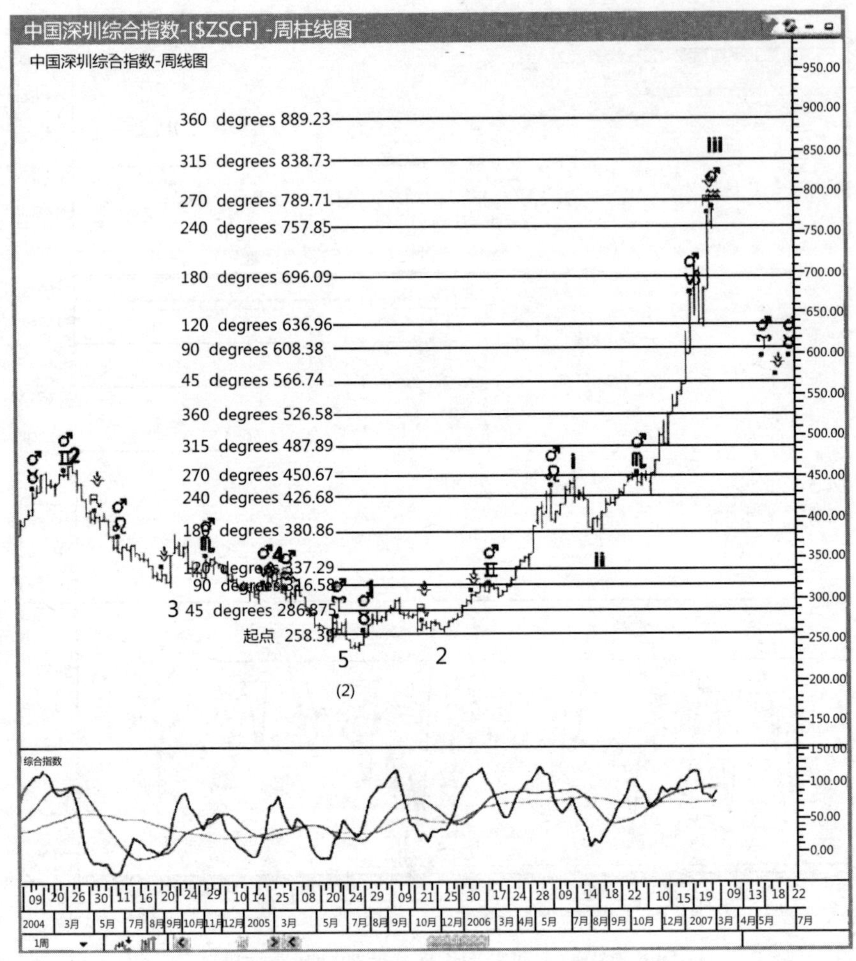

图10.9 中国的深圳综合指数（周线图）

道这次下跌将会完全回撤。此图中你会看到根据数据绘制的天文周期。因为这是一个3日图，所以日期黑点几乎没有变动区间以了解它们是否受到市场的关注。（在这一章中你会学到如何应用第6章论述的周期。）这个周期不是固定时间间隔，而仅以数学方式使用，没有任何天文学含义。只需要关注周期何时产生，然后电脑在当日留下了一个黑点。可以在标记另一时间目标的最右侧看到未来的黑点。

基本面分析师曾经认为这种情况会影响全球市场。可只要一个人拥有一点关于海外市场的图表意识，这类事件对他来说不会那么惊讶。

图10.9提供了深圳综合指数的每周视图，其是中国对DJIA的回答。（任何人都能从因特网上获得价格数据以跟踪市场。你可以从

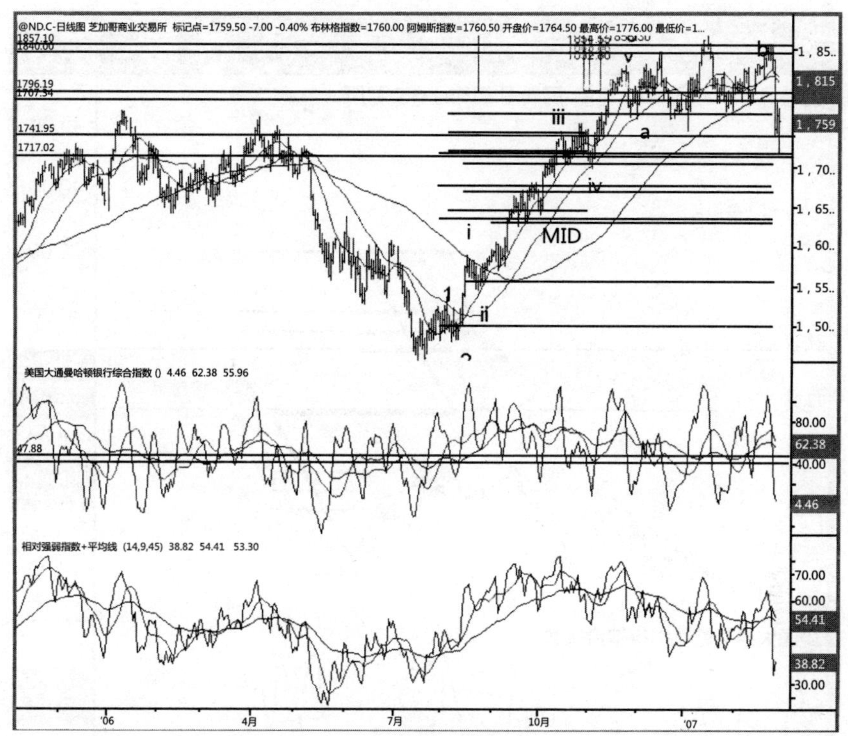

图10.10 纳斯达克股指期货

一家叫CSI DATA 的公司订购当日数据。称为“不公平的利益”的产品每年的租金很便宜。你可以通过该数据供应商跟踪你想了解的任一全球市场。）

在深圳综合指数中，你会看到一组标记特定波段的数字。（这些记号就是艾略特波浪。）价格高点之上，你会看到两个重叠的天文黑点。这与菲波纳奇目标重叠形成一个主要目标的理念相同。这是汇合时间目标，并且指数正是从该点开始全球性崩盘。技术指标也试图背离，但是注意指标上的平均数仍然是收益状态。这就意味着即将发生的下跌将非常令人讨厌，但将会完全回撤。中国可以在大幅下跌之前完全回复，这表明DJIA的下跌也将试图从该严重崩盘中反弹。一旦DJIA第二次向11909下跌，我们应该购买少量股票。（当多数交易者仍然处于恐慌中时，一个交易者可以通过这些信息查阅如何获得资本。）

你需要知道的第一件事情是其他美国指数是否会按照你的想法出现。你不打算单独根据DJIA图进行购买。图10.10显示纳斯达克

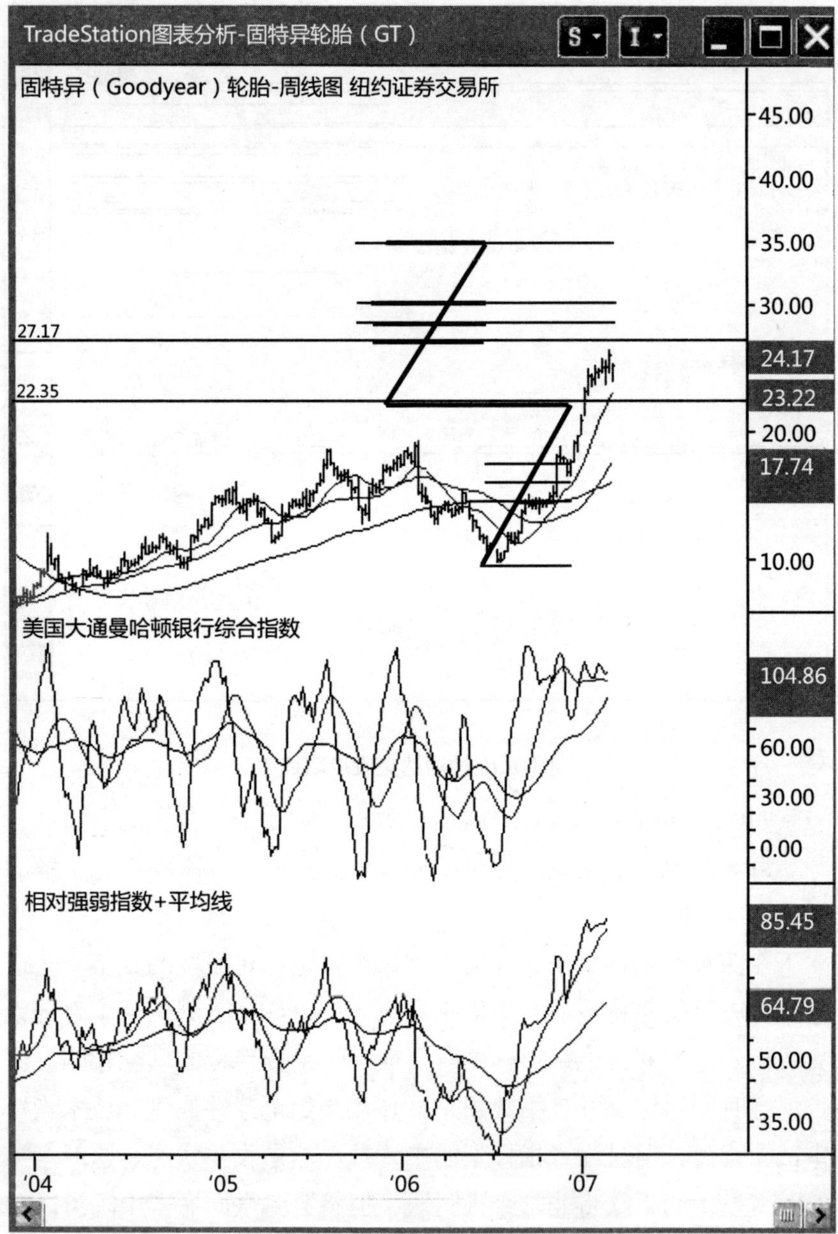

图10.11 固特异轮胎（GT）周线图

股指期货图。此图更清楚地显示了一次强行突破在一个通过斐波纳契回撤分析得到的汇合目标区内找到了支撑位。市场反弹并在阻力区域下钝化。然后，价格下跌到在最右侧的最近的柱线下面标记支撑位的汇合区域。纳斯达克跟踪情况与DJIA相同并维持本身的支撑位。存在确认信号。

当查阅股票板块时，我们发现了一支明显具有不完全反弹并在中国利好消息传出之前正显示出强劲趋势的股票。

图10.11显示了固特异轮胎（GT）的每周视图。因为我们需要多样化，所以需要一支非能源组的股票。我们找到了六支喜欢的股票，而GT股票位居榜首。为什么？可以说GT股票能够提供几种几何图形线索。2006年价格低点与22.35之间所得的测量结果标记反弹开始的中点。菲波纳奇工具用于测定已测量动态以促使均等波段上升，从而确定价格目标为35，而更保守的目标接近31。

多数人使预测波段从价格回撤处上升。我们更喜欢在众人购买一支股票之前获取利润，避免与众人一起获利。因此，我们从下降到反弹内最强上升波段中间的虚拟中点开始预测波段。周线图中的动量指标看上去很糟糕，但是日线图显示出很强的购买趋势。

很明显美国市场处于探底状态，而且情绪已经由容忍向恐慌转变。你会发现月线图仍然表现出购买趋势。如图10.11中所见，其中一个时间周期是非同步的。这时适宜以小仓位进行交易，因为立即反弹的概率不如三个时间周期一致时的概率高。GT股票价格及RSI处于极端高点，达到新高。指标将斜向或竖向下跌，但是之后它将猛烈地上涨以挑战目前正在创新高的振荡指标仓位之后的历史动量高点极值。平均线也显示了收益差额极值。毫无疑问在更大市场环境中该股票具有升值余地。

现在要考虑的事情是风险承担中隐含的数字知识。你会发现中点线下降到22.35。如果GT向下跌破这条线，你就不会再想继续持有仓位。因此，股票周期内你的止损线刚好在此中点线之下。股票交易价为24.17，你拥有的保守目标价为31.50。你用大约1美元去冒险，从而赚到将近6美元。你想购买，但直到你研究了空头时间框架，你才算完成准备工作。

图10.12中的每日数据表明GT已下跌至24点上的主要支撑位。综合指数正形成对应于RSI的第三个背离信号。然后，你回头更进一步地观察日线图中的价格，你会发现转向信号已经出现。数据两次试探24美元支撑线形成W底。在15分钟图中（当我们进行实时交易，

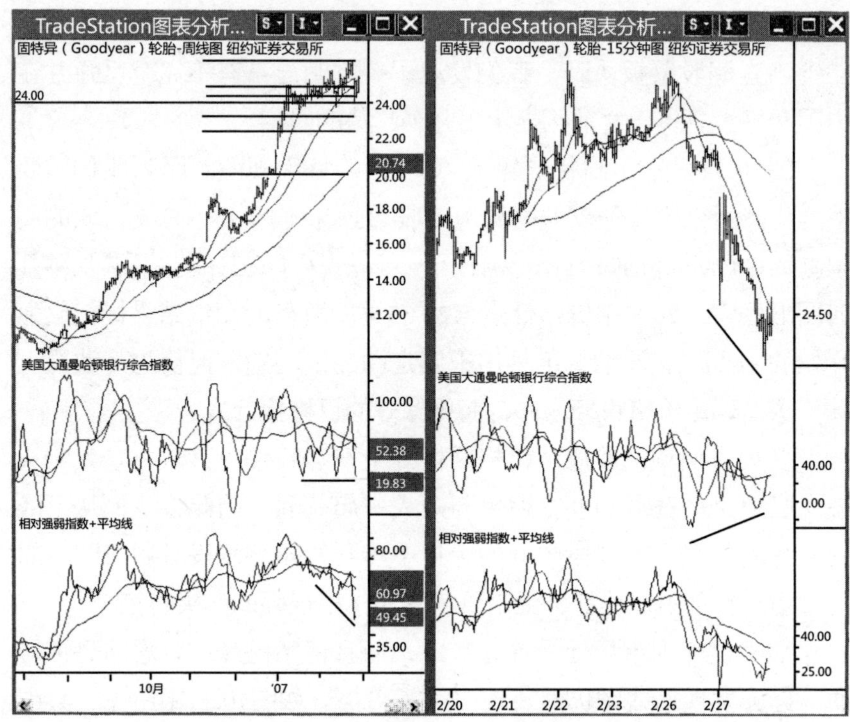

图10.12 固特异轮胎（GT）主要支撑

屏幕上的这些内容都是为你准备的），综合指数再次与RSI背离。价格通过修正具有称为锯齿形下跌的完整艾略特波浪形态。

图表未能显示出的信息是道琼斯工业平均指数、纳斯达克及标准普尔都处于时间目标转向日期。在论述周期的章节中介绍过时间目标。你在前面的图中就已见过这些实例。因此，你要考虑指数无法突破它们的主要支撑区以及GT无法创造新低的信息的所有迹象。你的目标价位处于低点，因此，你的入市价位就会紧靠近止损指令。

过了一段时间，我们记录日内空头图以显示离开价格低点的行情（见图10.13）。

当DJIA开始趋于稳定时，GT股票迅速上涨。在短期交易中，你将一部分利润投入最初目标区域内，然后增加到可能试探图中平均线的回调上。长期交易者将不采取行动而等待观看结果。我们既采取行动又看到了结果：我们卖掉仓位的40%，然后在稍低水平增加65%。这就意味着我们持有平时仓位的125%。但是资本风险未超过总数额的3%，而且由于周线图中的误差，我们不得不将资本风险按

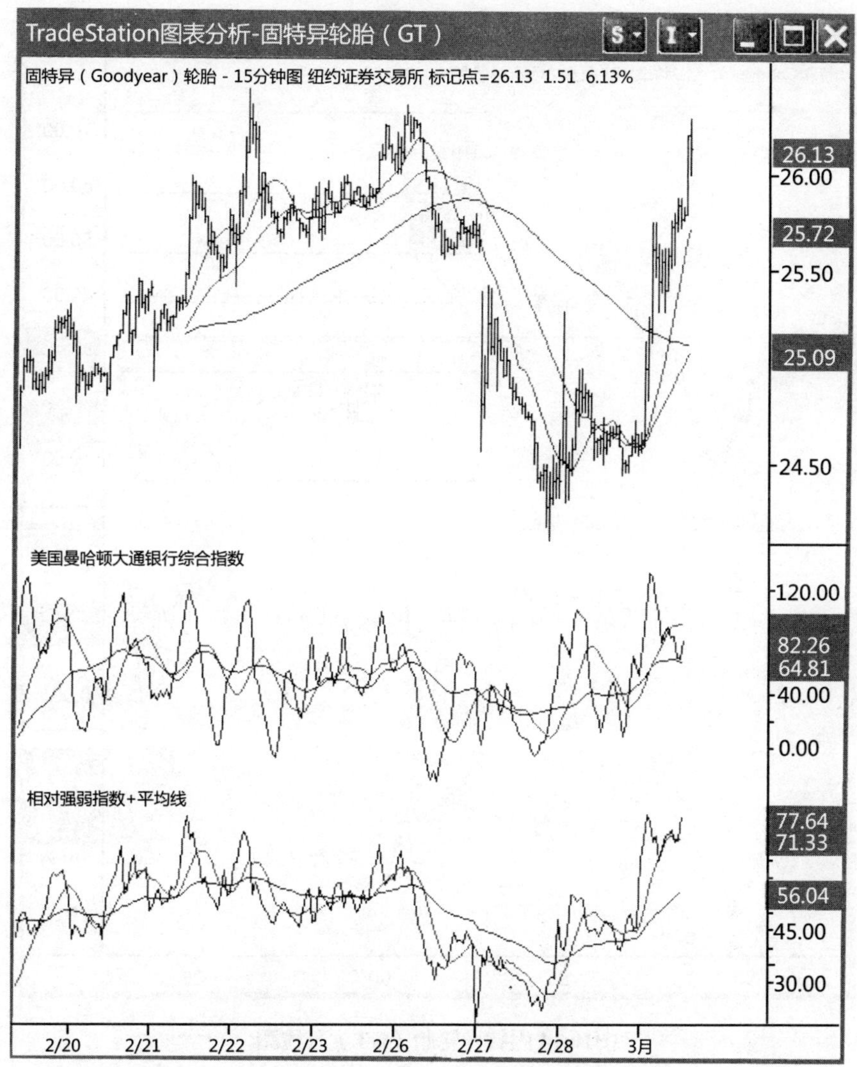

图10.13 固特异轮胎（GT）远离价格低点的行为图

比例缩小到2%。因此，最终仓位风险仅稍高于2%，但是我们已经积聚薄利以通过更强的杠杆作用减少风险至2%。

图10.14为新的月线图，其显示了GT股票处于32.10点。此时间框架内的菲波纳奇回撤显示了在32.10点的主要汇合区域，而32.10点稍高于源于短期目标的目标。通过31.10价位的市场订单我们取得了大部分利润。（虽低于目标价位，但我 们并不期望完美。）余额抵消了，而且此图完整地显示了交易过程。市场可能停滞在此，然后达到下一个接近40的价位，但是DJIA及全球市场再次显得很危险。

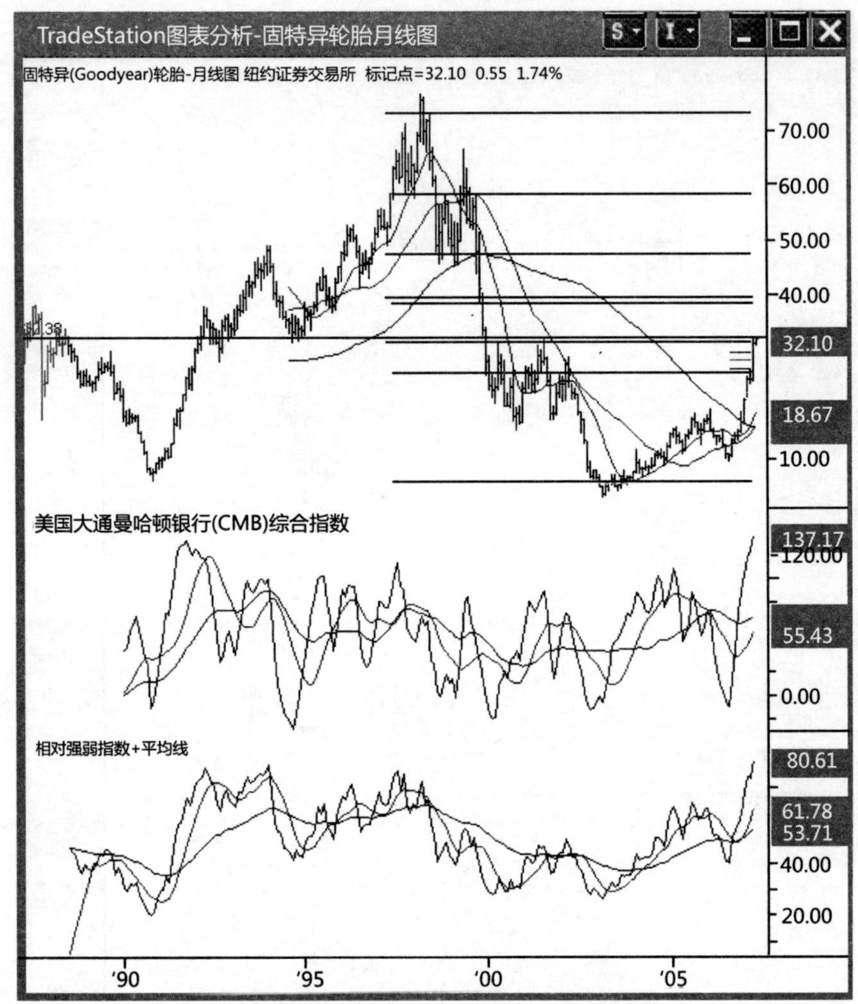

图10.14 固特异轮胎（GT）月线图

因此，我们将钱存入银行，却将股票留给别人去琢磨。此图中的指标已达到新高，并警告将产生进一步的向上延伸。但是最好整个过程重新从回调中开始，因为周线图与日线图现在都显示超买。

这两个交易实例包含了许多关键要素，应在下订单之前考虑一下这些要素。你对板块内的其他股票有把握吗？在关键支撑位或阻力位你的指标允许你行动吗？在你进行交易之前你知道市场将走向哪里以及哪一阶段的市场不适合进行交易吗？你能在其他相关市场中找到支持你观点的证据吗？你能买到风险低于你总资本的3%的仓位吗？你拥有最低3:1的盈亏比率吗？仅仅能看懂你面前的单一市场股票图是不够的。

我希望你交易成功，而且要遵守交易规则。市场考验每一位交易者，而且市场中总有很多需要我们学习的东西。然而，在结束前我想给你几点建议来说明一下为什么许多交易者在学习如何在市场中获利之前就失败了。也许你可以避免一些普通陷阱。进行交易比只关注制图技能的发展会收获更多。成功交易者了解他们自己并知道人性如何影响我们的决定。

第11章

成功与失败的理由

人性挡道

你有梦想吗？你知道为什么你想要成为成功的交易者吗？我的梦想是拥有自己的马场，然后每天清晨带着微笑醒来，因为我知道我的那些四条腿的朋友正等着我为他们送上早餐。经过漫长的旅程，我终于到达了纽约世界贸易中心塔的顶部，来到了世界最大的金融城市中最耀眼的地方。尽管我没有任何遗憾，但“9·11”事件却唤醒了我。我要做的下一件事就是开始过自己的生活。对我来说，每一天都非常宝贵，我不想再因为专业活动而将个人的目标放在一边。梦想决不是积累更多更好的东西，所以你需要有一个真正的梦想。

交易考验的是一个人的性格而不是他的技能，我会为你解释原因的。

成功与失败并不单单取决于我们所掌握的知识，最终结果更有赖于人的心理因素。我们所拥有的某些心理特征正是成功的障碍。第8章中的问题都是正误判断题，但是每一个问题都会有一个 “正确”的答案。我是在故意干扰你的思维以阐明一个观点。要做完多少道题之后，你会开始想“这道题的答案不可能又是‘正确’吧”。在回答一系列问题的过程中，你是较早还是较晚开始怀疑自己的答案？这样的问题模式是否干扰了你的思维使你改变答案？为什么前一个问题的答案会影响到下一个问题的答案的正确性？ 为什么前一笔交易会影响我们在下一笔具有相同交易计划的交易中的行动？为什么在你的股票有利可图时，你不将它卖掉？你又为什么一直观望，眼看着利润随着价格越来越低而减少，却没有报卖？

生活在乡村、养马，这样的环境可能会让人认为除非我坐在计算机前，否则是决不会看到市场心理学是如何发挥作用的。然而，在一个秋日，我看到了一位老猎人展示他捕猎火鸡的技巧，感到很惊奇。随着故事的展开，你会发现猎人所展示的人类心理学——交易者每日的斗争对象。猎人设了一个捉火鸡的陷阱——一个由顶部装有铰接门的大箱子组成的粗糙装置。这个门一直用一根系着一条细线的支柱撑开，而该线距离后方的操作者一百英尺或更远。沿着小路稀稀拉拉撒成一串的玉米粒引诱着火鸡走近箱子。一旦火鸡进入箱子，就会找到更多的玉米粒。有足够多的火鸡进入箱子后，就应该迅速拉走支柱，然后放下门以关闭箱子。

老人来到箱子旁，看见箱子里已经有十二只火鸡。有一只火鸡一定是听到我们走近的声音了，因为它小心地跨到箱子外，想看看除了意外的玉米粒大餐之外还发生了什么事。

“天啊，十二只都在里面时拉线就好了，”老人说，“等一会儿那只火鸡也许会回到其他火鸡那儿。”

可是，就在他等着第十二只火鸡回来的时候，又有两只走了出来。

“剩下十一只的时我就应该知足，”他说，“只要再有一只回来，我就拉线。”

然而，又有三只火鸡走出来了。老人仍旧在等，原本有十二只在他设的陷阱里，现在显然他不甘心只带着不到八只的火鸡回家。他始终抱着失而复得的想法。最后，箱子中仅剩下最后一只火鸡，他说：

“等这只出去或者再进来一只，我就不等了。再进来一只我还有点儿奔头，要是只有一只，所有的努力都白费了。”

最后他走了，一只火鸡也没捉到。这是一个真实的故事，所有交易者在早期职业生涯都不同程度地经历过类似的情形，因为大多数交易者也都不知道何时拉线来关闭陷阱。本书中提供的工具能够帮助你意识到何时关闭陷阱，还给出了精确的方法来明确何时拯救整个空陷阱以免一无所获，并全身而退。市场以不同的方式考验我们，而我们的人性一直在其中挡道。

培养信心使自己独立

散户所犯的通病是对自已缺乏信心，所以他们认为身边的其他人的观点一定更好。你知道这样的情形：一个邻居传播小道消息，一个亲属声称他们公司的收益报告明天公布时将会引起轰动，早晨一个自由经纪人在本地的咖啡馆洗牌时突然冒出一个小道消息。在我的职业生涯的早期，我常常记录我的第一个经纪人提出的建议，不过数月后我肯定我的疑虑：我听到的他给的大部分建议都是极端错误的。为什么？

顺势而为

人们倾向于购买较差的股票，因为他们觉得购买许多低价的股票很好。人们对一种趋势没有"时机选择"的概念。超卖能够卖出更多，反之亦然。通过对技术指标的广泛研究，人们本能地感觉到了某支股票的价格应该上涨的时候，而忽略了曾经研究过的那些难懂的工具。亏损并不是指标导致的，而是源于人们给自己添加的心理障碍。这不异于你正好回答了七个答案为"正确"的问题，那么下一个一定是"错误"的。前面的七个问题仅仅提供了一个稳定的趋势而已，为什么只是为了改变而截断趋势呢？

经历使交易变得更难

许多新手早期都成功过，但后来就不知道为什么他们又反失了所有的利润，然后就有一些人进场。一般来讲，新手不知道如何控制损失，然而最重要的原因在于他们没有体会过失败的真正感觉。交易时你总是处于水深火热之中，所以一定要带上几枚子弹。但是，假如你没有防弹背心来对付亏损，那么心理上的伤害就会转化为自我怀疑，令你不敢轻举妄动， 从而将自己从金钱堆砌的深洞里挖出来就会变得越发困难。 这对自我的挑战可能比以往生活中所遭遇的任何一次都大。假如你将自我价值与交易成功联系在一起，那么这就更加糟糕。失败经历的次数会随着时间而增加，然后历历在目的战斗伤疤便开始作弄你的思想，而你会因此变得更加谨慎，应该是更聪明才对。但是你将会体会到因犯了错误而经历失败后自己的情绪会低落到何种程度。生存下去的唯一方法就是有一套严格的资金管理规则。这些规则的目的不仅仅是为了保住你的资金，更重要的是要使你免遭心理上的伤害，因为心理上的伤害更加难以抚平。

只买不卖造成的心理失衡

许多股票交易者表现出极度的心理失衡而不能从两方面进行市场交易。我不知道曾跟多少散户交易者讨论过，他们都认为对股票账户所要做的一切就是买进股票。然而，你同样也可以卖空股票！除了一个普通的保证金账户之外不需要任何专用账户。同一个账户既可以接受买入订单也可以接受卖空订单。你需知道如何下所有订单。

当新手想要买入某支股票时，他们会认为自己购买的是一笔注定要升值的财产，于是会持仓几天、几小时或几个星期。一个非常错误的想法是：你在购买一个股票代码并希望这个股票代码升得更高。一段时间后，如果别人和你想的一样，这个股票代码就会走高。这只是一个股票代码，征服它！因此，你可以卖掉这个代码，等价格降下来就赚钱了。这与伦理毫无关系，也不涉及背叛国家什么的。消除所有这些心理障碍。如果你认为该代码会上升就买入，认为会下降就卖出。作为股票持有者你是坐不稳的，因为资深的借方债券持有人无论如何对股票持有者都拥有绝对的权利，所以直到你可以购买公司已发行股票总数的5%之前只把它看作代码就好。在这之前，入门者只是一味地助长贪婪并惧怕代码背后的因素。通过使用技术图你已经在报告出来之前衡量了恐惧与贪婪这两种情绪。

缺乏指令类型与执行方面的知识

指令类型包括市价指令、限价指令、卖出止损指令、买入止损指令以及简单的退出多头使用的“买卖指令”、用于空头的 “卖空和回补指令”。如果你还不知晓什么是卖空股票，你不应该做任何交易！在心理上你只是一味地买入。你无法找到股票下跌或上涨的机会。你的投资组合无法同时支持市场交易的两方面行为。如果一支HOV的房地产股暴跌，你就应该做空；如果某些电话股止跌反弹，你就应该做多，买入股票你就变成了多方；卖空股票你就变成了空方。当你不想持有多头而想以更高的价格兑现利润，你就可以卖出股票。在持有空仓时兑现利润你就是以低于你卖出的价格建立回补指令。稳定空、多两个仓位有利于抵消其中一方的风险，这样你在决定交易时也就心理平衡了。你会问什么是卖空？问得好！读下去之前到因特网上查阅“卖空”。可以访问如下网址：http://www.investopedia.com/university/ shortselling/shortselling 1.asp.

如果你的经纪公司不能在可供选择的指令类型中提供卖空指令，而使你难于进行交易，你就换一家能够提供该种指令的公司。如果你已经有保证金账户，你现在就可以卖空股票。卖空的本质是经纪人将股票借给你供你卖出。由于你是凭保证金先借入股票然后再卖出的，其中股票是不属于你的，所以你最终必须买回股票还给经纪人以回补空头仓位。本质上你借入股票然后将其归还。所以在归还借来的股票时你希望股票成本少些。

你建立仓位的同时你的经纪公司可以接受卖出止损指令吗？如果不能，换一个账户。如果你不了解指令类型，那么风险都将由你自己承担，而经济公司不承担任何风险。无论是亏是赢，你们的进进出出他们都要从中赚钱，周期性地赚钱。所以做好准备非常重要。“卖空”没有什么特别之处，但那么多人却不知道他们可以买入和卖出任何股票。

止损指令的目的在于限制损失或保护利润。许多人因为不了解这类指令的用途而赔了许多钱。例如，交易者通过卖出止损指令以74美元购买了一个原油合同，他愿意接受15个百分点的损失，但他不希望承受超出这个数量的损失,于是他就要求经纪公司以73.85美元执行卖出止损指令。当市场交易价格为73.85美元或超过73.85美元时，合同就以市价卖出，然后交易者可以以不同的价格，如73.82美元卖出。成交价经常低于止损指令价格，因为它已经变成了市价指令来执行了。比如OPEC宣布他们计划提升石油市场走势而价格却突然地大幅下跌，这都很正常。你以68.10或能够满足你的市价指令的价格成交，但至少你成交了并退出了交易。但是，尽管某些使用止损指令的交易者声称要达到73.85，如果市场缺口跌破73.85这个额度，他们仍然需要持有合同。如果市价快速滑过73.85美元，使得他们无法按自己的价格成交，那么这些交易者还要继续持有原来的仓位。

尽管你总需签订具有保护性的买入止损指令或卖出止损指令，你知道“停止损失限价指令”是最用不得的一种指令吗？卖出止损指令是一种每当市价刚刚达到或超出你认可的价位时就卖出的指令。这个要卖出的指令自动变成可按任何价格卖出的市价指令。如果你使用停止损失限价卖出指令并规定了确切价格，那么就要按规定的价格平仓。有一天你会发现指令不能按照你确定的价位成交，价格不断创新低，你的钱就会越赔越多。如果市场存在跳空缺口并从未按你限定的价格交易，你仍旧处于原来的仓位，损失可能一直持续。

如果你做空，那么进场价格就使用买入止损指令。如果你在某支股票宣布交接的时候通过限价买入止损指令签订了限价指令，你可能会发现股票价格超过止损点20美元（你预期股票会下跌）。除了签订市价指令之外别无他法，在这种情况下，要设置回补指令。如果他们不能按照你确定的限价水平执行指令，那么每况愈下的仓位将无法减少损失。使用这种指令是不明智的。我在上几个段落中已经介绍了几种不同的指令类型。简要的说明可能会有助于你清楚地了解这些不同的指令。

IBM的成交价为100美元。你以市价买入一股IBM，你已经建立了多头并希望市价上涨。止损卖出指令的签订与购买股票是同时进行的。以止损卖出指令的价格为97美元为例，当市价达到或低于97美元时，指令即准备就绪，然后将以市价卖出一股IBM。于是成交，你平仓。因为卖出一股就抵消原先购买的那股IBM，所以你不持有仓位。假设你赢了，而且IBM的成交价是107美元，你下达了交易OCO的指令，意思就是执行两个指令中的一个，而取消另一个指令。你以市价卖出一股IBM的同时以97美元取消了止损卖出指令。成交价是106.82美元，你在一股IBM上获利6.82美元，然后你的账户平仓。持平意味着你的账户中没有未结仓位或暴露于市场的风险。

IBM以100美元价格成交，你卖空一股IBM。这时你已经建立了空头仓位并希望市价下跌。同时你以103美元的进场价格签订了止损卖出指令。如果市价达到或高于103美元，你的止损买入指令就变成了按市价买入的市价指令，然后你可能会以103.12美元左右的价格成交。因为你要花更多钱归还开始时以100美元从经纪人借来的股票，所以你在空头仓位上损失了3.12美元。由于要凭保证金借股票，所以借股票你还要先花一些钱。

假设你赢了，而且IBM跌到93美元。这时你以市价设置一股IBM的买入以回补指令，就可以以93.10美元的价格成交，而利润为6.90美元。这就有利可图，因为你卖出的一股IBM是以100美元借来的，而归还给经纪人只需要93.10美元。你得到差价了吗？没有！你忘记了止损指令仍在以103美元的价格成交，所以，你完全可以使用OCO 指令来抵消两个指令或取消止损指令。如果你忘记抵消止损指令而使用了GTC指令（即撤销前有效），就会不知不觉持有一股IBM。经纪公司对标明选择性委托单（OCO）的受理应简单易行。交易所只需问一个问题：当你退出此仓位时希望取消止损指令吗？然后无论你对某种指令类型是否了解他们都会使用 OCO 。

如果收益大于投资金额的3～4倍，那么使用MIT（即触及市价委托单）是不可取的。你不希望交易的盈亏比率小于3:1，所以不要尝试硬以完美的价位进行交易。就以市价买入（或卖空），而且不要在进场时吹毛求疵。有时新手花费几个月才能发现若以最低或最高价格买入或卖出根本得不到额外利润。没有人关心这一点。如果在购买仓位的时候不按计算机的指示行事，你就不是一个交易者。除非你的指标允许，否则不能只根据价格进场。如果不坐在电脑屏幕前，你如何知道一种投资结构是否适合你对某一特定价格所设计的策略？

还有其他类型的指令如开盘指令和收盘指令能够指导经纪公司在一定的时间内执行指令。还有授权委托指令和成交或取消委托指令。如果你想交易的话，不要管这些，只需坐到电脑屏幕前。

对市场杠杆作用和账户保证金缺乏了解

你了解市场杠杆作用和保证金吗？保证金类似于拿出你家房子的抵押贷款。不同的是，如果银行认为你投入的风险比当初借来货币以购买或卖空股票时大，你就必须投入更多钱。而抵押贷款时，由于住宅区市场价格始终是上涨的，所以不需要给银行更多抵押品。请注意，你卖出时如果价值已经低于住房抵押贷款，你需要付钱来解除抵押合同。这就是用现款购买住房是没有风险的原因。但是许多交易者忽略这些因素，而且不了解期货、股票和期权保证金间的差别以及杠杆作用的计算。期货要求在合同价值的基础上提价百分之五，很好，至少乍一看很好。可是如果你继续坐在跷跷板的低端，你的价值很快就会下降95%。多数期货新手不知道杠杆作用是如何背离他们的意志的。他们只知道做的正确时价值上升得快，却不知道处于市场动态的反向时发生了什么事，直到他们被淘汰出局。

对交易市场缺乏了解

多少人曾经尝试签订小型期货合约，以为可以通过执行一半的纳斯达克或标准普尔合约来降低风险？他们以为自己对设置止损指令的风险有所了解。我们刚才介绍了止损指令是如何以市价成交的。然而期货交易者又学习了一个新术语：跌停。它的意思是无论你现在亏空多少，市场已经结束，而且是刚刚收盘！这种情况在市场达到交易所规定的某种货币跌停的任何时刻都会发生。有些市场也有涨停标准。第二天突破又会由交易所重新设定，而且底线甚至会更宽。如果第二天没有购买者，市场此后每天持续处于亏损仓位中，你就无法摆脱那根给你带来无限损失的降落的锚。

使用的止损点过于接近进场价位以及忽视每日价格区间

在石油合约的例子中，我使用止损卖出指令以低于市价的73.85美元卖出，以74美元买入仓位。你发现有一个称为每日区间的东西了吗？如果你在市价中确定止损点，它可能非常接近交易价格和平均日区间。场内价格会在错误的时间、错误的地点正好击中你的价格，然后又把市场推回到更高的价格，这称为给予场内交易者的礼物。想通过设定过于接近进场价位的止损点制造另一个礼物吗？去做吧，场内没有人阻拦你。这属于正常的浮动范围，所以是允许的。你知道你正在寻找的坚挺市场情况下或萎靡市场情况下的股票或期货合约的价差是多少吗？这些与电脑屏幕上的技术指标无关，但与更多地了解如何明智地执行指令以及管理风险相关。

成交量或流动性差的交易市场

如果你处于盘整的市场，即成交量低，并且卖出价和买入价间的价差较大的市场，我要问：为什么你要做这样的交易？你知道卖出和买入价差能给你带来什么市场信息吗？如果不知道，你需要监测一两支股票并注意价差变小和变大时会发生什么。出价是某人愿意为买入某物所付的价格，而索价是某人愿意出卖某物所要的价格。如果你在场内有做市商，他们要尽量进入其中以缩小价差。我在这里使用了许多术语并建议你查阅每个短语，以学会如何执行订单以及市场如何运作。我们称其为订单流程。如果是电子订单，该如何达成交易？如果你只能通过电子方式交易，一旦因特网关闭，你如何止损？成功者与失败者的差别就在于谁掌握了这些知识。

尽管我们已经阐述了几种阻碍你成为优秀交易者的因素，但直到成为一名合格而勤奋的市场心理学学生之前，人的本性每天都会左右着你。

意识到阻碍你成功的人类心理

需要通过大量的训练才能有意识地战胜人类所共有的本性进行交易。猎人和他那个装满火鸡的陷阱就是一个极好的例子。不过当涉及交易市场时，诱捕火鸡与抓到火鸡之间的界限就不那么清晰了。几乎每个人都会在某一时刻犯同样的大错。所犯的错误是如此普遍，以至于被认为是交易者的正常群体行为。

交易者面对的挑战之一就是平衡个人的自尊心与虚荣心。这可能是最艰巨的挑战之一。保护自尊导致我们获利微薄而蒙受巨大损失。即使是十分之一的利润也是可接受的，虽然利润很小，但是无论如何你在游戏中获胜了。但是一点点损失就会伤害你的自尊心，而且在某支股票变得越来越差之后，你非但不会接受这小小的损失，反倒会说你会等到机会再来时再赚更多。接受损失证明你承认当初的判断是错误的，对内心脆弱的人来说是很难做到这一点。你可能会无意识地说："我要捞回亏损的钱！" 于是损失由100美元变成了1000美元，因为你在追逐前一笔交易而不是在做眼前正在进行的交易。

虚荣心驱使人们买入更多使自己遭受损失的同一支股票。华尔街称其为平均成本法。专业人士称其为增加亏损仓位。无论称为什么，这都是不良投资。股票变得越弱就越能吸引缺乏经验的交易者。见鬼，如果你希望股票达到56美元，10美元就能令你欣喜若狂。释放这种情绪。这只是一个正在上涨或下跌的代码。如果你想以平均线或金字塔方式进行交易，平均线向上发展，而不是违背你自己的意愿向下发展。

另一个仅次于虚荣蚀掉我们正确判断的东西是贪婪。你一旦学会了价格预测方法就要使用它。坚持你的计划。达到目标价位就退出；如果你达到目标并认为"呀，现在我要寻找下一个目标了"，那你就会失败。避免经常对自己说："哦，要是在突发事件发生时卖掉就好了！"我们都有自己那份贪婪，只有通过大量的训练才能坚持最初的交易计划。可以说不是每一个乐观主义者都是易受骗的人，而大多数易受骗的人似乎都是乐观主义者。乐观主义者总是认为市场最后都会上涨。新的机构交易者很难相信纳斯达克会日复一日地暴涨。乐观主义并非只局限于公众。

注意经纪业报告，因为公众只买入股票，然后希望所买的股票能够满足他们的贪婪。这是另一个你需要平衡心理的理由，只有这样才能进行长线或短线交易。这能使你保持客观的态度。

一个很大的错误就是你希望从市场得到固定的回报。例如，我听到一个交易者说："如果一支股票只涨9个点位，那我可能最好买其他股票还是交易期货呢？到月底我必须得到×美元来交到期的学费。”每当你认为必须拥有一定的回报时，就注定你得不到回报。

另一个错误是成功以后你的交易风格改变了。如果一名交易者开始保守地使用保证金的一部分，十分之九的交易者在获利时会丧失对趋势的警惕。任何利润都经常被认为是使用别人的钱或“场内的钱”而获得的。然后当账户差额已经达到最大值时，他们发现不得不违背自己的意愿进行小额的短线交易，而没想到会看见市场在没有他们的时候正朝着正确的方向飞涨。钱总是你的。用你所拥有的所有知识约束自己进行有风险的交易。因为你无法阻止势不可当地与你背道而驰的短线交易，所以破产因素将保证你的损失。

市场好比热天的冰淇淋。你买了三大勺石板街冰淇淋，然后当你的朋友点同样的东西时服务员却告诉你的晚餐同伴们刚好卖完了。突然你看着自己碗里的冰淇淋，仿佛这碗冰淇淋更有价值了。你的朋友主动提出高价买你那碗，因为你不会拒绝利润，所以你同意了。然后你的朋友告诉你那是他所品尝过的味道最好的冰淇淋，这时你开始后悔不卖给他就好了。你提出更高的价钱购买该冰淇淋，然后当冰淇淋传回给你的时候就融化了。融化了的冰淇淋既没有价值也不能提供你再次拥有它的满足感。

也许交易者必须学会面对的下一个弱点就是自己的“相信力”。他们认为自己希望是真实的任何事情都是真实的。只买入的人经常将信心倾注在较差的股票上并期待着股票上涨，因为这是他们的希望和避免损失的方法。你有可以证明股票将反弹的图吗？还是你根本没做准备并且只想着“要是上涨就好了”？你的市场观点是基于知识和对图的分析研究吗？还是根源于希望以鼓起勇气的想法？

弱股决不是交易者和基金管理者在恐慌中抛盘的对象。他们卖出最好的股票以筹集现金，因为这些股票最容易卖出并具有最好的流动性。这些又变成了目标，因为大多数人已经花掉了账面利润。新汽车或新船的价款即将由市场全额付清，但是资金突然消失，而且小船仍要以赊账的方式购买。生活中甚至想象中的购买也成为我们生活的一部分，仿佛我们已经用尚未实现的利润购买了东西。这些都是优秀的交易者必须学会控制的确保成功的智力游戏。人们经常成为“相信力”陷阱的牺牲品。重要的是进行市场交易时保持冷静和深谋远虑，而市场也会同样对待你。

你会发现不合逻辑的行为经常是正确的行为。在市场逻辑方面，在大众群体看来错误的行为经常是后知后觉的例外判断。奇怪，虽然大多数人认为你的逻辑不合逻辑，你却可以成功，然后通过做看上去极其错误的事大大地增加了成功的机会。市场在对多数人不利的方向上波动，所以要想做好就必须脱离群体的想法并有勇气向不同的方向前进。“羊群效应”是危险的，因为多数人都不能长久盈利。举个例子，当一个公司的利好消息进入市场时，你可能注意到价格下跌的股票；当股票在利空消息发布时反弹，你也可能注意到相反的情况。这是因为经常在众人预测结果的时候股票就成了消息事件。然后发布消息时，股票反转以显示卖压（或买压）被排除。价格下跌时，有些人认为出售更加不利，所以要买入。你会发现除了在价格创新高那天之外决不会有那么多关于某支股票好的消息。舞台魔术师就意识到人的本性的这一特征，魔术师向空中一个接一个地扔球，直到所扔的最后一个球神秘地消失——其实他根本就没扔最后一个球。魔术师通过扔球的动作使观众习惯性地认为先前发生的动作一定会重复。经济学家也对基于先前反复发生的预测进行了推断。结果，由于你得出了合理的结论，在决定买入的当天就发现股票价格下跌，而不是和以前一样上涨。技术指标会警告你趋势何时处于危险的进场点位。耐心会有很多好处，能够让你更好地安排时间，而不被群体的情感所左右。股票剧烈下跌结束时的抛售高潮对于冷静而深谋远虑的交易者来说是个好机会，这些交易者发现众人恐慌地把好好的股票扔进深渊，并把市场价格推到主要的价格支撑区。如果再次探底带来较低的成交量，这就证明卖压被消除了。这再一次说明优秀的交易者如何单独行动并经常推翻众人的意见。

心理学家认为几乎所有的人在某种程度上都受一个星期中某一天的影响。 我们对星期一的感觉不同于星期三或星期六，这也影响我们参与市场。为了将利润存入银行，人们喜欢在7月4日这样的假日中卖出，之后他们可以享受自己的休息日。然后假日过后人们又开始将其买回，因为他们心情很好，而且乐观主义者又返回市场。假设以众人的观点为相反的观点，计算机是否已经改变了这些智者的陈腐观念？目前的市场交易速度确实变得更快，但众人并没有变得更加聪明，因为人的本性没有改变。

如果有两支股票的交易价格都是50美元，而我预测这两支都将涨到60美元，你如何知道该关注哪一支？你有必要看一下股票的交易区间。如果其中一支股票曾经以274美元交易，那就不是大生意；如果第二支以50美元交易的股票从没有以超过51美元的价格交易过，那就需要关注了。你会关注哪一支？我会选择具有板块效应的潜在股票板块的那一支。然后我会计算在第10章中所用的盈亏比率。所有这一切只有在特定的价格区域内指标给出允许信号时才会发挥作用。但是人们往往忽视对股票交易区间的监视。

一篇很久以前的文章描写了1929年大萧条时期的一件有趣的事儿。一名叫弗雷德·凯利（Fred Kelly）的心理学家在信中写到1929年11月他的朋友让他买入一支股票。信中说："任何一支能够抵抗疯狂抛售的股票一定是超级好的。"他分析道："因此，当转折点出现时，大约一天之后这支股票就是第一支向上猛涨的股票。"

他认为那是支好股票是没有问题的，但是当最后发生了逆向趋势反弹时，这支股票下跌了，原因是人们为了集资进行更大的交易而卖掉了一切。还有一点儿关于1929年传媒极端错误的来历。著名的1929年星期二大萧条发生后紧接着的那个星期日，报纸头版标题刊登了关于周末以后买单将淹没市场的情形。人们确信许多投机者将涌入市场，订单多得会将订单管理员埋起来。可是当星期一来到价格却从早到晚都在下跌，因为庄家想利用报纸上大肆渲染的这种情绪想方设法筹集资金。弗雷德·凯利用这种相反的策略来说明他所看到的人类的特征，但是他依然没有成功地提醒人们注意，因为他听从朋友的建议购买了股票，而且赔了。

凯利先生在信中写道：

……1929年10月大萧条以前，公众预先被告知大户将要卖出，小户将要买入。一周周过去，联邦储备银行的消息表明，尽管股票平均价格一直在下跌，经纪人向公众的贷款却正在增加。换句话说，贷款增加不能说明股票的价值在增大。 贷款数字只能显示保证金账户的数量在增长，而完全有能力自己持有股票的人却要卖出。

这是一段很有趣的历史记录，而今天我们有一系列专门的数据叫做交易者持仓报告来衡量这种确切的心理。在这种情况下庄家就被看做是不使用保证金的大投机商。今天我们不顾小投机商的利益衡量机构活动，一切为了跟“庄”，结果却逐渐淡出；或者逆着长期以来一直错误的公众进行交易。 在信中凯利先生犯了一个致命错误，而且假定了底线。2000年到2003年间许多纳斯达克交易者也犯了同样错误。制造新低的股票可能下跌得更严重。

凯利先生写道：

抛盘大量涌出（1929年10月）程度惊人的原因之一可能是：10月早期第一个警告性突破来到时，公众不但没有卖出，反而错误地选择了只有价格略低的交易，并且把所有现金储备都用在购买更多的股票上。 这自然增加了价格下降时护盘的压力。随着价格越降越低，成交量和成交速度都在增加！可是大家知道，摩根和洛克菲勒都是以这种极低的价格购买股票的。报纸报道洛克菲勒想在1932年大量卖出新泽西壳牌石油股，而到了1929年他又成了壳牌石油的积极买家，仅以49美元的价格买入。事后才知道，利用公众的钱壮大自己的企业之后他动用相当多的存款从公众那里买回自己的股票。可是他买的时候没有人愿意买，即使我们手头有钱，原因是我们认为：股票价格总是在剧烈地下跌的，所以明天它会更低！无论什么都会一直继续。我们似乎在该向前看的时候总是在向后看。

他对l929年10月和11月的描述在大众心理上很难与今天的市场区别开来。每当多数公众交易者感觉一切安全、不会发生任何事时，历史就会带着一点点新花样重演。众人的群体心理没有改变，这就是为什么恐惧与贪婪周期性地在市场中重复的原因。

弗雷德·凯利用充满智慧的语言结束自己1930年的信，他写道：

“我们逐渐摸清了人性用以愚弄我们的诡计，只有仔细观察每一个步骤，我们才能快速弄明白——不要等到钱没了才搞清楚。游戏还是老游戏，但游戏者总是新的，而且会犯同样的错误。”

词汇表

报价买入（又见**报价卖出**） 准多方在特定时间为购买一个指定交易单位欲付的最高价格。

报价买入量（又见**报价卖出量**） 准多方欲购买某交易单位的数量。

报价卖出（见**报价买入**） 证券、期货以及其他金融工具供出售的价格。一般是指交易者卖出上屏的最低整数单价，另外还指向公众出售的互惠基金的每股价格。

报价卖出量（又见**报价买入量**） 交易者欲卖出某一交易单位的数量。

背离（又见**底背离和顶背离**） 无法根据所使用的技术指标的相应动态来确定的资产价格动态。例如，当市场达到新低而指标没有达到相应的新低时就会出现底背离。相反，当市场达到新高而指标没有达到相应的新高时就会出现顶背离。

标准差 标准差是一个用来说明一特定组的价格如何在某个平均值附近分布的统计概念。规定68%的数值以少于一个标准差不同于平均值，而95%的数值以少于两个标准差不同于平均值。

波动性市场 特点在于价格大幅上涨或下跌的动态。趋势日复一日地在相同方向运行的市场具有低波动性。

测试 测试一项策略要经历两个步骤。首先，在历史数据上测试你的交易规则（又称回检）以检查生成的结果。如果检验结果完全符合你的要求，你就可以在电脑中运用这些规则，然后将其自动化，以了解他们是如何实时发挥作用的。完整的策略测试既包括历史评估又包括实时评估。

长期趋势 长期趋势是指市场在相对较长的时间内保持的动态。

长期与短期图 图的数据间隔和时间框架是决定你是否能够准

确地研究长期或短期市场行为数据的因素。短期通常指一个月或更短的时间。创建图表来分析短期价格行为有助于你确定市场方向的较小修正或价格动态的空头修正。点数据间隔、日内数据间隔和每日数据间隔主要用于短期数据分析。

长期数据分析涉及的时间框架可以从一周到几年。长期图是准确地确定坚挺牛市和熊市的最佳方法。带有每日数据间隔的图可以用于长期分析。然而，一般使用周线图和月线图，因为他们提供价格和市场行为最全面的情况。

敞口头寸 已经进入多头或空头交易而尚未出场时出现。建立多头仓位之后，你就持有敞口多头头寸，直到你结清所有多头股票或合约。同样，在结清空头仓位之前你一直持有敞口空头头寸。

超买/超卖 当市场价格达到极端价位时，这两种市场行情都会发生。超买市场是市场价格升得过高，然后需要停在其当前价位，乃至降低价格。超卖市场是市场价格降得过低，然后至少在短期内最有可能上升。确定超买和超卖市场的一般原则是市场价格翻倍时通常超买，而市场价格跌至一半时超卖。

成交量柱线 成交量柱线根据规定的交易成交量绘制柱线。例如，每当卖出一定数量的股票时就可以绘制柱线，如卖出100股、200股或1000股。每卖出x股股票就产生一条新的成交量柱线（x是你规定的成交量）。

成交量柱线记录股票交易的规定成交量的开盘价、最高价、最低价和收盘价。对于对交易成交量分析感兴趣的交易者来说，基于成交量的柱线图很有帮助。

底背离 无法根据所使用的技术指标的相应动态来确定的资产价格动态。当市场达到新高而指标没有达到相应的新高时，就会出现底背离。

底部 规定期间（即天、季、年、周期等）内的市场最低价格。

点柱线 点柱线描绘的是每笔交易的价格。点柱线不同于基于时间的柱线，因为点柱线所绘制的价格是基于每笔交易的，而基于时间的柱线描绘的是一定时期内的价格。一笔交易可以代表100股、200股、1000股等。在绘制点柱线时，只用到价格因素和点数因素，而时间和成交量不在考虑范围内。

例如，你可以创建一个5点图，其中一条柱线上每5点由开盘价、最高价、最低价和收盘价构成。该5点柱线的持续时间可以是几秒钟、一分钟、一小时乃至一天。

在一张1点图上，无需报告开盘价、最高价、最低价和收盘价，因为已经绘制了确切的交易价格。1点柱线图中的开盘价、最高价、最低价和收盘价是相同的。所以，当创建一个包含1点柱线的图时，价格数据并不真正显示为一条柱线，而是一系列连接起来的点。

当你创建基于点的图时，每条柱线包含一定的点数，每条柱线包含特定点数的开盘价、最高价、最低价和收盘价区间（例如，10点、100点、1000点等）。当你为了创建包括多个点-线的柱线而改变数据间隔时，柱线看起来就特别像基于时间的柱线，因为它们绘制出规定交易数量的开盘价、最高价、最低价和收盘价。

顶背离　无法根据所使用的技术指标的相应动态来确定资产价格动态。当市场达到新低而指标没有达到相应的新低时，就会出现顶背离。

顶部　指规定的期间（即天、季、年、周期等等）内一项财产的最高价格。顶部经常被看做是市场价格的阻力位。

短期趋势　短期趋势也即近期趋势，用来描述相对较短时间内市场的持续动态。

多头头寸　一种在金融工具的价格下跌时获益的市场头寸。

额度　提供具体的卖出报价和买入报价的做市商的数量。首先列出提供卖出报价的做市商的数量，然后用星号（*）与提供买入报价的做市商的数量隔开。例如，9*4表示9个提供具体卖出报价的做市商和4个提供具体买入报价的做市商。

反弹　下跌市场中重新获得力量的一段时期。

反转　市场价格方向的改变。例如，如果微软公司的股票价格稳定地从70上涨至90，当价格开始持续跌回至70时就称发生了反转。

反转与整理形态　许多图的形态都能够指示市场趋势方向，并已经被图表分析师使用多年。在趋势中，或在当前持续的趋势中，大部分模式会指明一个变化或反转。事实上在分析图表形态时支撑位和阻力位是两个最基本的概念。

最普通的趋势反转形态是M头、W底、三重顶、三重底以及头肩形态。一般的持续形态是三角形。所有这些形态只要求能在图上绘制出波峰群和波谷群。

M头、W底、三重顶、三重底：处于上涨趋势时，M头是一种带有两个在相同高点附近的突出波峰群的价格走势图。三重顶即有三个突出的波峰群，意味着横向运动持续的时间较长。如果价格以高于先前波峰群的价格收盘，上涨趋势很可能重新开始。然而，如果价格跌到低于先前的波峰并开始变弱，可能开始趋势反转。

W底是M头和三重顶的对称形态。如果图中显示同一价格附近有两三个突出的低点，并且价格在高于先前低点收盘，那么可能暗示新的上涨趋势。

头肩形态：此形态类似于三重底，也有三个突出的低点。差别在于头肩形态有一个突出的低点在中间，而两个略微高一点的低点分别位于两侧，像某人在倒立。这是一种触底形态。如果趋势线画在突出的低点两侧两个波峰群之上，并且价格突破这条线，新的上涨趋势可能即将开始。顶形态正好是相对的，而且有时可指反头肩形态。

三角形：此形态通常表明市场已经上涨或下跌过多或过快并需要修正（或回调到相对横向方向）。一旦市场修正完毕，通常会重新开始先前的趋势。因此，三角形在上涨趋势下为看涨，而在下跌趋势下为看跌。

三角形可由横向价格行为确定，此时价格波动变小。如果趋势线画在波峰群和波谷群，就会出现汇合形态。看涨的上升三角形在价格区间的最高位有一条平的趋势线，同时沿着底部的线是上涨的。看跌的递减三角形在底部有一条平的趋势线，并且在价格幅度的最高位有一条跌落线。

滑动量 订单签订时与订单执行时价格间的差值。

坏价 坏价表示报价售卖人给出的或交易所广播的无效价格。坏价在图中常以向上或向下的钉形出现。例如，如果一个股票代码以45.78美元成交，价格突然跳到89.45美元，接下来价格又跳回45.78美元或接近45.78美元，你就可以认为89.45美元是一个坏价。

回撤 当市场大幅上涨或下跌之后又进行修正时就发生回撤。例如，如果市价从10波动到40，紧接着又下移至30，就称市价已经从40回撤到30。

基本面分析 主要用于股票分析并通过研究公司收益和财务报表等金融数据以及影响供需的经济因素，以预测价格动态。

技术分析 对市场价格行为的研究。技术分析师认为任何影响市场的因素都会反映在市场价格上。通过密切监测价格数据的动态，可以确定供需市场趋势。

技术分析可定义为一种预测市场的方法，包括对当前和历史市场价格、当前和历史成交量以及期货交易中持仓量的研究。几本著名的关于技术分析的书籍的作者约翰·墨斐（John Murphy）将技术分析定义为“主要通过使用图表对市场行为进行研究，以预测未来的价格趋势”。由于人类行为与市场趋势和胜算率规则有关，一些分析师认为技术分析还包括对人类行为的研究。技术分析师认为市场历史将反复出现，而且表明市场看空和看多的历史趋势和形态也将在未来出现。

价差 最高卖出价与最高买入价之间的差额。例如，如果最高卖出价为501/4，而最高买入价为501/2，那么价差为1/4。

价格 金融工具的实际价值。

降价点（又见**提价点**） 降价点是低于前盘成交点的点数（或与前盘点数相同）。

借方保证金 利用保证金账户交易时借入的金额。例如，如果你向保证金账户存款50000美元进行股票交易，你的购买能力是100000美元。如果你买入60000美元的证券，你就通过实际存款借款10000美元，那么你的保证金债务为10000美元。

金字塔式交易法 准确地说，金字塔式交易法涉及以证券或商品仓位上未实现的利润作为抵押品，使用从经纪人借来的资金购买更多仓位。

看多关键反转 一种低点低于前一条柱线的低点，但最后的收盘价却高于前一条柱线的收盘价的柱线。

看空 描述市场正在经历一段价格下跌时期，也可指对下跌价格的一般预测。

看空关键反转 一种由一根柱线构成的柱线形态，其中柱线的高点高于前一条柱线的高点，但最后的收盘价却低于前一条柱线的收盘价。

空头 用来描述得益于价格下跌的市场仓位。当建仓卖出证券、商品或其他金融市场产品时，你正在“做空”。因为是在预期价格下跌的情况下卖出，所以你最有可能朝着那个金融工具方向走空。做空时，你实际上是从经纪公司借入股票或合同以进行卖出。如果市场继续看跌，你可以过一段时间以较低的价格买入那些股票以履行保证金责任，同时又可以获取利润。为开立空头仓位，你必须与经纪公司创建保证金账户。

空头头寸 空头头寸是一种在金融工具的价格下跌中获益的市场头寸。

利润/损失（P/L） 所持仓位上的未实现的利润或损失。

买入以回补指令 一种用于补足空头仓位的交易指令。

牛市 以价格长期上涨为特征的市场，通常伴有高成交量。

平均数（指标） 平均数或移动平均数用于计算柱线区间内价格或价值的标准算术平均数。由于需要重新计算价值以绘制柱线，所以也可称为移动平均线。有三种类型的平均数：简单平均数、加权平均数和指数平均数。

区间 柱线或其他任何已知区间的最高价格和最低价格，或两者之间的差额。

趋势 趋势代表市场运动的方向。市场价格以锯齿形态波动就会产生波峰群和波谷群。市场价格的趋势或方向由那些波峰群和波谷群的方向确定。

一般说来，一个趋势在某一趋势方向上波动的时间越久，这个趋势就越重要。趋势的方向可以是向上、向下或横向的，这与看涨市场、看跌市场和横向市场相对应。趋势也可分为主要趋势、中间趋势和近期趋势。然而在一张单一的图上，趋势间的相互作用可以通过多种方式进行。

趋势线 可以用趋势线描述趋势。运用趋势线时，可以观察各种图表形态，从而有助于确定并预测趋势的强弱以及是否会发生趋势反转。

趋势线用于确定趋势斜率并帮助人们确定或暗示趋势改变的时间。趋势线一般是为了确定和跟踪上涨趋势和下跌趋势而绘制（也可以绘制横向趋势线，但他们显示更多的是支撑位或阻力位）。

上涨趋势线绘制在上升低点（波谷群）之下，而下跌趋势线绘制在下降高点（波峰群）之上。一条趋势线应该包括所有的价格行为并与波谷群和波峰群相接触两至三次。很明显，价格跌破趋势线测试其有效性的次数越多，趋势线就变得越重要。

大多数分析师在自己的图上绘制几条趋势线，以测量并确定近期趋势、中间趋势以及长期趋势。当原来的趋势线不再使用或不准确时，他们也会增加或改变现有的趋势线。

缺口 柱线图上出现的低点高于前一天高点或高点低于前一天低点的情况。两种情况任意一种都会导致绘制市场分析图时可见的柱线之间产生缺口。

许多因素会导致价格大幅度波动以至产生价格缺口。例如，某一行业的收益报告或利好消息就会导致缺口。

日内柱线 日内柱线绘制规定数量分钟内某支股票的价格。例如，你可以绘制1分钟柱线、5分钟柱线、10分钟柱线等。新的日内柱线应画出每条x分钟（x代表规定的分钟数量）柱线。

日柱线 根据每日价格绘制的日柱线。每条柱线代表交易的一天。

三角形形态 三角形形态可由横向价格行为确定，此时价格行为开始变弱。如果趋势线绘制在波峰群和波谷群处，将出现汇合形态。上升的三角形顶部保持水平，而底部不断抬高。下降的三角形底部保持水平，而顶部不断下降。

市价指令（见**指令类型**）　一种不考虑最好的价格只要指令到达交易场地就要买入的指令。

收盘　当天的收盘价，而不包括T交易（在正常交易报告日以外执行的交易）。

收盘价　柱线代表的时间段内最后一笔交易的价格。

数据分析　通过研究市场价格动态、价格历史以及供需状况来确定市场波动方向的过程。数据分析包括制作图表以及运用各种分析技术确定价格形态和市场信号。这些形态和信号能够显示具体的市场方向，从而有助于理解市场。

数据分析术语　（见缺口、超买/超卖、趋势市场、振荡的市场、支撑位和阻力位以及波动性市场）

数据区间　数据区间代表柱线（从开盘价到收盘价）内价格波动的次数，并以时间（1分钟、30分钟、每日，等等。）或交易行为（点数或成交量）表示。例如，日线图中每条柱线间隔代表一日的价格波动——柱线代表在早晨交易时段开始时开盘，在下午交易时段结束时收盘，而且每条柱线都如此。

腾落线（指标）　计算上涨值和下跌值之间的差额，并在图上绘制此差额累计的总数。上涨值与下跌值之间的差额被认为是市场振幅。例如，如果一支股票的市场指数正在反弹，但是下跌值比上涨值大，那么这支股票反弹小，而且大量股票市场还没有开始反弹。

提价点　（又见**降价点**）提价点是比前一点高的点（或与前一点相同的点）。把提价点和降价点相加就得到总点数。

停滞　市场的静止时刻或平稳时期。例如，大幅上涨趋势之后可能就是一段静止时期，此期间当前趋势继续或转向之前市场是停滞的。

头肩形态　图形态类似于具有两个肩的一个头。左肩在价格创造更高的高点和更低的低点时产生。随着这种趋势的减弱，价格折回到颈线然后开始进一步攀升高过左肩而形成头；然后价格又折回到颈线，再重复左肩形态以生成右肩。

突破　市场移出趋势通道时就产生突破。市场越过支撑位或阻力位就叫对当前趋势的“突破”。市场倾向于以突破的方式在同一方向持续波动。

外汇（外汇货币） 外汇符号的标志是一个由两对三字符构成的六字符符号。第一对三字符为基础货币，而第二对三字符为对价货币。符号按手交易，每手由100000个基础货币单位组成。例如，EURUSD符号表示用欧元交易，但以美元计价。

限价指令 一种价格跌至指定价位之前不可执行的买入指令。

相关 计算自变量数据序列与因变量数据序列之间的相关系数的统计学函数。

相关系数 -1和1之间的数值，用于测量两个变量线性相关的程度。如果两个变量之间存在具有正斜率的完全线性关系，则相关系数为1；如果存在正相关，每当一个变量具有高（或低）值时，另一个变量也具有高（或低）值。如果两个变量之间存在具有负斜率的完全线性关系，则相关系数为-1；如果存在负相关，每当一个变量具有高（或低）值时，另一个变量则具有低（或高）值。相关系数为0表明变量之间无线性关系。

新低 当前低点低于以前的最低点的一段时间后便出现新低（即当前动态、规定的波动柱线数量、全部数据等）。

新高 当前高点超出以前的最高点的一段时间后便出现新高（即当前动态、规定的跟踪柱线数量、全部数据等）。

熊市 熊市的特征在于长期下跌的价格。

移动平均数 一段规定的时间内计算的一项资产的平均数。例如，一个30柱线移动平均数在计算时包括一项财产最后30条柱线的价值。第二天，移动平均线以最新的柱线取代最早的柱线（现在为第31天的），计算目前柱线的移动平均数。移动平均数经常用于获得平稳的资产价值。

有趋势的市场 有趋势的市场的特点在于价格持续上涨或持续下跌，既可以是看涨市场也可以是看跌市场。一路上它们可能会有小的价格波动（小的修正或短期的修正）现象，但总的特征是呈现出趋势。看涨的趋势市场是有数据表明价格上升或上涨的市场。多数投资者建议在看涨市场中买入，而最理想的是在市场上升（或上升趋势）开始时买入。

相反，看跌的趋势市场是有数据表明价格下降或下跌的市场。多数投资者建 议要在市场看跌时卖空，而最佳时间是在下跌开始时卖空。卖空的时间越接近下跌趋势的开始，越有可能赚钱。

所使用的数据间隔能够显著地影响市场的特点。例如，同一张图，如果是日线图则显示趋势状态，如果是月线图则显示出横向状态。你应该使用打算交易的数据间隔评估图。

有效低点 比当前柱线的低点和前一条柱线的收盘价低的点位。计算区间时有效低点能够说明柱线间的缺口。

有效高点 比当前柱线的高点和前一条柱线的收盘价高的点位。计算区间时有效高点能够说明柱线间的缺口。

有效区间 一条柱线或任何的其他既定间隔的最高有效价格和最低有效价格，或两者间的差额。计算区间时有效区间能够说明柱线间的缺口。

振荡的市场 振荡的市场随着高价和低价之间的较小变化波动并被称为无趋势。其也可指在区间内交易的市场。确定横向市场非常重要。

许多分析师建议不要在这类市场中买入或卖出，最好是密切监测市场直到可以依稀确定方向。数据分析有助于你确定横向市场并确定市场何时开始向上或向下大幅波动（称为 “突破” ）。

支撑位 （又见**支撑位和阻力位**）支撑位指波谷群并表示图上确定的前一个低点或一系列低点。支撑位总是低于市场并表示买入兴趣很强足以克服致使价格回升的卖出压力的一段时期。换句话说，支撑位说明某一 “支撑” 价格使其不再下跌的价位。价格波动至一定支撑位以下可能警告人们下跌趋势即将发生或正在继续。从支撑位开始上涨的价格动态可能表明下跌趋势即将结束，或者表明历史价格至少在一段时间内比未来价格低多了。许多分析师认为市场跌至其支撑位时，就是“测试市场支撑”的时候，意味着达到支撑位之后市场会反弹。如果市场突破支撑位就认为市场极度看空。

支撑位和阻力位 在绘制某一图时，这两个术语用来描述绘制特定市场图时可见的高点（波峰群）和低点（波谷群）。与这些波峰群和波谷群有关的市场价格动态能够帮你确定市场是否将继续沿着既定的方向波动、朝着相反的方向波动，还是根本不动。

芝加哥期货交易所（CBOT） CBOT是一个期货交易所，其交易时段和价格增长由每一个市场确定。

芝加哥商品交易所（CME）（GLOBEX） CME允许利用GLOBEX平台在正常交易日以外进行期货合同交易。订单可以在美国东部时间星期日晚上5：00至星期五晚上8：00之间签订。订单签订无需排队，营业时间以外拒绝签订任一订单。

止损指令 一种只有市场价格达到规定的价位时才可执行的买入指令。

指令类型

订单类型	说明
限价买入指令	一种到价格跌至规定数额才可执行的买入指令。
止损买入指令	一种只有市场达到规定的价格时才可执行的买入指令。
限价指令	一种只有价格达到特定价位时才可执行的指令。当你处于空头仓位并要求签订限价指令时，只有在价格降至规定的价位时方可执行。
限价卖出指令	一种除非价格达到你所规定的价位才可执行的卖出指令。
市价指令	一种忽略最好的价格只要订单一到达交易所交易场地就要买入的指令。
止损卖出指令	一种只有市价跌至你所规定的价格时才可执行的卖出指令。
限价止损指令	限价止损指令结合了止损指令和限价指令的特点。达到止损价格后止损点盘发出限价指令；在市场行情允许的条件下，按规定的限价或更好的价格执行指令。
止损订单	在多头的情况下，如果价格跌至你所设定的数额就由卖出指令收盘。在空头的情况下，如果价格涨至你所设定的数额就由买入指令收盘。

指令时间框架　指令在市场上持续有效的时间。时间框架依据所选择指令的途径不同而不同。有些供应商不提供所有可能的时间框架。

如果你想要持仓但还想在进场之前等到突破（或止跌回升）以及随后的回撤，你可以使用限价止损指令。例如，如果市场交易价为54，你就可以按55的价格设置一个价格为55.05的限价止损指令。这意味着当价格达到55时，限价指令的价格定为55.05，你只可以按55.05 或低于55.05的价格执行指令。

时间框架	说明	解决途径
按市价	立即以最好的可能价格成交	
天	有效至交易时段延期结束。	
FOK	（成交或取消）FOK指令需整体成交或取消，使用此种指令时间框架时不准部分成交。	纳斯达克
GTC	（有效至取消）	
GTD	（有效至某日期）	
IOC	（立即执行或取消）IOC指令需立即执行或取消，使用此种指令时间框架时允许部分成交。	ARCA BTRD 纳斯达克

注意：提交指令时止损价格必须高于当前市价，而且限价必须等于或高于止损价格。另外，虽然不能保证达到限价，但指令的限价部分只能在达到止损价格之后才能在市场上出现。

指数平滑异同移动平均线（MACD）（指标）　MACD计算由输入的FastLength和SlowLength规定长度的两个指数移动平均线，然后将这两个平均线间的差值绘制成MACD。这个值也是根据输入的MACDL长度规定的柱线数量的平均数然后绘制成MACD均值。最后，计算MACD和MACD均值之间的差值，然后绘制成MACD价差。作为一个趋势跟踪指标，可以以与其他移动平均线相似的方式解释MACD。当MACD高于MACD均值时，其可能预示着上涨趋势的开始；相反，当MACD低于MACD均值时，可能预示着下跌趋势的开始。作为一个振荡指标，MACD可以显示出超买和超卖情况。

中性 用于描述无趋势或横向市场。中性市场的波动不会偏离建仓高价和建仓低价太远。

周期（时间） 时间周期是一种解析画图工具，用于确定循环的价格行为——重复出现的高价和低价形态。周期分析基于这样的前提：市场价格行为遵循一定的形态。因此，未来的价格行为可以通过确定历史价格形态预测。很难确定周期，可能需要分析若干年的数据才能确定。一旦确定反复出现的价格形态，时间周期就会有助于你确定这些形态之间的时间间隔。

确定周期能够帮助预测某种趋势或形态将持续多久。遵循周期的分析师认为当周期触底（到达波谷）时，周期跟随向上的趋势直到触顶（到达波峰）。一旦到达波峰，周期持续向下的趋势直到到达波谷，然后重新开始。

柱线类型 烛台柱状线：使用日本烛台式制图法，与OHLC柱线的组成部分相同，只是显示和解释的方式不同。“阴线”烛台代表上涨的市场，而“阳线”烛台代表下跌的市场。

最高价-最低价-收盘价柱线：显示每条柱线的最高价、最低价和收盘价。

收盘价格线：将每条柱线上的收盘价连接到前一条柱线的收盘价，只形成一条收盘价线性图。在一张带有1点数据间隔的图上，这种柱线反映在图上的是连接所有交易价格的一条实线。

开盘价-最高价-最低价-收盘价柱线：显示每条柱线的开盘价、最高价、最低价和收盘价（这是供应商最常用的默认方式）。在一张带有每日数据间隔的图上，这条柱线显示当天某交易时段的开盘价、最高价、最低价和收盘价。开盘价是位于柱线左侧的一个小的跳动点指示符，收盘价位于柱线右侧。在一张带有1点数据间隔的图上，因为只进行了一笔交易，所以开盘价、最高价、最低价和收盘价位于同一点。反映在图上的是连接所有交易价格的一条实线。

柱线图 柱线图可以基于时间、基于点或基于成交量。当使用基于时间的数据（当天的、每日的、每周的或每月的）时，图上的每条柱线都表示其代表的随着时间而变化的开盘价、最高价、最低价和收盘价。

阻力位 （又见**支撑位和阻力位**）阻力位指代表图中显示的先前高点或一系列高点的波峰群。阻力位存在于市场上并且表明在一段时期内卖出压力超过致使价格下降的买入压力。换句话说，阻力位表示在某个价位之上价格“抵制”上涨。如果市场价格突破先前形成的阻力位，可能表明价格继续上涨或开始上涨。然而，如果价格波动没有超过阻力位，即在阻力位以下收盘，这可能表明价格方向上的反转，或者是表明是一个未明显上下波动的横向市场。

最低价 由柱线表示的一段时间内任一交易的最低价格。

最优化 为了精确修正交易策略而对输入的某一区间的多组价值量进行检验的过程。最优化用于改进交易计划，而无法用于制订交易计划。

做市商 全国证券交易商协会（NASD）的成员商号。NASD依靠做市商提供场外交易股票的流动性。做市商又是NYSE或ASE的专家，每个做市商必须同时为所代表证券的多方和空方。他们的目的是在每支股票的交易中联合起来共同支撑市场买卖的双方面。

小测验问题答案

第1章

1.c.
2.d.
3.b.
4.e.
5.d.
6.d.
7.e.
8.d.
9.d.
10.d.

第2章

1.c.
2.a.
3.b.
4.c.
5.c.
6.d.
7.c.
8.b.
9.e.
10.d.

第3章

1.b.
2.a.
3.e.
4.e.
5.d.
6.e.
7.e.
8.d.
9.a.
10.e.

第4章

1.c.
2.a.
3.d.
4.b.
5.c.
6.a.
7.b.
8.d.
9.c.
10.b.

第5章

1.b.
2.c.
3.a.
4.d.
5.b.
6.a.
7.d.
8.c.
9.a.
10.b.

第6章

所有的都为正确

第7章

1.b.
2.a.
3.d.
4.b.
5.c.
6.e.
7.a.
8.b.
9.c.
10.b.

第8章

1～8 为正确
9.e.
10.e.

第9章

1.c.
2.b.
3.d.
4.e.
5.c.
6.a.
7.b.
8.c.
9.d.
10.e.

“引领时代”金融投资系列书目				
书 名	**原书名**	**作 者**	**译 者**	**定 价**
世界交易经典译丛				
我如何以交易为生	How I Trade for a Living	〔美〕加里·史密斯	张 铁	42.00元
华尔街40年投机和冒险	Wall Street Ventures & Adventures Through Forty Years	〔美〕理查德·D.威科夫	蒋少华、代玉簪	39.00元
非赌博式交易	Trading Without Gambling	〔美〕马塞尔·林克	沈阳格微翻译服务中心	45.00元
一个交易者的资金管理系统	A Trader's Money Management System	〔美〕班尼特·A.麦克道尔	张 铁	36.00元
菲波纳奇交易	Fibonacci Trading	〔美〕卡罗琳·伯罗登	沈阳格微翻译服务中心	42.00元
顶级交易的三大技巧	The Three Skills of Top Trading	〔美〕汉克·普鲁登	张 铁	42.00元
以趋势交易为生	Trend Trading for a Living	〔美〕托马斯·K.卡尔	张 铁	38.00元
超越技术分析	Beyond Technical Analysis	〔美〕图莎尔·钱德	罗光海	55.00元
商品期货市场的交易时机	Timing Techniques for Commodity Futures Markets	〔美〕科林·亚历山大	郭洪钧、关慧——海通期货研究所	42.00元
技术分析解密	Technical Analysis Demystified	〔美〕康斯坦丝·布朗	沈阳格微翻译服务中心	38.00元
日内交易策略	Day Trading Grain Futures	〔英、新、澳〕戴维·班尼特	张意忠	33.00元
马伯金融市场操作艺术	Marber on Markets	〔英〕布莱恩·马伯	吴 楠	52.00元
交易风险管理	Trading Risk	〔美〕肯尼思· L.格兰特	蒋少华、代玉簪	45.00元
非同寻常的大众幻想与全民疯狂	Extraordinary Popular Delusions & the Madness of Crowds	〔英〕查尔斯·麦基	黄惠兰、邹林华	58.00元
高胜算交易策略	High Probability Trading Strategies	〔美〕罗伯特·C.迈纳	张意忠	48.00元
每日交易心理训练	The Daily Trading Coach	〔美〕布里特·N.斯蒂恩博格	沈阳格微翻译服务中心	53.00元
逻辑交易者	Logical Trader	〔美〕马克·费舍尔	朴 兮	45.00元
市场交易策略	Market Trading Tactics	〔美〕戴若·顾比	罗光海	48.00元

股票即日交易的真相	The Truth About Day Trading Stocks	〔美〕乔希·迪皮特罗	罗光海	36.00元
形态交易精要	Trade What You See	〔美〕拉里·派斯温托 莱斯莉·久弗拉斯	张意忠	38.00元
战胜金融期货市场	Beating the Financial Futures Market	〔美〕阿特·柯林斯	张　轶	53.00元
股票和期货的控制论分析	Cybernetic Analysis for Stocks and Futures	〔美〕约翰·F.埃勒斯	罗光海	45.00元
趋势的本质	The Nature of Trends	〔美〕雷·巴罗斯	张　轶	45.00元（估）
交易大师：当今顶尖交易者的超级收益策略	Master Traders: Strategies for Superior Returns from Todays Top Traders	〔美〕法雷·汉姆瑞	张　轶	38.00元（估）
一个外汇交易者的冒险历程	Adventures of a Currency Trader	〔美〕罗布·布克	吴　楠	32.00元（估）
动态交易指标	Dynamic Trading Indicators	〔美〕马克·黑尔韦格 戴维·司汤达	张意忠	35.00元（估）
股票期货赢利秘诀	New Blueprints for Gains in Stocks & Grains & One-Way Formula for Trading in Stocks & Commodities	〔美〕威廉姆·达尼根	陈立辉	68.00元（估）
期货交易游戏	The Futures Game	〔美〕理查德·J.特维莱斯 弗兰克·J.琼斯	蒋少华、潘婷 朱荣华	78.00元（估）
赚了就跑：短线交易圣经	Hit and Run Trading: the Short-Term Stock Traders' Bible-Updated	〔美〕杰夫·库珀	罗光海	48.00元（估）
观盘看市：盘口解读与交易策略	Tape Reading and Market Tactics	〔美〕汉弗莱·B.尼尔	郭鉴镜	48.00元（估）
把握市场时机	Timing the Market	〔美〕科提斯·阿诺德	陈　烨	48.00元（估）
股票大作手回忆录	Reminiscences of a Stock Operator	〔美〕埃德温·勒菲弗	丁圣元	48.00元
市场剖面图分析	Markets in Profile	〔美〕詹姆斯·F.戴尔顿	陈　烨	35.00元（估）
小盘股投资者	The Small-Cap Investor	〔美〕法雷·汉姆瑞	季传峰	38.00元（估）
时间价值论（暂定）	Value in Time	〔美〕帕斯卡尔·威廉	华彦玲	45.00元（估）
资金管理的数字手册（暂定）	The Handbook of Portfolio Mathematics	〔美〕拉尔夫·文斯	蒋少华	45.00元（估）

价格图表形态详细解读（暂定）	Reading Price Charts Bar by Bar	〔美〕埃尔·布鲁克斯	刘 勇	38.00元（估）
安德鲁音叉线交易技术分析（暂定）	Integrated Pitchfork Analysis	〔美〕米尔卡·多洛加	张意忠	38.00元（估）
非主流战法——高胜算短线交易策略（暂定）	Street Smarts：High Probability Short-Term Trading Strategies	〔美〕劳伦斯·A.康纳斯 琳达·布拉福德·拉斯奇克	孙大莹、张轶	48.00元（估）
屡试不爽的短线交易策略（暂定）	SHORT TERM TRAOING STRATEGIES THAT WORK	〔美〕拉里·康纳斯 凯撒·阿尔瓦雷斯	张轶	38.00元（估）
动量指标权威指南（暂定）	The Definitive Guide to Momentum Indicators	〔美〕马丁·普林	罗光海	58.00元（估）
掌握艾略特波浪理论（暂定）	Mastering Elliott Wave	〔美〕格伦·尼利 埃里克·郝	廖小胜	58.00元（估）
国内原创精品系列				
如何选择超级黑马	——	冷风树	——	48.00元
散户法宝	——	陈立辉	——	38.00元
庄家克星（修订第2版）	——	童牧野	——	48.00元
老鼠戏猫	——	姚茂敦	——	35.00元
一阳锁套利及投机技巧	——	一 阳	——	32.00元
短线看量技巧	——	一 阳	——	35.00元
对称理论的实战法则	——	冷风树	——	42.00元
金牌交易员操盘教程	——	冷风树	——	48.00元
黑马股走势规律与操盘技巧	——	韩永生	——	38.00元
万法归宗	——	陈立辉	——	40.00元
我把股市当战场（修订第2版）	——	童牧野	——	38.00元
金牌交易员的36堂课	——	冷风树	——	42.00元

零成本股票播种术	———	陈拥军	———	36.00元
降龙伏虎	———	周家勋、周涛	———	48.00元
金牌交易员的交易系统	———	冷风树	———	42.00元
金牌交易员多空法则	———	冷风树	———	42.00元
十年一梦（修订版）	———	青泽	———	45.00元
走出技术分析陷阱	———	孙大莹	———	58.00元
期货实战经验谈（暂定）	———	李意坚	———	36.00元（估）
致胜之道——短线操盘技术入门与提高	———	韩永生	———	38.00元（估）
鬼变脸主义及其敛财哲学（修订第2版）	———	童牧野	———	48.00元（估）

智品書業
ZHIPIN BOOKS